敗戦と占領

戦後日本を読みかえる

1

坪井秀人 編

臨川書店

序言

坪井秀人

〈戦後〉という時代概念がいまや、あるいはもうすでにかなり以前から、無効ではないかという声は、日本研究に関わる人文学、とりわけ歴史学などから盛んになってきている。〈戦後〉と日本語が指示するものは、日本という国・地域にしか当てはまらない、一国主義的で特殊な時代区分・概念でしかない。このことを認めるならば、〈戦後〉の有効性に対するこの問い直しには一定の説得力がある。隣国の韓国を例に取れば、そこに住まう人々はなお韓国戦争（朝鮮戦争）の休戦状態にあり、〈戦後〉ではなく〈戦時〉にあると言う方が正確であろう。その朝鮮半島における〈戦時〉を代償として日本の〈戦後〉も成立していることを考えるならば、なおさらのことである。

日本にとっての〈戦後〉。それは韓国・朝鮮を含む東アジアの諸地域においては別の時間、すなわち〈解放後〉〈光復後〉その他の呼称で言われる別の時間と、非対称な形で対応し、時にはきびしい対立をもはらむだろう。〈戦後〉という時間について考える時、こうしたことを無視するわけにはいかないのである。

しかし、その反面で、いわゆる構造改革以後の日本の政治のステージでは、新自由主義の風潮が強まることともあいまって、時々の政権によって、〈戦後〉という軛からの脱却とその超克が繰り返し声高に叫ばれてきたという経緯もある。七十年以上の長きにわたって続いてきた日本の〈戦後〉は、いまやイデオロギーに関わりなく、ある種強制的な忘却の力学によって空洞化され、過去化されようともしている。

このようにして〈戦後〉は日本の内から外から、しかもそれぞれまったく違う力学のもとでその終末を迎えようとしているのかもしれない。しかし、このような現在だからこそ、〈戦後〉とはどのような時代だったのかを徹底的に検証し、考え直す時なのではないだろうか。〈戦後〉という時間に殉じるがごとく、（皮肉なことに）衰弱の途を取らされ続けている人文学の知をここに集めて、臆することなく真っ向から〈戦後〉を読みかえることに挑んでみたい。

本叢書『戦後日本を読みかえる』が目指すのは、保守主義を中心に唱えられてきた〈戦後〉に対する挑戦に対峙し、〈挑戦〉する権利を私たちの側に奪い返すことである。安易に〈戦後〉が総決算され、そこから脱却されることに抗し、本当の意味で〈戦後〉を終わらせるための作業に就くこと。本叢書の評価はその作業に対する評価によって決しられるはずである。

＊　＊

叢書『戦後日本を読みかえる』の第一巻は「敗戦と占領」。敗戦期とそれに続く占領期は言うまでもなく、この叢書が取り扱う〈戦後〉の出発点である。出発点であり、〈戦後〉という長く続いた（ている）

この時代の根本的な性格を決定づけた時代でもある。ある政治的立場に立てばそれはもはや終わらせなければならない、また別の立場においてはそれは永続させるべき価値を持つ、そのような（左右に）背離する〈戦後〉像がある。

ここでの〈戦後〉とはそれに〈民主主義〉の語を付加して〈戦後民主主義〉と呼びかえてもよいものであろう。そして私たちは上記したような新自由主義の跳梁跋扈以後、戦後という時代と抱き合わせで戦後民主主義が営々と積み上げてきたものをドブに流してしまうような歴史に対する暴力が横行してきたことを振り返る。一方でしかし、戦後民主主義に依存してきた日本の人々が、どれだけそれを自らの思想として頑強に育んできたのかも、はじめて問われてきた——。以上がこの世紀転換期以後の状況ではなかったか。

戦後民主主義を否定する者たち、戦後レジームからの脱却を唱える者たちは現行憲法をアメリカ主導で作られた〈占領憲法〉として否定し、〈勝者の裁き〉であるゆえに、そして〈自虐史観〉の起源ゆえに、当然の如く東京裁判をも批判する。のみならず江藤淳のようにポツダム宣言の無条件降伏すら無効だと主張する例も見られた。つまり敗戦期／占領期は彼らにとっては〈間違った日本の戦後〉の出発点なのであり、歴史を遡行し、起源の歴史を書き換えることを通して、その〈汚れ〉を洗い清めようとする欲望が繰り返し繰り返し頭を擡げてきた。

冷戦体制が崩壊して、意識的にも無意識的にもその世界体制に依存してきた戦後民主主義擁護派すなわち護憲リベラル派が退潮していく過程で戦後認識をめぐる議論が起こるというめぐり合わせの意味は深い。十九世紀末以降における日本の植民地統治、そして戦時期における軍の戦時性犯罪を含む種々の加害責任、一九九〇年代にこうした〈戦争責任〉と後発戦後世代の〈戦後責任〉に対する問いかけが萌芽するやいなや、それを揉み消すように歴史修正主義が対抗的に簇生する。戦後民主主義は闘争の場に引き出され、しかも予期せぬ後退戦を強いられているかにも見える。

こうした闘争の場を用意した端緒の一つが右にも名前を挙げた江藤淳の『閉された言語空間　占領軍の検閲と戦後日本』（文藝春秋、一九八九）であり、さらにそれを対抗的＝相補的に継承しようとしたのが加藤典洋の『敗戦後論』（講談社、一九九七）であると見なしうる。これに対し、世紀転換ののち、新自由主義・歴史修正主義が前景化する状況のみならず、東日本大震災以後のいわゆるポスト・フクシマ的状況をも見据えながら、江藤や加藤らの戦後（民主主義）批判をあらためて批判＝継承したのが白井聡の『永続敗戦論』（太田出版、二〇一三）である。白井は、加藤の『敗戦後論』が平和憲法の成り立ちによって規定される戦後レジームを〈敗戦後〉と捉えたことに対して、〈敗戦後〉などは実際には存在しない、なぜなら戦後日本は日本に敗戦をもたらしたアメリカの支配を永続的に受け入れて従属し続け、なおかつその〈敗戦〉を隠蔽し否認し続けたからだと道破してみせた。

白井はこの〈敗戦の否認〉の持続状況を〈永続敗戦〉と捉えて、それを《敗戦を否認しているがゆえに、際限のない対米従属を続けなければならず、深い対米従属を続けている限り、敗戦を否認し続けることができる》（四八頁）状況と定義する。白井のこの批判的な〈敗戦後〉＝〈敗戦（の否認）〉という戦後の総括は、この戦後七十年の中でも際だって戦後否定の性格の濃い安倍晋三政権に対して、その北朝鮮拉致問題の政治利用を事例に《「戦後」を事実上終わらせることにおいて、「戦後」の本質が継続されることを最も強く願い、またそれを　体現する人物・勢力が相も変わらず権力の枢要に位置しているのである》（一一九頁）と、きびしい批判を行うこととも関連している。

白井の言う戦後日本の〈敗戦の否認〉の底深さを捉え直し、今日、眼前で展開されている二十一世紀版〈逆コース〉に対峙するためにも、敗戦期／占領期の時代を検証することは不可避の課題である。占領期のメディア研究は連合国軍配下の民間検閲支隊（CCD=Civil Censorship Detachment）が検閲のために収集した資料を保存するプランゲ文庫を用いて格段に進展したが、その重要な中核を占めるのが検閲研究である。この分野において、早くからプランゲ文庫や合州国公文書館の資料を用いて研究を進め、占領期雑誌記事情報データベースの構築を主導した山本武利のはたした役割は大きい。出版資料においても山本が編者代表をつとめる『占領期雑誌資料大系』大衆文化編・文学編、全十巻（岩波書店、二〇〇八―二〇一〇）をはじめ、種々の復刻が刊行されて、研究環境は飛躍的に充実してきた。

検閲研究については日本語／英語のバイリンガル出版である鈴木登美・十重田裕一・堀ひかり・宗像和重編『検閲・メディア・文学　江戸から戦後まで』（新曜社、二〇一二）や紅野謙介・高榮蘭・鄭根埴・韓基亨・李惠鈴編『検閲の帝国　文化の統制と再生産』（新曜社、二〇一二。二〇一六年には韓国語版も刊行）など、欧米や韓国の研究者との共同研究の成果が相次いで刊行されて、検閲研究はトランスナショナルな研究を進める新しい段階に入りつつある。トランスナショナルなまなざしは、とりわけ占領主体であったアメリカという存在を考えれば、敗戦期／占領期のあらゆる領域の問題の取り組みにおいて必至である。本巻の最後に収録した塩野香織の論考は占領終了後ではあるが、英文誌掲載の翻訳作品を事例にして日本近代文学の海外発信を論じたものだが、《現在進行形》の政治をとらえた表現が抑圧され、ステレオタイプな日本像が売りに出されることを示した点で、これもまた〈敗戦の否認〉の一端を明るみに出したものと見なし得る。

右の『占領期雑誌資料大系』大衆文化編において映画が重要な一角を占めるように、占領期研究の中で映画研究は近年とみに存在感を増している。本巻収録の斉藤綾子の論考は一九四八年公開の溝口健二監督『夜の女たち』と谷口千吉監督『赤線基地』を比較し、〈パンパン〉表象の異なりの分析から《占領の歴史的同時性》をまなざす視線を浮上させている。斉藤は〈パンパン〉表象に関わって前者に〈占領期〉、後者に〈ポスト占領期〉を代表させているが、この〈ポスト占領期〉とは中村秀之『敗者の身ぶり　ポスト占領期の日本映画』（岩波書店、二〇一四）に倣えば、軍事占領終結後の数年間、おおむね一九五〇年代前半を指し、《対日講和条約発効より少し前の一九四九（昭和二四）年から視野に入れ、一九五六（昭和三一）年を終点とする》と規定されている（同書三八頁）。この区分には映倫の発足と改組という映画メディア特有の検閲状況の事情も反映している。

占領期の検閲が反米や反基地の言論・表現をターゲットにしたことは言うまでもないが、人種主義的に視覚化され（アメリカ人男性と日本人女性）、基地の風景として空間化される（基地と基地が隣接する日本の人々の日常の空間）、その接触圏に存在していたものの一つが、斉藤の論考も着目した女性の身体である。《コンタクト・ゾーンとして機能していた》（斉藤、七六頁）女性の身体は、占領権力の最も奥深くに接触しており、であるがゆえにこそ、その表象が権力に対する〈抵抗〉の site（場所、現場、拠点）の在所をも示唆するのだ。

このような占領権力のいわば《最前線》に立っていた女性の身体は言うまでもなく文学においても重要なモチーフとなった。天野知幸の論考は田村泰次郎他の女性身体表象を分析して、《被占領国日本の寓意》としての役割をも引き受ける、接触領域にある彼女たちの境界的性格をつかみ取ろうとしている。だが、天野は同時に占領期の《接触の文学》が外部からやってきたアメリカという他者を描けず、ひたすら内閉していったことを批判的に評価している。このことは検閲体制の底深さの確認ともあわせて、私たちがこの時代を振り返る際に立ち止まるべき重要な指摘であろう。

占領期は検閲によって自由を封じ込められた時代として定型的に語られがちだが、敗戦後の日本には、大元帥天皇を頂点とした軍国体制から解放されて、誰にもはばかることなく何を言っても許されるアンダーグラウンドの世界が構築されてもいた。冒頭に収録したマイク・モラスキーの論考は、日本の居酒屋文化と戦後文学史の視点から闇市に光を当てたものである。すでに著者のモラスキーは「シリーズ紙礫」として『闇市』と『街娼　パンパン＆オンリー』というアンソロジーを編集して刊行している（いずれも皓星社、二〇一五）。この二冊のアンソロジーは年別に編成された『戦後占領期短篇小説コレクション』（紅野謙介／川崎賢子／寺田博責任編集、藤原書店、二〇〇七）とともに、占領期文学に触れる入口になるものであろう。モラスキーも書いている『〈ヤミ市〉文化論』（井川充雄／石川巧／中村秀之編、ひつじ書房、二〇一七）等が刊行されるなど、近年、この分野への注目が高まっているのは、定型化した語りでは語り尽くせぬ敗戦期／占領期の文化の可能性が探り始められているからであろう。

長志珠絵の論考は軍港都市・佐世保を取り上げて、〈兵曹文化〉という新しい切り口から佐世保という街の戦時戦後の時間を串刺しにする視点を導入している。ここでは逆に〈接触領域〉としての女性たちの身体が隠蔽されることが暴かれるのだが、長の論考は二つの点で李承俊と森岡卓司との論考とも興味深いつながりを示している。一つは佐世保が基地を受け入れ、アメリカを迎え入れた軍港都市として戦後復興していくのみならず、外地からの日本人の引揚げ港の街でもあったということに関わる。

近年、朴裕河が『引揚げ文学論序説　新たなポストコロニアルへ』（人文書院、二〇一六）で〈引揚げ文学〉という新しいジャンル領域を提唱しており、引揚げ者たちの接触点への関心が文学に限らず高まってきているが、それは日本の〈戦後〉の始まり（敗戦期／占領期）に乗り遅れてしまった人々の、まったく別の〈戦後〉の物語が、そこから見出されるからだ。敗戦期／占領期は他者としてのアメリカを迎え入れるという方向性だけで規定されるわけではない。李の論考は引揚げではなく疎開体験の語りを取り上げる。体験を回想し語り直すためには時間の経過が必要であり、その時間の隔たりの中で、戦時と戦後の時間を滑らかに繋げられなかった人たちの思いも発酵するのだ。いわゆる少国民世代の戦後の問題を考えるときに、この疎開体験は無視できない論点になるであろう。

長の論考は佐世保という地方都市から日本の戦後を問い直した点にも意義があるが、そうした問題意識は、山形県本沢地区の文化運動を取り上げて東北表象の議論について考察した森岡の論考の中核を成すものである。そしてここにも戦時と戦後の時間の間にある連続性の問題が浮き彫りにされている。地方の視角から占領期を考える研究も、西川祐子が大著『古都の占領　生活史からみる京都　1945-1952』（平凡社、二〇一七）を上梓するなど、大きな気運の中にある。敗戦と占領は東京だけの、あるいは都市だけの歴史では語れないことは、言うまでもない。

目次

装幀・野田和浩

第1章　戦後の闇市
——酒場と小説からの視点

マイク・モラスキー

昭和二十年頃名古屋市栄町のバラック商店街　名古屋市提供

地獄ここに饅頭揚げる闇市場

――木下愛日(1)

1 「戦後」と闇市

本書収録の諸論考を見渡しても明らかなように、「戦後」という概念はなかなかのクセモノだ。奇妙な言い方ではあるが「戦後の始まり」とは、具体的にいつだったのだろうか。一見、自明のようでありながら必ずしもそうでもない。確かに多くの国民にとって、一九四五年八月十五日の「玉音放送」が流れた瞬間は敗戦の宣告とともに戦後期の開始だったと言えるが、沖縄の住民にとっての敗戦、そしてほぼ同時に始まったアメリカによる軍事占領が「本土」より二か月も早く始まったことを考慮すると、やはり「戦後」という概念は一筋縄ではいかないだろう。

また、「戦後の終焉」という概念は、いっそう曖昧のように思える。終戦十周年前後から「戦後は終わったか」と問われ始め、その後も定期的に繰り返されてきた――「戦後」に終止符を打ったのは一九六四年の東京オリンピックだという見解もあれば、一九八九年の昭和天皇の死去だったという見方もある。その後もしばらく続いていたとしても、さすがに一九九五年の終戦五十周年の時点では「もはや『戦後』は終わった」、と誰もが納得しそうなものだったのに、まるで怪獣映画やゾンビ物語のごとく撲滅されたはずのアレが再び頭をもたげるではないか。もちろん、「戦後の終焉」というのは必ずしも一時の歴史的出来事に関連付けて考える必要もないだろう。つまり敗戦から始まり、時間の経過および生活水準の向上により国民の意識が徐々に変化を遂げ、「戦後」という時代が自然に遠ざかっていったと考えたほうが妥当かもしれない。しかし、そうすると二十一世紀に入ってからもなお米軍基地が密集している沖縄県の住民からみれば、「戦後」は相も変わらず継続しているということにもなりそうだが……。やはり、「戦後」というバケモノはそう簡単に退治できそうにない。

「戦後」をめぐる以上のような体験や歴史認識の相違にもかかわらず、沖縄であろうと北海道であろうと、終戦直後の都市部では共通の日常風景がみられた。すなわち、闇市のことである。戦後まもなく全国の都市に違法の市場が現れ始め、東京だけでも山手線の主要な鉄道駅付近のみならず、郊外の駅周辺にも次々と出現した。闇市は「違法」とはいえ、食材をはじめありとあらゆる物資が極限的に不足していた時代だっただけに、しばらくの間はいわゆる「必要悪」として当局に黙認されていた。だが、経済が立ち直るにつれ闇市が姿を消し、一九五〇年代には商店街や雑居ビル、それに路地裏の飲み屋街などに変容していった。

本章の後半では、主に終戦直後に発表された文学作品に描かれた闇市像を取り上げながら、当時の日本社会にとっての闇市の意味と意義を考察したい。だが、その前に闇市の歴史、実体、そして現在における闇市のイメージについて触れなければならない。まず、闇市研究の先駆者のひとりだった社会学者の松平誠著『ヤミ市　幻のガイドブック』の闇市に対する定義を引用しよう。

闇（ヤミ）とは、公定（マルコウ）の対語である。統制経済の時代には、政府の手で主な消費物資にいちいち価格がつけられ、違反すると処罰された。だから、マルコウ以外の商品は明るい太陽の下に出ることはできず、その売買はヤミになった。ヤミの商品を売り買いする市場がすなわちヤミ市である。ここには、食料品、衣類、雑貨、その他、販売が禁止されているものなら、なんでも並んでいた。一九四七年夏に飲食店がすべて禁止されてからは、逆に呑み屋と食べ物屋がその中心になった。はじめのうちは、駅の前にできた焼け跡や疎開後の空き地で、青天井の露店市だったが、翌年になると土地の上に平屋の長屋をつくってマーケットと呼び、敗戦後の一時期、露店とともに、東京の盛り場をつくりだした。これがヤミ市である。(2)

松平は同時代の新聞の表記に倣い、あえて「ヤミ市」と記すようにしているが、本章では終戦直後の多くの文学作品における表記通りに漢字で「闇市」と記すことにする（戦後の小説では、ほかに「マーケット」や「市場」などという言葉が使われるが、当時の文学作品では「ヤミ市」は滅多にみられないようだ）。

また、闇市にはありとあらゆる商品が売買されていたのと同様に、老若男女問わず社会のなかのあらゆる身分や立場の人間が足を踏み入れ、直接接触していたことも注目に値する。言い換えれば、敗戦により社会構造が一気に解体され、秩序も大いに揺るがされたからこそ、闇市では通常お互い眼にもしないような人物と身近に接することになってしまった。要するに、異種混合の場であったわけである。

さらに、社会秩序の一時的な解体により、闇市では戦前戦中に弾圧された人たちに新たな自由を与えることになった。闇市のその側面に重点をおくジャーナリスト猪野健治は闇市を「解放区」と呼んでいる。以下は猪野が編集した『東京闇市興亡史』からの一節である。


闇市においては、国籍、階級、身分、出身、学歴等は一切問われなかった。華族も、ヤクザも、軍人も、被差別窮民も、解放国民も同格であり、路上に一枚のゴザを敷いて、貧しい品物を売るところから出発した。新宿の安田組の親分、安田朝信は、その自伝に、〝ある宮さま〟のために「ショバを割ってやった」と書いている。身分制の呪縛と差別の長い歴史をもつ日本において、これは画期的なできごとだった。

既存の価値観、秩序、法律、思想をのり超えた地平に闇市は出現した。闇市こそは日本の民族がはじめて体験した解放区であった。(3)


猪野の論では闇市がやや美化されているようにも思えるが、この「解放区論」については後述する。

松平の『ヤミ市　幻のガイドブック』が刊行されたのはちょうど終戦五十周年に当たる。当時、戦争および戦後社会に注目する書籍や雑誌特集号やドキュメンタリー映像などが山ほど現れたが、そのなかで闇市に焦点を絞るものがとくに多かったようにも思えない。猪野の『東京闇市興亡史』は一九九九年に刊行されており、その後もぽつぽつと闇市に関する本も現れたが、なぜか最近の五、六年で学術論文にせよ一般読者向けの街歩きガイドにせよ、出版業界でちょっとした闇市ブームが起きているようである。しかも若手による研究や、一般読者のなかでも若者向けの雑誌特集号が目立つからなおさら興味深い現象である。(4)

そのような街歩きガイドでは、戦後闇市の残像がいまだにみられる町の一角をクローズアップし、その歴史に軽く触れながら代表的な飲食店を紹介することが常套手段。たとえば、東京なら上野のアメ横、新宿の思い出横丁（通称「しょんべん横丁」）、新橋のニュー新橋ビルおよび駅ビル地下の飲食街、そして吉祥寺のハモニカ横丁などがよく登場する。横浜では野毛界隈、大阪では梅田駅の地下街や京橋商店街から天神橋筋六丁目周辺までがよく取り上げられる。これら有名な闇市に加え、「穴場」とされる郊外などの闇市由来の一角が紹介されることもある。

2　酒場から見た闇市

良きにつけ悪しきにつけ、小生もこれまでに日本の居酒屋文化についてのエッセイや本を執筆するなかで、闇市の特徴と魅力についてずいぶん述べたこともある。(5)そして、今日の闇市ブームに対し自分自身も多少の責任を負っていると思えば、どうしても複雑な心境になってしまう。というのは、一方では闇市に対する読者の歴史的認識に貢献できているならばうれしいが、他方ではとりわけ小規模のローカルな街に余所者が、軽い観光客気分でその地域や営みを一方的に消費して去っていくような街歩きスタイルに対し違和感を覚えるからである。つまり、「歴史」が単なる「消費」の対象になってしまうようでは、書き手として加担したくないという拒否反応も覚える。だからどうしたらよいかというと、なかなか難しい問題だが、なるべく消費ガイドを主目的とするような企画を避けるほかないと思う。幸い、本書はそのような目的からほど遠いので、以下闇市由来の酒場の特徴および魅力に関する持論を紹介し、それから今日の闇市ブームの要因を掘り下げてみたい。

闇市に由来する酒場の特徴

（１）店舗が小規模であること。

（２）店の造りがきわめて質素で機能的であること（終戦直後は、拾ってきた材木やトタンなどでつくられた屋台や掘建て小屋のような「店」もめずらしくなかったし、店内店外にはともに装飾がほとんどみられない）。

（３）駅のガード下など雑然とした環境に立地する傾向があり、しかも音を遮断する構造になっていないため、騒音も付き物。

（４）終戦直後の闇市の店主は、商売や飲食業の素人が営む場合が多く、普通は店主ひとりまたは店員と二人で店を切り盛りすること。

（５）酒もつまみもごく安価なものが中心であること。ただし、物資不足の頃、品物の質の割に価格が高いこともあった。また、とりわけ闇市当初の頃にはまがい物がめずらしくなく、メチルアル

コールを薄めた「バクダン」と呼ばれた危険な密造酒も平気で出され、飲みすぎると視力を失い、
また は命を落とす恐れもあった。

(6) 接客姿勢はごくざっくばらんであること(客に対し気取ることもなければ、余計に気を遣うこともない)。

(7) 屋台であろうとバラック造りであろうと、「店内」と「店外」を仕切る境界線が曖昧であること(たとえば、店の表には壁も扉もなく、客が半分路地で飲み食いすることになる具合である)。

(8) 客層が広いこと(あらゆる社会階層の男性が集まった。ただし当時、女性はあまり飲み屋に入らなかったので、多様な客が集まったとはいえ、依然として男性中心の場だった)。

(9) 店内にトイレがなく、近くの公衆便所を使わなければならない(現在でも、闇市由来の酒場でそのような店はめずらしくない)。

さて、以上の特徴を見ると、闇市ブームが一体なぜ起こったのか不思議に思えるかもしれない。一見、あまり魅力的には見えないだろう——チャチな造りに不潔な店内、しかも酒もつまみもとくに旨くない場合が多い。わざわざ足を運ぶような場所ではないだろう。だが、闇市が栄えた時期には、少なくとも都市部では食糧が絶えず不足していたことを忘れてはいけない。空腹で苦しんでいるときはどんな食べ物もそれなりにおいしく食べられるだろう。また、窮屈な屋台であろうと小汚いバラックであろうと、闇市には余所で手に入らない物が揃っていた故に人々が集ったわけであり、贅沢なことが言えない時代だった。本章冒頭に掲げた川柳は、そういった闇市が内包する矛盾を皮肉っているように思える。

言うまでもなく、我々が現在足を運ぶ「闇市の跡地」は、全盛時代の闇市とは根源的に別ものである――まず、必要性に駆られ出向いているわけではなく、街並みから消えつつある過去の面影を求める故に行く人が多いだろう。店自体も当然「近代化」されており、周囲の環境もずいぶん変わった。たとえば、現在は電気冷蔵庫はもちろん、冷暖房完備の店もほぼ当たり前。また、今日の客が一番安い酒を注文しても、さすがに命がけで飲む「バクダン」のような危険物を出される恐れはない。つまみのほうも美味と言えなくても、わけのわからぬシロモノの代替物が食材に使われている心配もないだろう。それに、店自体は「きれい」ではないにせよ、終戦直後とは比べ物にならないほど周囲の環境全体が清潔になっているはずである。それでも、現在の都市生活のなかで、闇市由来の飲み屋街ならではの濃密な味わいがあると思う。

ただし、ここでいう「闇市由来の酒場」とは、実際に一九四〇年代後半から同じ場所で営業し続けてきた店に限定して言っているわけではない。さすがに、そこまでこだわると現在ほとんど基準を満たす街も店もないだろう。だが、闇市の跡地（または移転先）で上述した特徴をある程度自然に継承している店であれば、多少たりとも闇市当時の酒場の雰囲気が想像できると思う。

そのような店のいわば対極にあるのは、同じ雰囲気を安易に演出するチェーン店の新しい「レトロ居酒屋」である。確かに「昭和っぽい」要素を演出しているため、見慣れない人は漠然と「戦後」を連想するかもしれない――手書きによる古い書体が店の看板を飾り、天井にはトタン屋根のモチーフが使われ、店内と店外を分ける壁がなく、店の内外にはテーブルの代わりにビール瓶のケースを積み重ねた上に安価な合板を乗せる簡易テーブルが散在する。一見、店の作りは物資不足の貧しい時代を彷彿させ、何となく無秩序な空間にも映る。だが、少しでも目を凝らしてみると、無秩序どころかこまめに計算し作り上げられた商業空間であることに気づくはずだ。つまり、ノスタルジーにアピールするしたたかな営業戦略の産物であり、異世界の軽い疑似体験を提供するという意味では、いわば「テーマパークの居酒屋版」だと言ってもよかろう。また、営業形態は個人経営ではなくチェーン店なので、「店」というよりも「会社組織」になっている。カウンターのなかで切り盛りしている人は店主ではなく、雇われ店長とアルバイトのみであり、年季の入った店とは程遠い。

以上、闇市の特徴をいくつか列記してみたものの、その特徴がどのように闇市の「魅力」と関係するか説明していないので、ここで簡単に持論を集約してみよう。まず、闇市特有の立地条件、規模、そして構造が多かれ少なかれその空間独自の雰囲気を形成しているだろう。もちろん、青空市場から統一化されたマーケットへと移行していく際、それらの条件は変わったが、それでも概していえば闇市の一帯が歩行者中心の都市空間であること、そして店自体は小規模だったということにまず留意したい。従来は駅前の焼跡などだだっ広い場所にあったとしても、市場のなかは基本的に歩行者専用の路地が張りめぐらされている場合が多かったようで、現存する闇市由来の一角も、ほとんど車も入れないほど狭い路地で形成されている。いわば人間の規模に合った、人間中心の都市空間というわけである。

同様に、闇市の過半数の露店や飲食店は、小規模の個人（しかも素人による）経営だったため、好むと好まざるとにかかわらず客同士、そして客たちと店主が、至近距離で接触せざるを得なかった。それを不快に感じる人もいるはずだが、客層が男性中心とは言え、現在の居酒屋文化では考えられないほどあらゆる社会階層や職業や世代の人々が同じ空間を共有することになった意味は大きいと思われる。これは前述した「解放区」としての闇市の一面を反映しているということができよう――とりわけ異種混合の人間臭い空間であり、社会的地位や収入や敗戦までの身分などはほとんど関係なくなった。戦後流行りの言葉で言えば、かなり「民主主義」的な空間であったと言えよう。

また、闇市の飲食店の魅力については、立地条件および規模のほかにも、構造そのものが客たちの体験に大きな影響を及ぼしていたように思える。この点、屋台との共通点も多いが、つまり「内」と「外」、あるいは「店」と「街」との間を区分けする境界線（壁、扉、窓ガラスなど）がない、または中途半端になっているため、店の構造により街から隔絶されておらず客たちは同時に「店」と「街」両方の都市空間を味わうことができるわけである。「店内」とは言え、半分路地につきだしていると、店内の会話を耳にしながら夕暮れの空を眺めることもできる具合である（終戦直後の東京では、空爆による被害のため、急に町からの見晴らしがよくなり、久々にあちらこちらから富士山がよく見えた、と皮肉って回想する人もいた）。

要するに、一九六四年の東京オリンピック、そして一九八〇年代のバブル経済のそれぞれの過剰な再開発事業のため、闇市に代表される戦後特有の活気あふれる、雑然とした「ストリートカルチャー」の姿が街中から増々消えてしまったが、現在でも闇市の面影が少し残っている一角だけで、そのような都市空間が少しでも味わえるわけである。結局、闇市由来の酒場の最大の魅力というのは、社会がそれまでに強要してきた規制、不条理に定めた身分、そして無理に仕切ってきた境界線などの束縛が敗戦とともに一気に崩壊したところに求められるだろう。終戦直後のその社会的空隙に現れた闇市において、一部の人々が新たな自由と可能性を見出そうとした。闇市のためにいっそう苦難を強いられた者もいれば、まるで開花するごとく新たな人生を踏み出した者もいた。本章の後半では、多様な同時代の文学作品を通して、個人体験としての闇市の意義について考えたい。同時代の人々にとって、闇市という「戦後の始まり」は、はたしてどのような意味を持っていたのか、数篇の虚構の物語を通じてその現実に迫ってみよう。

3　文学作品に映る闇市像

近年の闇市研究のおかげで、とりわけ東京の闇市の歴史と実体に対する理解がずいぶん深まった[6]。とくに青空市場からマーケットへの変貌、テキヤの介在と組織、闇市建築の特徴、そして一九五〇年代における盛り場や商店街への変容に関して、かなり解明されてきた。加えて、新宿、新橋、渋谷、池袋など都心のみならず郊外の闇市についての研究が現れており、しかもそのなかで若い研究者の貢献が大きく、注目すべきものがある。今後、東京以外の闇市を対象とする研究にも期待したい。

しかし、どんな社会現象であろうと、結局ひとによって形成され、動かされているのは理の当然であろう。だから、闇市のような社会現象をより多面的に理解するためには、闇市に何らかの形で関わった人たち――つまり、個人――の視点も考慮する必要があるはずだ。問題は、各自の視点がきわめて主観的であり、その信憑性や有意性が問われることである。ましてや何十年経ってからの回想録だけでは、なおさら頼りないだろう。たとえば、敗戦を十二歳で体験した人が、数十年後に闇市を含め戦後の生活に関する回想録を記す場合、どうしてもあやふやな「記憶」というフィルターを通してふり返ることになり、青春に対し幾分ノスタルジーに陥る傾向もあろう（その点、本章の前半――つまり、現在の酒場文化を通して戦後の闇市の飲食店の特徴と意義を捉えようとする試み――と似たような問題に直面し、研究題材として限界がある）。したがって、特定の社会現象や時代を把握しようとする際、個人の視点も考慮する必要があると同時に、その扱い方にいっそう注意が必要とされるだろう。では、そういった感傷的な主観論に陥らずに、個人の視点を有意義に盛り込む方法はあるのだろうか。

ずいぶんいい加減な言い方だが、この場合には「下手な鉄砲も数撃ちゃ当たる」という格言がある程度当てはまるように思う。個人の視点を取り扱う以上、複数の人間による、複数の表現媒体を視野に入れたほうが、より正確な全体像が見えてくるというわけである。以下、その認識を踏まえながら、（決して数が多いとは言えないが）一九四六年から一九四九年までに発表された短編小説を通して闇市――そして、闇市が具現する「戦後」という区分の不確定な時代――を考察したい。しかし、同時代の小説による闇市像を取り上げる前に、一九八九年の長編小説に表れた闇市描写を紹介しよう。三枝和子（一九二九―二〇〇三）の『その冬の死』は三部作の長編小説のなかの二冊目に当たり、初出は『群像』の一九八八年九月号である。以下、この作品のなかで闇市が登場する一節を引用しよう。やや長いが、ほかの文学作品に見られない視点が提示されており、しかも鮮やかな闇市描写なので、その一節をまるごと引用したい。

人びとは国鉄S駅の海側のガード下沿いに、群れをなして流れていた。流れは、のろのろと続いていたが、人びとの目は、みんな少しずつ血走っていて、流れのなかには陰うつな殺気が漲っていた。

彼女は流れのなかにいた。強い力に押されて、流れに逆らって歩くことができなかった。

「一度行ってごらんなさいな。何でもあるわよ」

同室の石川高子が昂奮ぎみに教えてくれた。「お稲荷さんでしょ、焼きいもでしょ、白い御飯のお握りでしょ、蒸しパンでしょ、それにどういうわけか、進駐軍のチョコレートや煙草まで売ってるのよ」

闇市に行ってみようと思ったのは、好奇心からだった。しかし、そこに集まって来る人びとの必死の形相に怯んで、すぐに引き返そうとしたのだけれど、それができなかった。

「こら、どっち向いて歩いとるんじゃ」

「うろちょろするなっ」

怒鳴りつけられて、一層狼狽した。

「さあ、ねえちゃん、買うのか、買わんのか。いま買わなきゃ、すぐ無くなるよ」

鼻先に突きつけられたのは柔らかそうで餡こもたっぷり入っているに違いない大福だ。一個五円である。

高いのか、安いのか分らない。しかし、どんどん売れているから安いのかもしれない。買物のために持って来た小遣いは十円である。二個買うと無くなってしまう。

彼女は決断がつかないまま、何となく人の波に押し流されてその場を離れた。続いて、茹で玉子、雑炊、おでんまで売っている。おでんのにおいにつられて近寄ってはみたものの、立ち食いしている復員兵らしい数人の男を押しのける度胸がなくて、また通り過ぎた。食べものを売っているところが一番活気があって、次に衣料だ。旧軍隊のものだったらしい毛布や外套が積みあげられている。他にセーター、ショール、ズボンなど。

喧噪と濁った空気のために、彼女は次第に頭がぼんやりして来た。やっとの思いで人の波を脱けると、ひとすじ冷たい空気の流れている一角に出た。そこだけが闇市でないみたいに静かで、雨戸の上に本を並べて売っていた。(7)

これまでに闇市について発表された多くの回想録や日記、それに研究論文は男性の視点で語られてきたため、以上の一節はいっそう新鮮に映るだろう。また、単に女性の視点が提示されているから興味深いというわけではない。エリートの女学生の視点であるからなおさら新鮮味がある（その点、平林たい子の「桜の下にて」（一九四六年）でも優秀な女学生の視点が中心になっているが、作中闇市そのものは、具体的に描写されるというよりも抽象的な役割を与えられていると言える）。主人公は元々「好奇心」から闇市に初めて出かけてみたということになっているが、言い換えればそれまで闇市へ買い物に行く必要のないほど恵まれた生活を送ってきたと想像される。そのような「お嬢さん」が初めて――しかもひとりで――闇市に足を踏み入れたら、それは全く異世界に感じられるだろう。怖い場所でありながら好奇心から吸い込まれていく心理描写が絶妙だと思う。

また、この描写から前述の松平誠などの闇市研究でも指摘される点――たとえば、食べ物から衣類まで何でも売っているという状況――が克明に表されており、同時に学術研究の文章では伝わりにくい「現場の空気感」もひしひしと伝わってくる。まず、闇市内の群衆（この場合、「買い物客」という表現はおとなしすぎる）のすさまじいエネルギーが、一種の脅威として映る。露店の人にかけられる催促の言葉や、周囲の人々のイライラした態度が好例。また、群衆の流れそのものが異様な迫力を以て読者に迫る。しかも、その流れが一方通行になっていることで、なおさら群衆自体がひとつの生き物のように感じられるだろう。さらに、音、匂い、空気という感覚的な側面まで生き生きと伝わってくる。そして、最後に主人公が闇市をようやく抜け出たときの安堵感も印象的だろう。このように身体感覚を含む詳細な洞察によって、読者が一瞬、闇市の疑似体験をすることになり、知識とは別の次元で「肌で感じる」思いがする。それこそ、闇市研究への文学作品の貢献だと言えよう。

さて、闇市全盛期と同時代に発表された小説を取り上げよう。以下ふれる作品群はすべて一九四六年から一九四九年までの間に刊行された。(8) 当時、占領軍による検閲制度があり、マッカーサー元帥および占領軍当局（ＳＣＡＰ）に対する批判や、原爆投下による被害の言及や、占領軍兵士と日本女性との密接な関係（当時の検閲用語で“fraternization”と呼ばれた）などへの言及および描写が厳しく規制された。検閲の対象となる項目には“Black Market Activities”（闇市関連の行為）も載っていたが、とりわけ文学作品における闇市描写はあまり検閲の対象とならなかったように思える。そして、筆者が知っている限り、以下ふれる一連の小説も、わずかな例外を除いて検閲の規制を受けなかったことを付け加えよう。

戦後の日本文学界のなかで、闇市が最も「似合う」作家は誰なのかと訊かれたら、やはり「無頼派」の作家群だと答えなければならないだろう――すなわち、太宰治、坂口安吾、織田作之助、そして石川淳など。もちろん自らの文学的系譜を「焼跡闇市派」と称した野坂昭如も思い浮かぶが、野坂が作家としてデビューしたのは一九六〇年代半ばだから、本稿ではふれないこととする。[9] 無頼派たちの作品に登場する人物は、上記の『その冬の死』のびくびくするお嬢さんとは対照的に、闇市の雑然かつ混沌とした環境にどっぷり浸かっている――闇屋をはじめ、麻薬中毒者と密売者、パンパン（男娼を含む）とポン引き、そしてその他の欲望に溺れる弱者と彼らを狙う狡猾な輩。とにかく、不審な人物が満載の文学世界である。そう書くと、やけに重苦しそうだが、周知の通りこの作家たちの小説にはユーモア（少なくとも風刺精神）があり、戦後の暗い場面に一筋の光を差すことで単なる重苦しさを避ける手法を好む。彼らの笑いと風刺の対象になるのは「国家」や「軍隊」をはじめ、横柄な態度でのさばる個々の権力者を含む。以下、無頼派の作家たちの闇市関連の作品を中心に、闇市に関連する部分を引用しながら紹介したい。そして、これまでの闇市研究にも関連付け、闇市に関する私論も簡潔に述べる。

太宰治「貨幣」（一九四六年）

「私は、七七八五一号の百円紙幣です。あなたの財布の中の百円紙幣をちょっと調べてみて下さいまし。或いは私はその中に、はいっているのかも知れません。」

以上は太宰の短編「貨幣」の冒頭の文章である。百円札が一人称で語り手を務めるわけだから、奇抜な発想である。一見、現実離れした世界が展開されそうだが、語り手の正体を除けば、戦後のどさくさの日常がいかにもリアルかつ卑近に語られている作品である。結局、この百円札が多種多様な人物の間を渡り歩くのではなく「渡される」という設定になっているが、時代も時代だから闇売買にかかわる人間にもっぱら振り回される――

「私はこれまで、いろんな闇屋から闇屋へ渡り歩いて来ましたが、どうも女の闇屋のほうが、男の闇屋よりも私の二倍にも有効に使うようでございました。女の慾というものは、男の慾よりもさらに徹底してあさましく、凄《すさま》じいところがあるようでございます。私をその小都会に連れて行った婆さんも、ただものではないらしく或る男にビールを一本渡してそのかわりに私を受け取り、そうしてこんどは、その小都会に葡萄酒の買い出しに来て、ふつう闇値の相場は葡萄酒《ぶどうしゅ》一升五十円とか六十円とかであったらしいのに、婆さんは膝をすすめてひそひそひそひそいって永い事ねばり、時々いやらしく笑ったり何かしてとうとう私一枚で四升を手に入れ重そうな顔もせず背負って帰りましたが、つまり、この闇婆さんの手腕一つでビール一本が葡萄酒四升、少し水を割ってビール瓶につめかえると二十本ちかくにもなるのでしょう、とにかく、女の慾は程度を越えています。それでも、その婆さんは、少しもうれしいような顔をせず、どうもまったくひどい世の中になったものだ、と大真面目で愚痴をいって帰って行きました。」

この作品は単に娯楽ものとしてだけでも十分に読み応えがあるが、闇市を考える上で見逃しやすい重要な点が潜んでいる。すなわち、闇市には二面がある――一方では、「イチバ」という場所としての「ヤミイチ」、他方では特定の場所に属さない闇物資が流通する「シジョウ」である。漢字で記される「市場」にもこの両面性が含有されており、英語の“market”および“black market”という単語にも全く同じ二通りの意味合いが含まれている。「貨幣」をはじめ、坂口安吾と織田作之助の以下の作品において、いわゆる「闇屋」は登場するのに、イチバとしての闇市がほとんど現れないことに留意したい。というのは、戦後の早い時期において闇物資が駅前の闇市の区域内に留まらず、日本経済全体に浸透していたという事実が反映しているからだ。闇市の基本原理は流通にこそあるわけだ。しかも、流通するのは「物」だけでなく、「人」も「金」も一緒に流れていた。

「人」には、闇商人と消費者のみならず、「パンパン」(街娼)と呼ばれた、もうひとつの戦後社会の象徴だった存在も含まれる。闇シジョウで大勢の女性が身体そのものを売っていた。それこそ、闇に隠れながら客に声をかけることから「闇の女」とも呼ばれていた。また、闇市が登場する文学作品に街娼がよく登場することも偶然ではないだろう。もうひとつ忘れてはいけない闇市の登場人物は占領軍である。さすがに検閲下では占領軍と闇市やパンパンをあまり密接に関連付けると作品が発行禁止にされる恐れがあった。石川淳の「黄金伝説」がその好例である——石川の同名の短編集が中央公論社より刊行される際、表題作の「黄金伝説」が検閲官の要請のために収録されなかった。石川の作品集『黄金伝説』には、肝心の「黄金伝説」が入っていなかったわけである。

最後に闇市に流通する「金」についてひとこと。闇のシジョウに流れていたのは円だけでなく、ドルそしてドルの代替物だった占領軍のタバコなどである。物資の流通をたどると、概してパンパンの手から闇ブローカーに渡り、それからイチバに現れることもあった。経済制度が十分に機能しない時代だったので、米軍のタバコなどが(昔の貝殻のごとく)金の代替物として使われていたわけである。「戦後」を考えるとき、闇市も欠かせないと同様に占領軍という存在が想像以上に、様々な形で日常生活に介在していたことは重要である。

坂口安吾「日月様」(一九四九年)

「貨幣」と違い、「日月様」の語り手は人間だが、語られている内容をどこまで信頼できるか、いささか怪しい。というのは、この作品は次の文章から始まる。「私が精神病院へ入院しているとき、妙な噂が立った。私が麻薬中毒だというのである。」そして、数行後には次の段落が以下のように展開される。

科長の内村先生（大投手）担当の千谷先生（大捕手）のお許しで後楽園へ見物を許された。後楽園のない日、千駄木町の豊島与志雄先生を訪ねた。豊島さん曰く、

「君、麻薬中毒なんだろう」

「違います。催眠薬の中毒はありましたが、麻薬中毒ではありません」

「おんなじじゃないか」

私は逆らわなかった。

それから、大の変わり者「王子君五郎／君ちゃん」（＝日月様？）という闇屋のはしくれが突然語り手の病室に現れる。物語が進むにつれ、この人物は増々不審に映り、話をどこまで鵜呑みにすればよいか全くわからなくなるので、かえって語り手を信用したくなるという仕組みになっている。以下、長い節ではあるが、この作品の軽妙な語りとユーモアがよく伝わるゆえのみならず、敗戦後の社会に「シジョウ」としての闇市がどれほど浸透していたかがよく表れていることを示すため、その場面を全部引用したい。

そのときは、附き添いも女房も外出して、私が一人であったが、特別私とレンラクのあった人物のほかは、精神病院の錠を下した関所を越え、又、看護婦の認可という関門を越えて、私の病室をつきとめて辿りつくということは不可能なのである。忍術使いと同じぐらい腕力的な侵入方法に練達している各新聞社の社会部記者や写真班すら、みんなお医者さんや看護婦に撃退されて、あえなく退却させられていたのである。

「よく、はいってこられたね」

と、いうと、彼はヘッヘッヘッと笑って、フトコロから品物をとりだした。

「いつもお世話になりまして、お礼もできませんで、これは私の寸志でございます。先生もさだめしお苦しいことだろうと拝察致しまして、私もマア、ちょッと、顔がきくようになりましたもんで、どうやら手に入れて参りました」

「なんですか」

彼は又クスリと笑って、頭をかいて、それから注射の恰好をしてみせた。

「なんだい？　ヒロポンかい？」

「ど、どう致しまして。あれです。先生がお用いになっていた例の、麻薬」

私もつくづく呆れてしまった。デマの結果が、こういう珍妙な事実になって現われようとは。

「麻薬って、君、モヒのことかい」

「そうです。イエス。エッヘッヘ」

彼は又、頭をかいた。クスリと笑いつづけている彼の目に、妙に深々とした愛情がこもっていた。「私自身は、これを用いておりませんが、よく知っているんでございます。中毒して入院する。入院中もぬけだして、ちょッと、用いにおいでになるもんですなア。骨身をけずられるようだてえ話を、マア、私もチョイチョイ耳にしておりますんで、先生なんざ、愚連隊というものじゃなし、仲間のレンラクもなく、お困りだろうと、エッヘッへ。そうなんでございます。この精神病院なぞと申しまして、鉄の格子に、扉に錠など物々しくやっておりますが、私共の方では、お茶の子なんでございます。みんなレンラクがありまして、ワケのないことでござんすよ。鉄格子から注射器と薬を差入れてやりゃ、なんのこともありませんや。愚連隊の中毒患者は、病院の中でいかにも神妙に、みんな用いておりますんで。エッヘッへ。文明でござんす。

言うまでもなく、ここでの「文明」の言及は皮肉であり、敗戦まで通用していた「常識」および「秩序」が見事に覆されていることを物語っている。戦後社会自体がそのような「逆転」の上に成り立っていることを指摘するのはけっして無頼派の作家たちだけではないが、彼らはさらにもう一歩踏み込んでユーモアを利かし風刺しながら、「あるいは、逆転後こそが社会の真の顔ではないか」と問いただしているようにも思える。戦前戦中の社会を決して懐かしがっているわけではないが、かといって戦後日本の姿を肯定したい気持ちもなさそうにみえる。理想と失望、反抗心とやるせなさという内面的な葛藤を、少なくとも太宰と安吾は共有していたように思える。自分には、周囲の人たちの偽善と欺瞞を風刺したり暴いたりすることくらいしかできないという自覚に、無力さを痛感していたと想像される。

敗戦を以て世の中が一変した、ひっくり返った。急変した社会に対し、どう応じたらよいか。どう食べていけるか。自給できる農民はともかく多くの都市住民にとって切実な問題だった。王子君五郎は終戦まで旋盤工だったが、戦後は闇屋になり、薬物売買に手を染め、パンパンを紹介するポン引きのようなこともやる。そして、夕方になると自ら女装し「君ちゃん」に変身する。女装はするが、喋り方も、そぶりも以前のままで、全く色気がないらしい。「実は、なんですよ。これも、世を渡る手なんです。私は、例の、男娼じゃァありません」と、自己弁護するが、徐々に明らかになるように、彼／彼女は大真面目な顔をしながら平気で大嘘をつくわけだから、どこまで信じたらよいか全く判断がつかない。日中は男／夜は女、故に「日月」ということだろうが、はたして「世を渡る」ためなのか、内心そうなりたかったのか自明ではない。もし、前々からそうなりたかったということであれば、彼／彼女にとって戦後のどさくさを象徴する闇市はまさしく「解放区」と見なせるだろう。

その他の「闇市文学」

中里恒子の「蝶々」（一九四九年）の主人公の薩摩富久子は戦中、海軍長官の夫人だから社会的地位は非常に高い。彼女は夫の部下からも周りの奥さんたちからも一目おかれていたのだが、敗戦とともに彼女の世界はひっくり返った。夫は野心も自尊心も失い、自宅に引きこもるようになった。だから、彼女は「仕様がない、こうなったら、もうあなたは使い途がなくなりましたね、あたくしが世間へ出ることにしますからね、一切口出しをなさらないで下さいまし」と言い切って、それまでの二人の権力関係が一気に逆転してしまう。そして、富久子は夫の部下だった少佐と一緒に闇市でやきとり屋の屋台を始め、まさしく蝶々のごとく羽を伸ばしのびのびとした気持ちになる。すべてを失ってしまったはずの彼女だが、息子との会話によると、むしろようやく自分らしく生きる機会を得たように感じている――「そうだね、昔の奥さん連中が、あたくしのことを下品だの、ひとが変っただのと言うけれど、ちっともあたくしは、変ってやしないよ、これが母さまの本性なんですよ、やきとり屋のおかみさんのような、誰はばからない、気らくな生活が、性にあっているということが、やっとわかってきましたよ」。蝶々のごとく自由になった富久子も敗戦と闇市の影響で一種の「変身」ひいては「逆転」を遂げることになったが、君五郎に比べだいぶ自然かつ健全な境遇に達したようである。

永井荷風の「にぎり飯」（一九四九年）においても、戦争で失ったものが戦後の個人的な有為転変に結び付く物語だと言える。深川周辺で東京大空襲を逃げ回っている主人公「佐藤」が、四、五歳の女の子を連れた若い女性「千代子」に出会う。佐藤は妻子を探しており、千代子は必死に夫を探している。それから終戦間際、浅草橋付近で二人が偶然に再会し、依然としてお互いに家族の行方は分かっておらず、しかも千代子の夫は酒と女癖が悪く、博打にもはまった困り者だということが判明し、しばらく話していたら佐藤がいきなり「だから、ねえ、おかみさん。どうです。わたしも一人、あなたも一人でしょう。縁は異なものッて云う事もあるじゃありませんか」と切り出す。結局、佐藤の疎開先の千葉県市川で一緒に暮らすことになり、終戦直後に駅前にできた闇市で、彼らはおでん屋の屋台を構え、幸せな日々を送る。ふたりの大きな喪失から始まった物語にもかかわらず、闇市の「闇」がほとんど感じられない作品だといえる。

織田作之助の「訪問客」（一九四六年）においても、敗戦の打撃を受け、闇市に接することにより一種の「変身」を遂げる人物が登場する。関口秋男という青年は、闇市に関わることを通じて、それまでに抱いていた自らに対する甘い錯覚から目覚めさせられ、むしろ元気に生き生きとしている。

「訪問客」は、小説家である十吉の家に三人の闇屋が別々に訪れる話で構成されている作品である。三人のうちの唯一の男性・関口秋男は、終戦前では小説家を志望しており、自分の（相当に下手な）作品を主人公に見せるために訪れていた。作品に対し、少し厳しく言われてから「すっかりしょげて帰って行った」。それから時は経ち、秋男の「変身」した姿が語られる。


それきり顔も見せなかったが、そのうちに戦争が終わってしまった。そして二十日余りたつと、三月ぶりにやって来た。見れば、鼠色のフラノの背広をきて、血色もよく、すっかり見ちがえるくらいだった。

「スマートだね。」

とひやかすと、いやあと頭をかいて、

「もう文学はやめました。工場もやめさせられたので、今は闇屋をしています。」

「ヤミヤ……？」

「ええ。ほしいものがあったら、言って下さい。安く廻しますよ。僕の持って行く奴は、よそより安いんです。煙草はどうです。」

「まア、待ってくれ。」

と十吉は呆れて、

「――どうしてまた闇屋なんかを開業したんですか。」

すると、相手はライターをパチンと鳴らせて、煙草に火をつけると、興奮した口調で、

「僕は、女房と子供が三人のほかに、僕の母親と女房の母親を養わなくちゃならんのですよ、ところが、失業したでしょう。二千円の退職金では、三月ももちませんよ。そこで、この退職金を資本に、闇屋をやろうと思ったんです。工場の重役や課長連中は戦争が終ったどさくさまぎれに、ヂャンヂャン物資を家庭へ運んでいるし、将校や下士官と来たら、もっとひどいと言いますよ。ところが、そんな連中は結構食うに困らないのに、われわれはこのままじゃ餓死してしまいますよ。絶対闇のものをたべないことにして、配給だけでやって行くと、必ず病気になると、医者が言ってますからね。だから、闇のものは生命維持のために必要欠くべからざる必需品です。それだのに、われわれは高くて買えない。で、僕はいっそ闇屋となって、ほかの闇屋より少しでも安く売ることにすれば、人もわれも益するわけだと、思ったんですよ。」

「つまり、社会奉仕かね。」

「いやあ、そう言われると、てれくさいですが、――僕は堂々と、『闇屋でございます』と名乗っ

て、玄関からはいって行くんですよ。僕の闇は安いので、歓迎されますよ。」

秋男の場合、闇屋の「闇」という字は全く似合わないだろう——堂々としているだけでなく、明るくしかも（闇屋なのに）真っ直ぐ生きている感じがするのではないだろうか。彼も闇商売によって解放された好例だろう。しかし、それが可能になっている背景には、会社の上司や軍の将校たちなど権力者の身勝手な行動がある。彼らのような、それまでは「見上げる」ことになっていた人間のだらしなさが氾濫する社会だからこそ、秋男のような闇屋の生活のほうがかえって健全に映るのだろう。

もちろん、闇市を描いた戦後文学は必ずしも明るい物語で成り立っているわけではない。たとえば、梅崎春夫の「蜆」（一九四七年）の主人公も、「訪問客」の関口秋男と同様に戦後闇屋に転じ、その世界に関わることにより自覚を迫られる。そうして、ようやくそれまでに抱えていた自分に対する幻想も崩壊するが、彼の場合はもっと複雑で曖昧な心理描写になっている。物語の初めでは、きわめて品行方正な善人と自負しているが、戦後社会でしばしば遭遇してしまう狡猾な人間たちの影響で、自分も闇屋という身に「陥り」、自問し始める。もちろん、彼が開眼させられた故に自問するようになったということは「進歩」として歓迎すべきと解釈したくなるが、この作品から明らかなように闇市は単純に美化できるものではなく、人によって違う影響を受け、またそれにより違う道を歩むことになってしまう。

もし、焼け跡という風景が敗戦の最大の象徴だとしたら、闇市は戦後の混沌とした生々しい日々をより象徴する風景だったと言えよう。現在流行りの「闇市風居酒屋」の存在に反映しているように、闇市を戦後の歴史から切り離しながら単なる消費の対象にしようとする動きが目につく。そのような「テーマパークの居酒屋版」ではなく、実際に闇市由来の酒場に対しても、我々はどうしても美化したくなる傾向があるようだ。しかし、闇市が現存する時代に書かれた文学作品が教えてくれるように、闇市という社会現象は決して一面的なものではなかった。「戦後」という時代と同様に、「闇市」もひとつの物語に収斂できず、その「意味」は体験したひとりひとりによって微妙に異なるものである。

世の中そのものが転覆したように感じられた敗戦後の日本では、多くの人間が自らの逆転劇を経験した。その逆転の内容は人によって異なり、またその良し悪しをどう判断すべきかも同様、人それぞれである。だが、闇市で発された異様なエネルギー自体は誰にも否定できないだろう。結局のところ、闇市というのは「戦後」の象徴であるとともに、「異世界」でもあった。その異世界に深いかかわりを持った多くの人々は、自ずと内面的な変化を遂げるに至ったようである。そして、変身した彼らも、「戦後」という新しい時代の侮りがたい像として記憶されてきた。

（1）木下愛日（一九〇〇―一九八四年）、西木空人（栗田亘）編『ポケット川柳』（童話屋、二〇〇六年）、一一頁。
（2）松平誠『ヤミ市　幻のガイドブック』（ちくま新書、一九九五年）、一〇頁。
（3）猪野健治編『東京闇市興亡史』（ふたばらいふ新書、一九九九年）、三九頁。
（4）一般人向けの闇市関連の街歩きやグルメガイドの雑誌やムックなどでは、『散歩の達人』「東京ディープ案内」特集号（二〇一七年四月号）、藤木ＴＤＣ『東京戦後地図　ヤミ市跡を歩く』（実業之日本社、二〇一六年）、タツミムック『東京異景散歩　昭和20～30年代の東京の闇を歩く！』（辰巳出版、二〇一五年）、藤木ＴＤＣ／ブラボー川上『まぼろし闇市をゆく　東京裏路地「懐」食紀行』（ミリオン出版、二〇〇二年）など多数あり、以上はそのうちのほんの数例である。

（5）これまでに、小生の闇市に言及した居酒屋エッセイは新聞や雑誌各紙誌掲載のもののほかに、次の二冊の単著がある――『呑めば、都』（ちくま文庫、二〇一六年［初版は同社からの二〇一二年刊行の単行本］）、『日本の居酒屋文化』（光文社新書、二〇一四年）。

（6）闇市の歴史と実体に対する近年の研究では、橋本健二／初田香成編『盛り場はヤミ市から生まれた』（青弓社：増補版、二〇一六年）、石榑督和『戦後東京と闇市』（鹿島出版会、二〇一六年）、初田香成『都市の戦後―雑踏のなかの都市計画と建築』（東京大学出版局、二〇一一年）、などがある。一つの町の闇市に絞って書かれている書籍では、井上健一郎『吉祥寺「ハモニカ横丁」物語』（国書刊行会、二〇一五年）、そして池袋を中心とする闇市文化に対する多面的な見解には、井川充雄／石川巧／中村秀之（共編）『ヤミ市文化論』（ひつじ書房、二〇一七年）を参照。文学作品からみた闇市像について、上記の『盛り場はヤミ市から生まれた』所収の逆井聡人の「物語のなかのヤミ市」があり、同じ論集のなかに文学者の日記に映る闇市像についての章もある。小生の闇市文学論についてマイク・モラスキー編『闇市』（皓星社、二〇一五年）の解説を参照。

（7）三枝和子『その冬の死』（講談社、一九八九年）。

（8）上述の拙編『闇市』は、闇市をめぐる戦後短編小説選集であり、三枝和子の『その冬の死』と石川淳の「黄金伝説」を除けば、本稿で取り上げる作品がすべて収録されているので、闇市が登場する小説に興味ある読者は参照されたい。

（9）野坂文学における闇市像および「戦後」の表象については、前述の『闇市』所収の解説のほかにも、「終焉のない『戦後』」、『図書』（二〇一六年七月号）で論じている。

第2章　占領期からポスト占領期映画における「パンパン」表象が問いかけるもの
——「夜の女」から「基地の女」へ

斉藤綾子

『夜の女たち』監督／溝口健二（一九四八年）写真提供／松竹

1

本論は、占領期とポスト占領期に製作された日本映画で、当時「パンパン」[1]と呼ばれた主に占領軍兵士相手の売春女性たちを正面から扱った長篇劇映画二本を中心に、パンパン（以下括弧を外して表記）の表象がどのように変化しているかについて検討するものである。具体的にいえば、特定のシーンにおける俳優の身体と空間の政治性を映画テクストと同時代の資料をつきあわせることで、占領と検閲という状況下の作家の選択が表出する矛盾を読みつつ、映画のパンパン表象が持つ歴史性について考察を試みる。

分析対象の二本の映画は、溝口健二監督の『夜の女たち』（一九四八年五月公開）と谷口千吉監督の『赤線基地』（一九五三年一二月公開）である。前者は、戦争で夫を、戦後の混乱期に病死で一人息子を亡くし、その後に闇商売をする会社社長の愛人となり、最後にパンパンにまで転落するヒロイン房子（田中絹代）を中心に、その妹夏子（高杉早苗）と義妹の女学生・久美子という三人姉妹の転落と更生を描く。同年に公開された『肉体の門』（マキノ正博監督）と並んで占領期の「パンパン映画の流行」[2]と評された現象のきっかけを作った。連合軍総司令部の検閲官ハリー・スロットに「娼婦の問題に対して国民の意識を高める」企画と太鼓判を押され、「撮影に衛生・福祉関係の官庁までもが協力」[3]して製作されたこの映画は、同じく田中主演で民主主義啓蒙映画として作られた『女性の勝利』（一九四六年）『女優須磨子の恋』（一九四七年）が不評だったのとは対照的に、「大阪の盛り場を舞台に、夜の女たちの群がる界隈の風俗を、すさまじい描写でリアルにうつしとった」「写実作家・溝口のカムバックを証する作品」[4]と公開当時、高く評価され、興行的にも批評的にも大成功した。[5]

一方、『赤線基地』はポスト占領期に東宝の田中友幸製作で監督谷口が手がけた映画である。[6] 田中と谷口は占領期に田村泰次郎原作の「春婦傳」を映画化した『暁の脱走』（一九五〇年）を占領軍の執拗な検閲を経て完成させたコンビである。[7] 中国から一〇年ぶりに故郷の富士山麓御殿場に帰還した主人公・浩一（三國連太郎[8]）が、米軍演習場となった村の姿に戸惑い、基地の村の厳しい現実に向き合う一昼夜の経験を描く。浩一が冒頭にバスで出会う都会的な若い女性・由岐子が実は「ガールさん」（自宅に間借りする米兵相手の「オンリー・ワン」という設定）だっただけでなく、初恋の人ハルエもパンパンになっていたという設定で、「基地の女」の存在がポスト占領期の基地の村が抱える問題を象徴する。ジョセフ・フォン・スタンバーグ監督の『アナタハン』（一九五三年）で映画デビューを飾り、一作にして「肉体派女優[9]」と呼ばれた根岸明美が由岐子を演じ、話題を呼んだ。引揚兵とパンパンといういわば戦後日本の負の遺産を体現する存在を主人公に据え、「相当の傑作[10]」と評価され、基地問題を正面から扱った初メジャー作品として九月末に公開されるはずだったにもかかわらず、公開直前、母国でマッカーシズム吹き荒れる中にあった在日アメリカ人記者たちに「反米映画」と非難されたため公開延期となり、二ヶ月後の一二月八日に「自主改訂版」として再公開されたという曰く付きの映画である。

公開当時には、同時代の「風俗」を鋭く描いた「溝口作品」として、あるいは「反米映画」として二作ともに話題にはなったものの、芸術的価値や作家論的見地から映画批評や研究の主要な対象となることはわずかな例を除いてなかった。『夜の女たち』に関しては二〇〇二年にジェンダー批評からの観点で占領期映画として検討する堀ひかりの先駆的な論文が発表されたが、近年、木下千花と金普慶の優れた溝口研究が相次いで発表され、状況は一転した。[11] いずれも同時代の言説や検閲資料を駆使し、文化歴史研究と映画研究の視座を活かした実証的かつ説得力ある映画分析を展開する。一方、『赤線基地』に関して言えば、中村秀之の秀逸な論文を除けば、「あたかも一九五〇年代末以降に進行した「本土」における基地の存在の「背景化」と軌を一にしたか」のごとく映画史から消え去った。[12] そもそも、「作家性」という点からみれば「巨匠」溝口に比べ谷口は圧倒的に分が悪い。[13]

だが、戦後研究という視点から見直したときに興味深いのは、『夜の女たち』と『赤線基地』の紛れもない同時代性であり、占領期からポスト占領期にかけての「戦後」の映像がドキュメンタリー的とも言えるような生々しさで映し出されている点である。[14]『夜の女たち』においては三人の女性表象、そして大阪の西成近郊を中心にロケーションされた風景、当時「キャッチ（狩り込み）」[15]と呼ばれた日本の警察と占領軍の陸軍憲兵隊（MP）が協力して米軍兵士の性病対策としてパンパンとおぼしき女性の一斉検挙から性病検査までの一連の流れがリアルに再現されている。『赤線基地』では東富士演習場「キャンプ富士」の実写映像と実在していた富士岡中学校の映像的再現、そしておそらくメジャー映画では初めてアメリカ人兵士をアメリカ人が演じた米軍男性の身体的可視化と、戦後の肉体の解放を象徴するかのような女優・根岸明美によってポスト占領期の基地の女性表象が鮮やかに表出されている。

これらの映像は一見すると、アクションの背景として自然に映画に映りこんでいるため、リアルな印象を与えながらも物語叙述に流されがちである。だが、脚本家の依田義賢によれば『夜の女たち』で溝口は「関西のローカル」における「パンパンの生態をはげしく、生々しいタッチ[16]」で描き出したいと意気込んでいた。また、谷口は『赤線基地』の意図を「政治的に理屈っぽくなりやすい材料をいかにしてそこに住む日常の生活の中へ生かすか、観念ではなく、感情に訴えるために腐心。基地の実態をえがいて見せることによって、日本人自身の反省（特に政治家の）を求める[17]」と説明し、同時代の新聞で「基地の女たちの生態をはじめて扱った[18]」と宣伝された。二作とも、「占領」を象徴するパンパンの「生態」あるいは「基地」の「実態」を描く風俗映画として作られ、その写実的な描写が話題を呼んでいたのである。皮肉なことに、両作ともにパンパンや基地の実態を描く企画とされたからこそ、逆に対象としている社会問題の掘り下げ方が足りない、社会の現実が単に「風俗」としてしか描かれていない、あるいは中途半端に現実的すぎると批評された[19]。

戦後七〇年が過ぎ、そのような歴史的同時代性と現実性が失われ、また記録映画としても映像記録としてもほとんど残っていない現在、その「リアル」が実際にどの程度「リアル」だったのかを体験的に理解することはほぼ不可能である。だが、例えば平井和子、田中雅一、茶園敏美など、近年優れた調査研究が発表され、売春問題や基地問題に関する情報や知見が明らかになってきたが、これらの資料と照らし合わせると、驚くほど現実的な再現が試みられていることが判ってくる[20]。それは単に「映画作家」の芸術的な選択として写実主義的な趣向がなせる業だったのだろうか。

いったい、映画内に現れるフィクショナルな出来事や場所が提示する現実との類似関係、あるいは模倣としての再現性は、どのような歴史的、文化的、政治的意味を持つのか。場所や出来事の映像的再現と現実の場所や出来事とのあいだの関係性（特に類似性や近似性）は、「風俗」や「時代考証」、あるいは「写実主義」という範疇で捉えられることが多い。しかし占領期、あるいはポスト占領期においてそれはどのような意味を持っていたのだろうか。

映画研究において、映画に出てくる現実の場や出来事の写真的再現をあたかも現実表象として「場所」の同一性に還元してしまうことは、「映画固有の形式」による表象を無視するような危険を冒す行為であると慎重に避けられてきた。[21] 映画のロケーションは通常、現実の地理関係とは無関係に撮影されたシーンを編集した虚構の場所として再構成されることが多く、ロケ地を同定しても物語上の意味はほとんどない。だが、本論で私は敢えてナイーブに物語の設定と撮影された時空間との関係を探りたい。なぜなら、そこには占領と性をめぐる検閲という問題が絡んでおり、少なくともこの二作においては場所が決定的な意味をもっていたからであり、その場所に女性がいたことに意味があるからだ。占領をめぐる文脈においては、特定の場所や出来事の現実的な、正確には模倣的な再現を試みることの芸術的、政治的意味はおのずから異なる様相を示していると思えるからである。

2

映画分析に移る前に、占領期の映画政策と検閲に関して性をめぐる描写を中心に簡単に整理したい。占領期、映画は連合国軍最高司令官総司令部（以下ＧＨＱ）の直接間接の検閲の対象となった[22]。旧作が検閲対象になりカットされて再公開されたほか、新作についてはほぼ全種類の映画が、企画書と脚本の事前検閲、そして完成後も民間教育情報局（ＣＩＥ）と民間検閲部（ＣＣＤ）の二重検閲を受ける態勢が、一九四九年に映画倫理規定管理委員会（映倫）の設立まで続き、ＣＩＥによる検閲は五二年四月に占領が終わるまで続いた。

平野共余子によると、検閲対象となったのは、基本的には、軍国主義と国粋主義的傾向、封建主義や愛国主義の奨励、婦人に対する圧制や人種や宗教差別的表現、暴力描写、子供に対する搾取的表現であったが、占領軍は性表現一般に対してのみならず、「売春、性病、堕胎」といった表現にも神経をとがらせた[23]。これらの禁止事項に加え、占領軍批判も厳しく統制され、軍事占領や映画検閲の事実自体も隠そうとした。例えば、「ＭＰ」や「ＰＸ」といった英文字の看板や腕章、ＵＳＡと書かれた「おもちゃのジープ」なども含めて「英語の掲示、占領軍の施設」、空襲跡の「焼け野原」を避けて撮るなど占領軍の存在を不可視にする努力がなされた。さらに「占領軍の兵士や職員と日本人女性人の交際」や「米兵を父とする混血児」を扱う題材はタブーであり、実際、こうした題材は占領が終わった翌年の一九五三年に関川秀雄監督の『混血児』や谷口の『赤線基地』そして今井正の『キクとイサム』（一九五九年）あたりまで描けなかったと平野は指摘する[24]。このような状況下で、映画人の多くは、戦前戦中の軍国政府による検閲よりはましだと考えた一方で、アメリカの検閲官に対しては何をいっても「埒があかない」と諦めつつ、同時に検閲官相手にさまざまな「折衝」を重ねることになった。

一方で占領軍が推奨した戦後の女性解放や民主主義啓蒙政策は、接吻映画に代表される新たなメディア表象やジャンルを生み出した。(25) だが、占領の現実は女性身体の解放と搾取を隣り合わせにした。特殊慰安施設協会（RAA）に象徴されるように、政府は「性の防波堤」というレトリックを使い占領軍の「慰安」対策として女性を動員したが、こうした施設は性病蔓延のためすぐに閉鎖され、仕事を失った女性たちは「夜の女」となり街にあふれた。(26) また、占領下における身体や性を通じた好ましからざる「交際」は隠蔽したくとも女性たちの存在がそのことを可視化した。(27) 多くの日本人にとって良くも悪くも「戦後」の象徴《アイコン》として強烈な印象を与えたパンパンの存在は二律背反以外の何ものでもなかったのである。

売春、性病という現実的な問題に対処を迫られた占領軍にとっては、彼女たちは現実、表象のいずれにおいても検閲すべき存在であった。対照的にジャーナリズムや映画製作会社にとってみれば、帝都座で演劇化された田村泰次郎の小説「肉体の門」を代表とする一連のブームの中で注目を浴びた「夜の女」のセンセーショナルな話題性は、性のタブーに挑戦し、厳しく検閲されていた占領や社会の現状批判を盛り込むことができるシンボルともなった。事実、溝口の『夜の女たち』は大ヒットし、「パンパン映画旋風」を生み出した。当事者の女性たちも、多くが流行やファッションにも敏感で、映画や雑誌といった大衆文化の貪欲な消費者でもあった。(28) 映画の作り手にとっては、戦後風俗を体現していた彼女たちを取り上げることは、現在進行形の風俗を描くためにまたとない題材であった。その上、芸妓や娼婦などの周縁の女性たちに社会の矛盾やひずみを見いだし、社会批判を彼女たちの身体を通して行ってきた映画史的慣習も引き継ぐことを意味していたのである。

映画史において売春や性に関する描写は常に検閲の対象でもあった。戦前から戦中にかけては内務省による検閲が行われ、例えば、前述の溝口研究で検閲を非対称な権力関係における折衝として捉える木下は、『折鶴お千』（一九三五年）『浪華悲歌』『祇園の姉妹』（共に一九三六年）を戦前の例として取り上げ、内務省と製作会社によって何が検閲されたかを詳細に検討し、溝口だけでなく検閲する側にとっても女性の身体とセクシュアリティが「掛金」だったことを論じる。(29) 戦後に関しては『女性の勝利』（一九四六年）から『我が恋は燃えぬ』（一九四九年）に至る五作品を分析し、「妊娠、堕胎、売春、性愛一般」といった「風俗」描写を「社会問題」として前景化させることで、溝口が表向きはＧＨＱ検閲官の「賞賛」を獲得しつつも、占領下の女性解放の「矛盾と重層性を露呈させ」批判したと評価する。(30) 特にこの時期の溝口が事前に検閲を回避するべく巧妙な立ち回りを見せた好例として木下は『夜の女たち』を挙げ、「占領軍検閲のツボ」を周到に押さえた「製作意図」を全文引用して傍証する。(31)

一方、占領期検閲により、徹底した改訂を迫られたのは「日本人慰安婦」を描いた谷口の『暁の脱走』（一九五〇年）である。中国における日本軍の日本女性に対する扱いを描く目的の映画だという製作者の企画意図は占領軍に却下された。「反戦映画で慰安婦を扱う」ことは「東洋的」な考えであり、戦争批判をただの個人の苦しみに終わらせない、「売春婦と性」を煽情的に描かない、「戦争の原因」についてもきちんと描くといった修正を検閲官に指示され、一年以上に及ぶ改稿が重ねられた（ヒロインの職業が売春婦から職業歌手に変更されたのは七稿の時点である)[32]。結果として、原作の「朝鮮人慰安婦」は企画の段階で「日本人慰安婦」に変えられ、占領軍の検閲で「歌手」となるという重層的な検閲を受けることになった。この苦い経験にもかかわらず、溝口とは対照的に、谷口が『赤線基地』でまたもやアメリカ人記者たちの外圧を受けることになったのは皮肉である。日本社会における女性の搾取という観念的な主題に関心を寄せていた溝口と、自ら中国戦線を経験した谷口の戦争と性に対する思い入れの違いを見ることはできるかもしれない。その違いは二本の女性表象の違いにも微妙に現れることになる。

ここで、一つの問題が浮上する。一般的に検閲という概念が想起させるのは何が検閲されたかである。よって検閲研究は検閲によって「抑圧」されたものを顕在化させること、つまり何が消され、変形されたかという生成プロセスを追う作業が主眼となる場合が多い。だが、検閲後のテクストはただの残骸に過ぎないのだろうか。当然ながら、検閲されようがされまいが、あるいは検閲のために不完全な形しか残っていないテクストにしても、最終的に残されたテクストの価値が軽減するわけではない。奨励と禁忌という相反する力学が働いていた占領という状況下で、前景化すべき要素と隠蔽すべき要素のバランスこそが鍵となる場合は、消されたものと同じく、何が前景化され、何がそこに残されているかを精緻に見ることは意義があるだろう。占領軍の検閲から自主検閲へと検閲の制度が変わっていったとしても、作り手たちは有形無形の検閲に遭遇し、それを回避しようとしただろう。何が前景化されたかという残された映像そのものは、そこに作り手の戦略を見る可能性だけでなく、その限界と矛盾をも示唆するのではないか。以下で見ていくように、占領期からポスト占領期における女性の身体は、まさにこのような力学と折衝の場となっていたのである。

3

すでに指摘したように、『夜の女たち』で溝口は大阪のパンパンを生々しく描きたいと意図していた。だが、最初に脚本を依頼された久板栄二郎は、溝口が期待していたような「闇の女」の生態を「内側から」描くアプローチを採らず、敗戦後の混乱期にどん底に落ちた三人の姉妹が「反省と自覚」に目覚める話を「戦争の災害と、闇と、インフレの世相の中に、メロドラマ風に展開」させることを目指した[33]。この久板の脚本を溝口は気に入らず、脚本を『浪華悲歌』と『祇園の姉妹』以来長年の協力者である依田義賢に委ねた[34]。前作で不評を博していた溝口にとって、「敗戦の申し子で、またそれ自身が風俗[35]」と見られていたパンパンの「生態」を描くことは、社会の周縁部にいる女たちの逆境や悲劇を得意の主題としてきた自身の作家的系譜を引き継ぎ、新しい「風俗」を写実的に捉えるチャンスであった。『夜の女たち』は、パンパンという占領が生み出したセックスワークの新形式を、戦前からの芸妓や公娼などの女性身体という連続性の中に位置づけた。しかしそれゆえに溝口が占領下特有の女性たちが置かれた状況を捉えきれなかったという限界と断絶をも浮き彫りにする。

大阪の阿倍野地区を中心にロケーション撮影された戦後の風景と三人姉妹の転落物語を背景に、『夜の女たち』は敗戦後の諸問題をパッケージ的に提示する。溝口はスタッフと共に三ヶ月以上かけて「飛田、釜が崎、天王寺」という界隈を中心に、周到な実地調査とロケハンを重ねて準備し、四八年の三月から「北は長柄橋から、南は難波病院」にわたる「画期的な大阪ロケーション」で撮影を実施、その様子は当時映画雑誌でも随行記として発表された(36)。

映画の冒頭、上空からの俯瞰の移動ショットで街の風景がゆっくりと写しだされ、カメラが地上に下りると、加えタバコにパーマヘアーと濃い口紅といういかにもパンパンらしい風貌の二人の女を最初にさっと写す。カメラは移動を続け「警告、日没後徘徊又は停止する者は闇の女と認め」検挙もあり得るという「西成警察署」と書かれた立て看板をクロースアップで写し、線路を隔てた向こう側に急ぎ足で歩く女の小さな姿を捉える。次のショットで田中絹代演じる房子が画面奥から前方に向かって歩いてくる。古着屋（飛田付近で本物の店を使って撮影）店頭での女将（毛利菊枝）との会話から、房子の夫は戦地からまだ帰らず、子どもは結核、両親と妹の「朝鮮」からの引揚げを待っている状態であることが明らかにされ、女将は経済的に困窮している房子に暗に売春を勧める。憤慨して店を出た房子が焼け跡に続くバラック道をとぼとぼ歩くと、その背後に走る南海電車をきっちり構図に収めてシーンは終わる。久板の脚本が、転落する女たちを闇商売で潤う東京の裕福な家庭に設定したのとは対照的に、溝口の映画では「西成」という近代都市大阪の代表的周縁部で物語世界を展開させながら、同時に敗戦後の範例的な風景を物語の「場所」に変容させる。

房子、妹の夏子、義妹の久美子という三姉妹の境遇は、一見すると古典的なメロドラマの淪落ストーリーをなぞり、転落の経緯はすべて因果関係で動機付けされている。夫の戦死が判明し、子供を結核で失った房子は経済的な理由で社長栗山の秘書兼愛人となる。しかし、妹の夏子にも手を出した栗山に梅毒までうつされ、「自分がこんなになったのは男のせいだ、復讐してやる」と自暴自棄になってパンパンに転落する。朝鮮からの引揚げ途中で両親を亡くし、自身も性被害に遭い、戻ってからはダンサーとして働く夏子は、栗山に騙され愛人になるが、それを知って家出した房子を探して夜の阿倍野を歩いているところをパンパンに間違えられ誤認逮捕される。連れられた難波病院で今やパンパンの姐御となった房子に再会するが、強制検査の結果、自らも梅毒感染と妊娠が判明する。子どもを堕ろしてパンパンになるという夏子を房子は叱咤激励し、更生施設に連れていくが、結局病気のせいで子どもは死産する。一方、学徒動員から敗戦を迎えた久美子は工場勤務の身だが、夏子と知り合うとその華やかな世界に憧れ、家出する。大阪駅付近ですぐに不良学生清に騙され、レイプ被害に遭った上に、彼の仲間の不良少女らにリンチされ、身ぐるみ剥がされて不良仲間に入る。最後に勝手に「商売している」とパンパンたちに捕まりリンチを受けていたところ、姐御の房子が身代わりとなってリンチを受け、久美子を助ける。

三人の人物設定はご都合主義的にも見えるが、同時代のパンパンに関する言説や調査と照合すると、実は現実に基づいた極めて類型的な展開であることが判る。房子のイメージは、当時カストリ雑誌などで構築されつつあった「この道より外になかった」戦争未亡人、あるいは「恋に破れて自暴自棄、自らこの道に投じたと反抗的に男性への呪いを述べる女[37]」に重なる。実際に多くの資料が、占領初期にパンパンになった女性の多くはもともと性産業で働いていたり、妾だった場合が多いと伝えている[38]。房子がある意味で旧来的な転落ストーリーを体現しているとするならば、ダンサーの夏子は、近代のモダンガールを代表する職業婦人であると同時に、敗戦から占領という特定の歴史・社会状況の中でダンサーや女給から転落した戦後の典型的タイプを体現する。そして、家庭や現状に不満を持つ久美子は、パンパンの華やかな世界に憧れて道を踏み外し、不良仲間に入り身を落とすという一番後発のパンパンが辿った典型ストーリーをなぞる。三姉妹を性的に搾取する社長は闇屋上がりの性産業関係業者、学生はポン引きを連想させる。三人とも転落の直接の契機は強制、半強制的な性被害であり、根底のところで男社会の犠牲者として描かれる(39)。

田中絹代は前半の質素な戦争未亡人ぶりと後半の濃い化粧と派手な仕草で、類型化したパンパンらしさへの変身を過剰に作り込む。自身も新橋ホールでダンサーをしていた夏子役の高杉早苗は(40)、「現代の淪落の女らしい知的な冷たさと自棄的な感情がよく出て」おり、もっとも「闇の女」に適役だったと津村秀夫は称えた(41)。三姉妹で唯一パンパンに転落しない夏子を津村がもっとも「適役だ」と評価したのは皮肉であるが、後で見るように映画はそのように観客が夏子を見ることを促している。映画の中で、栗山の愛人となってからの房子と夏子はほぼ交換可能な鏡像的イメージとして造形され、分身のように扱われているからだ。一方、ほぼ無名の角田富江が演じた久美子の身体は素人的な現実感を醸しだす。過剰に強調された田中絹代の伝統的なメロドラマ的身体、高杉早苗の現代的なネオリアリズム的身体(42)、そして久美子の記録映画的身体は、三様の身体性と時代との関係性を視覚的に具現化する。

房子と夏子が再会する心斎橋は明らかにロケ撮影されており、当時の街の雰囲気を生き生きと伝えている。先述のロケ随行記によれば、映画のロケーションとして選ばれたのは以下の八カ所①大阪、心斎

上　心斎橋で再会する三姉妹
右　鏡像的なイメージの房子と夏子

橋筋、戒橋付近②南海電車内、萩ノ茶屋ホーム③難波病院④アベノ十二間道路、飛田大通り付近⑤天王寺公園、動物園付近⑥中之島公園⑦長柄橋付近⑧大阪駅付近である。実際に映像と照らし合わせると、次に挙げるシークエンスが実際にロケされていると推定できる。①オープニングの飛田筋界隈の踏切から古着屋②戒橋での房子と久美子のショッピング③心斎橋での姉妹の再会③房子が立つ南海電車・萩ノ茶屋駅のプラットホーム④房子のアパートから見える天下茶屋の風景⑤家出した久美子が中之島公園から不良と出会う大阪駅付近⑤久美子がリンチされる夜の阿倍野界隈（未確定）⑥夏子がキャッチされる夜の阿倍野付近⑦難波病院内から病院の庭（ポン引き（浦辺粂子）と田中絹代が会話）⑧病院を抜け出した房子が客引きをする「阿倍野十二間通路、南海電車天下茶屋ガード」踏切付近

⑨立て看板（「千里山線千里山駅下車　千里山婦人保護寮」）の前の房子がいる大阪動物園付近である。その後に、施設での夏子の出産と死産、教会の焼け跡と設定されたクライマックスのリンチへと続く最後の二〇分へと続く[43]。全長七三分中、最後の二〇分を除いた五三分のうち、久美子のレイプ・リンチとキャッチ、病院のシークエンスで約半分弱を占める。詳細な地理的な近接性は別としても阿倍野、西成地区という現実の場所がディエジェーズ（物語的現実性）を構成する。溝口はこの現実の空間に虚構の姉妹の身体を刻む。以下にロケを活用した二つのシークエンス（久美子のリンチとキャッチ）における空間と身体の関係性を見ていこう。

　女同士のリンチは、久美子のリンチシーンと、ラストの房子が捨て身で久美子を助けるクライマックスと二度あるが、前者の写実性が勝る。久美子が家出した昼間の混雑した大阪駅の様相と、おそらく阿倍野界隈の寂寞とした焼け跡での夜のリンチはロケを効果的に使って演出されており、まだ戦争の爪痕が街の随所に残っていた当時の風景が記録映画的に伝わる。昼と夜という街の光の対比は、久美子が置かれる環境の変転を明確に示すが、その二つの時空間をつなぐのは、久美子が清にレイプされる簡易食堂の奥座敷だ。小さなテーブルが中央に置かれただけの部屋だが、右奥には布団が無造作に置かれており、観客はこれから何が起こるかを即座に理解する。判っていないのは久美子だけである。映画は、清が酒を飲まされた久美子にのしかかり、抵抗する彼女を押さえ込もうとするところまでは見せる。しかしその後は、画面右前景を大きな座布団がのったミカン箱のようなもので被い、性暴力の現場を不可視にする。観客は「いや」という久美子の声は聞くが、右手前の座布団を凝視することになる。

この奇妙な溝口の演出は検閲を回避するための策であったかもしれない。あるいは、過度に不自然な構図は溝口の検閲に対する無言の抵抗を示すとも考えられる。いずれにせよ、暴力の可視化という点で言えば、続く少女たちのリンチの方が激しいにもかかわらず、溝口は男の暴力（レイプシーン）では見せない選択をする一方で、リンチシーンでは久美子の身体をわざわざ前景化して見せる。中央に久美子の投げ倒された体を置き、その周りを囲むように五人の少女が暴行する。そのとき、カメラの前に常に空間を取りながら、アクションがカメラの前で繰り広げられるような構図のまま、暴行される白い下着姿の久美子が暗闇に浮かぶ。暴行が激しくなると、カメラは僅かに横移動し、前景下方にある木の枝を枠内に捉えて固定し、木の枝からのぞき込むような形で、真っ白の下着一枚姿に身ぐるみ剥がれる久美子を凝視する。最後、荒れ果てた空き地をバックに白い下着姿の久美子が立ちすくむ。その姿にカメラは遠景から徐々に近づき、呆然とする久美子をバストショットで写す。背後には電車の汽笛が鳴る。

久美子のレイプが不可視にされる
簡易食堂の奥部屋

　このシーンで『夜の女たち』の空間と女性身体の矛盾が噴出する。検閲回避とはいえ、日本人男性の性暴力は隠蔽されるが、女同士のリンチは見世物化される。この演出スタイルはラストのリンチでも繰り返され、完全に女性だけの閉じた世界の中で房江と久美子はカメラに向かって身体を投げ出す。もちろん、パンパンの間でリンチは現実に行われていたし、すでに不良少女たちも現れていた。また、

夜の阿倍野で不良少女たちにリンチをされる久美子

物語的に見れば久美子の通過儀礼としても機能する。とはいえ、このシーンでは、久美子の身体への暴力を不良少女たちの悪行へとすり替えることで、前景化された女性身体を覗き見ることになる観客の視覚的好奇心を満たす素材を与えてしまう。このリンチ・シーンに続くキャッチシーンの写実的な演出とは異なり、無防備な少女の身体に対する暴力の迫真性は、ローラ・マルヴィが明らかにしたサディスティックな視覚的快楽を与える物語的なリアリズムであり、古典的な「見る男性――見られる女性」というジェンダー機序に従っている[44]。久美子が浅はかさゆえ暴力を招いてしまったという罪のスティグマも負わせており、彼女がさらし者になることの道義的な正当化を許す。

だが、見世物化されたリンチが終わると一人残された暗闇の廃墟に残された白く浮き上がる久美子をカメラは捉える。その姿はリンチの激しさとは対照的に、シンプルな演出と構図にあって彼女の孤独、無力さ、失った無垢さを直接に訴える強さを持つ。ラストのリンチで、更生と社会批判というメッセージが装飾的で演劇的に強調された身体とメロドラマ的な涙を前景化させるのとは対照的である。津村秀夫や北川冬彦といったベテラン批評家たちは、ジェンダー化した視線によって、女性身体に対する暴力を芸術的リアリズムだと潜在的に正当化したわけだが(45)、それ以上に、久美子の身体そのものが訴える抵抗もまた否定できない力を持っていることを彼らも評価したとは考えられないか。阿倍野の焼け跡という寂寞とした現実空間におかれた無防備な久美子の身体は、この暴力の直接の加害者の背後に敗戦と占領の事実性があり、この場に不在の米軍に対する無言の抗議の感情を喚起する力を持っている。

続いて、ダンスホールの夏子にシーンが移り、阿倍野に房子を探しに行く夏子がキャッチされ、警察の取り調べ、病院の検診、そして房子が病院の塀を越えて脱走するまでの長いシークエンスが始まる。この一連のシーンでとりわけ写実性が際立つのは、阿倍野付近で夜間撮影を使った一斉検挙のアクション（小型トラック、逃げ惑う女たちの悲鳴や、嫌がる夏子を移動カメラが接近していく動き）、警察の取調室にひしめく女たち、そして、事前の調査で病院内を視察した上でその雰囲気を再現したと思われる難波病院内部の様子（荒々しい女性たちの反応や空間の乱雑さ、女性たちのエネルギーと憤懣、狭いベッドの並び、カーテンで仕分けされた診察室など）である(46)。「キャッチ」は当然検閲対象になっていたに違いないし、当時のニュース映画などで動画として残っている可能性は完全に否定できないが、大手の劇映画でこれほ

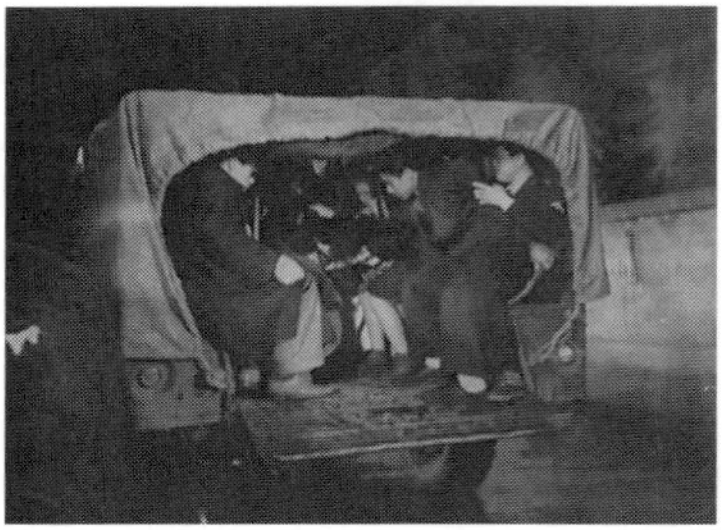

夜の阿倍野で再現された一斉検挙（刈り込み）で誤認逮捕される夏子

どストレートに「キャッチ」を再現した例は私が知る限りほぼない[47]。またその一連のプロセスを実際の現場であった難波病院内で実写することは、（溝口・依田は久板の脚本にあった強制検査の詳細を多分に検閲を回避するために省略したと思われるものの[48]）、パンパンの「生態」を描くと意気込んでいた溝口にとっては掛金となるシーンであったのだろう。

事実、キャッチはすでに占領軍の女性解放政策に逆行する女性に対する人権蹂躙だと問題になっていた。そのきっかけとなった事件の一つは、四六年一一月池袋の路上で、日本映画演劇労働組合で働く女性二人を含む女性たちがキャッチに遭い、吉原病院での膣検査を強制されたことに組合が抗議し、加藤シヅエたち国会議員までも巻き込んだ抗議へと発展した「板橋事件」である[49]。当時組合運動が盛り上がっていた映画界で、この事件は問題視されたであろうし、溝口自身も松竹労働組合の初代委員長に就任していた[50]。だが「板橋事件」が世間を憤慨させたのは、キャッチ自体に対してというよりはむしろパンパンでない一般の女性が誤認逮捕され、膣検査まで強要されたという事実だった。当時の支配的言説において、キャッチが、（パンパンも含めて）女性の身体に対する性暴力であり人権侵害だという意識はほとんどなく、この事件は、茶園が言うように「キャッチ」ではなく「ミス・キャッチ」だからこそ問題になったのである[51]。ここに、「守るべき女」と「犠牲を払っていい女」というドメスティック・イデオロギー的二項対立が潜むことは言うまでもない[52]。

このシークエンスでも、ミス・キャッチの被害に遭うのがパンパンではないモダンな外見のダンサー夏子であるという設定は、ある程度現実的な背景を持つ。ダンサーや女給、ハウスメイドといった職業の女性たちはすでにグレーゾーンとして見られていたし、実際もそうした例が多くあった[53]。しかし、このシーンまでは房子も夏子も一線を超えずに、いわば「素人＝あちら側」に位置していた。その後に病院で再会した時には、二人が共にすでに境界線を越えてしまったことが判明する。房子はすでにパンパンになっており、夏子も「売春」の有無にかかわらず性病感染に妊娠と、結局二人が同じ道を辿っていることが示されるからだ。つまり、『夜の女たち』の世界では、「パンパンになった」房子と「パンパンでもおかしくない」夏子を隔てるものはない。さらに、強制検査という権力を象徴する病院の院長室で、純潔協会の婦人が唱える建前論に房子たちが猛烈に抗議するという原作にはない場面が追加されている。このシーンでは、難波病院の空間そのものが、あたかも占領下の性と女性身体をめぐるイデオロギーと現実が闘争する場と化したかのように位置づけられている。『夜の女たち』で視覚的演出として強調されている「交差＝クロッシング」という動きが「素人と玄人」という二項対立的な性道徳を無効化するテクスト的運動だと金は主張したが、金のように、院長室でのやり取りを加えた判断の背後に、当時の支配的イデオロギーが進めた女性身体の二分割（「純潔な守るべき」身体と「汚れた管理すべき」身体）を支える性規範そのものを批判する溝口＝依田の視点を見ることもできよう(54)。

同時に、他でもないこの難波病院のシーンで、房子と夏子が一人の男を介して同じ道を辿っている事実が判明するということはいったい何を意味するのだろうか。確かに映画は、三姉妹の身体をあくまで曖昧にし、キャッチから難波病院での強制検査と房子と夏子の身体を隔てるはずの「売春」の有無が意味するはずの境界線を無効化する。だが、そもそも、夏子が引揚げ途中で性暴力の被害に遭っていたことを思い出せば、その無効化は単純に規範的な性規範を批判するとまでは言い切れない両義性を持つ。三姉妹の中で唯一パンパンではない夏子だけが戦争と占領の女性身体に対する身体的スティグマをすべて負っている。であれば、映画の言説として、パンパンではないが夏子の体はすでに「汚れた体」であり、彼女がキャッチされたのは結果的に正当だという主張も可能である。実際、それゆえ検閲官も納得したのであろう。

さらに問題は、検閲官だけでなく、観客も最初から夏子を「パンパンのように」受け取っていた可能性が否定できない点にある。物語空間を西成・阿倍野地区という特定の場所に限定するということは、スクリーンの「こちら側」と「向こう側」という境界線をも作りうるからだ。映画は物語展開においてヒロインたちを「こちら側」に渡らせることで、観客も「こちら側」に引き寄せて転落する女たちの側に立たせる。そのことは、西成・阿倍野界隈という場所が現実的であればあるほど、彼女たちに起こる不幸や転落を、無意識に地域の特定性、すなわち「あちら側」に限定させてしまう逆説的な効果を持つのである。

検閲を回避するために彼女たちの物語を因果律的に動機付けしたことは、確かに木下が指摘するように、「性労働者の生活環境をかなり可視化[55]」することができただけでなく、ロケを使った写実的な映像に彼女たちの身体を置くことで、その世界をリアルに描くことを可能にした。だが、占領という現実下では、売春女性と彼女たちを見ている女性たちの身体に絶対的な相違はない、という批判的視座をこの映画が潜在させていたにもかかわらず、その批判性もすぐに曖昧化されてしまう危険を伴っていた。リンチでエロス化され見世物化される女性身体と、「パンパンになった」房子と「パンパンでもおかしくない」夏子を鏡像的に示すことは、スクリーンの中の「西成」の世界が写実的であればあるほど、皮肉にも、その地区を外側から傍観する位置に観客を置くことも可能にしたからである。その意味で、『夜の女たち』が差し出す女性身体は、まさに占領の現実とその現実を否定することでのみ安全が確保できるという矛盾が噴出する場となっていたのである。

もう一方で、映画はまったく思いがけないところで、戦後を生きる女性たちの経験的な映像も表出している。例えば、天下茶屋を背景に一人アパートのベランダに立つ夏子、駅のプラットホームに立つ房子、そして夜の焼け跡に一人立ちすくむ久美子など、現実の空間の中に存在する女性たちの姿を絶妙に

孤独の中で生きる占領下の女たちを捉えるショット

捉える。こうした映像は、スペクタクル化された女性の身体とは異なり、フィクションの世界を越えて、孤独の中で生きる占領下の女性たちの現実を垣間見せ、問わず語りに私たちに多くを語っているように思える。溝口が捉えた占領下の大阪の「こちら側」が時を超えて、私たち観客に手をさしのべて訴えてくる瞬間でもある。この矛盾を抱えたテクストに溝口の作家性や意図を超えて、占領の歴史的同時性がしっかりと刻まれている瞬間だ。

だが、このような曖昧さは、結局最後のリンチシーンで房子と久美子の救済というメロドラマ的な展開に集約されていく。映画のラストにはさまざまな解釈が存在する。例えば、本来は「救われない」パンパンをGHQが救うという占領期民主化政策の

「機械仕掛けの神」に過ぎないという紙屋牧子の読みや、金のように「イデオロギー的な曖昧さ」を特徴とする「一種の開かれた結末」見いだすこともできよう。[56]だが、もしラストシーンで傷ついた房子が久美子に言う「帰りましょう」という台詞が、金が示唆するように「阿倍野の街」に帰ることを意味したとしても、それは必ずしも開かれた曖昧さを示すとは限らないように思える。事実、画面から房子と久美子を去らせた後、カメラはゆっくりと俯瞰気味に引きながら、焼け跡に残って泣き崩れるパンパンを見下ろして終わる。結局、女性身体の見世物化が際立つラストのリンチシーンは、彼女たちを性暴力の真の加害者である男不在の閉鎖されたフィクションの空間に閉じ込め、観客にとって、パンパンがいた「こちら側」はやはり「あちら側」だったという安全地帯を指示してしまうのではないか。そして、カメラはゆっくりと、まるで「帰るところのない」女たちを見捨てるがごとく俯瞰で見下ろして終わる。この引きのカメラの視線が示唆する冷徹さは、『赤線基地』のラストと比較するとより明白になる。

4

占領が終わったにもかかわらず米軍は駐屯して残った。そのために、占領期には抑圧されていた「日本の政治と経済を圧迫し、ひいては日本の独立の尊厳を傷つけているか」という政治的意味合いだけでなく、「基地周辺の混乱ぶりがいかに日本の風俗と秩序」を傷つけるかという道徳的意味合いを含んだ複雑な基地問題が露見することは当然予想された。[57]『赤線基地』が公開された一九五三年前後には、在日米軍基地周辺の町での売春がルポルタージュや小説、映画などで取り上げられ、大きな社会・教育問題として人々の関心を集めていた。とりわけ富士山麓の一帯は、当時廃娼運動とＰＴＡ運動に関わっていた神崎清が一連のルポで注目していた(58)。また、五三年四月には『基地の子――この事実をどう考えたら良いか』（宮原誠一・上田庄三郎編著、光文社）、続いて五月には『基地日本――うしなわれていく祖国のすがた』（猪俣浩三・木村禮八郎・清水幾太郎編著、和光社）が相次いで出版された。戦後の民主化政策と女性解放や人権意識の高まりの中で盛り上がっていた廃娼運動や純潔運動は、教育上の大問題として新たな局面を迎えていたのである。

『赤線基地』はその意味でも時局を捉えた企画だった。この年には、それまで検閲によって扱えなかった戦争の被害や原爆や性風俗の問題を主題にした映画が次々と大手メジャーと独立プロで製作、公開された。例えば、一月には『ひめゆりの塔』（東映、今井正）、二月『十代の性典』（大映、島耕二）、『女ひとり大地を行く』（北海道炭労＝キヌタプロ、亀井文夫）、四月『混血児』（蟻プロ、関川秀雄）、五月『慾望』（近代映画協会、吉村公三郎）(59)、六月『日本の悲劇』（松竹、木下恵介）、九月には『君の名は』（松竹、大場秀雄）がメガヒットし、同月には左翼系独立プロ製作で『蟹工船』（現代ぷろ、山村聡）、翌月には『ひろしま』（日教組プロ、関川秀雄）、そして一二月に『赤線基地』、『恋文』（新東宝、田中絹代）など問題作や話題作が続いた。その中で基地がもたらす問題を公共《パブリック》と個人《ドメスティック》と両側面から取り上げたのが『赤線地帯』である。

映画は、北斎の浮世絵で描かれた伝統的な富士のイメージを背景にしたタイトルバックから、主人

『赤線基地』オープニング・クレジット

公・浩一が帰省するバスの窓から見える実写の富士山の映像へと繋がって始まる。[60] 続いて、レーニン帽を被った浩一と、彼が「山中湖のお嬢さん」と間違えた都会風な姿の由岐子が出会う。二人を奇異な目で見るバスの乗客を由岐子は挑発的に見返すが、浩一以外、観客も含めて彼女がお嬢さんではなくパンパンであることを知っている。バスを降りた浩一は、有刺鉄線で張り巡らされた向こうにMPとかまぼこ兵舎でキャッチボールをする兵士たちと、その鉄線の前に「夕方五時以後の婦女子の立寄を禁ず」という立て看板を見て驚愕する。映画は冒頭から、日本を象徴するこの富士山麓一帯の風景に、「赤線+基地」、つまり「売春+ポスト占領」という異物としての基地の存在を示唆することで、「富士山」

という日本を表す代表的シニフィアンが、占領期には抑圧されていた売春と米軍の関係を前景化する矛盾を抱え込んだ戦後の風景であることを明示する。[61]

『夜の女たち』と同様に『赤線基地』も周到な調査を行い、同時代の言説を取り入れた脚本と御殿場地区のロケーションを効果的に使っている。谷口と木村は、一九五三年四月から三ヶ月かけて脚本に四回の改稿を重ね、実地調査も三回行い、撮影は「ロケ一〇日、セット一九日、オープンセット一日」というスケジュールで実施された。[62] 映画の演出スタイルという点からすると、『赤線基地』は『夜の女たち』のような写実的なリアリズムが強調されているわけでない。溝口が『夜の女たち』でメロドラマ的な情動を求心的に展開していったのと対照的に、谷口は物語を一昼夜にまとめた構成の中で、複数のキャラクターが絡まる群像劇的な展開を採択している。そのため、基地という大きな政治的、社会的、経済的な複合問題を扱っているにもかかわらず（あるいは問題の大きさから「それゆえ」か）、浩一の視線や周囲の人々との感情のずれをエピソード的にテンポよく描いていく印象が強い。全体として誇張的な表現は散見されるが、感傷主義を避け、所々に笑いの要素も取り入れ、重い主題にもかかわらずメッセージ映画ではなく批判の視点を押さえた良質の娯楽映画として仕上がっている。[63] 完成試写を見た石川達三、田村泰次郎、高見順、十返肇などが「日本人が見たら反米でも何でもない（略）、これはまず日本人に見せなきゃいけない映画だ[64]」と言ったと谷口は伝えている。「たやすく結論は出せない」この問題について、無関心の人にも関心を持たせ、また「政治家がよき結論[65]」を出してくれるように腐心したという谷口や製作者たちの基地問題に対するストレートな問題提起が評価されたのだろう。

基地の村と化した故郷を目撃する浩一と対照的に変わらぬ富士のイメージ

映画は、実家を探す浩一が目撃する基地の村の厳しい現実を次々と紹介する前半と、冒頭のバスで出会った由岐子が自分の家に間貸しで住むパンパンだと判ってからの後半に分かれる。前半では、昼間の屋外ロケやオープンセットを活用したシーンを中心に、米兵の宿舎、軍相手商売の商店街、「混血児」、兵士たちとたむろする女性、洋服屋で働く義妹たちをからかう米兵（実際に台詞も発する）、ヒロポン中毒者、売春業者、村の経済的な基地依存など浩一の目から見た基地の村の過酷な現実が次々と露わにされる。後半は、時間的にもほぼ半分弱のところで、浩一が実家の庭でジュリーと呼ばれる由岐子と再会してから、浩一と小学生の弟が一緒に夕暮れの富士を見るシーンあたりから始まる。由岐子、基地で働く静子、そして初恋の人でバタフライになったハルエという三人の女性を対比させながら、「基地の女」をめぐる問題に焦点が当てられる。物語の時空間も、明白に昼から夜、屋外から屋内、スタイルもドキュメンタリー的な描写からメロドラマ的展開に移行する。

基地問題が展示的に示される前半で、作り手の批判的な視座が明示されるのは、ハルエの昔の職場で、浩一の幼なじみで今は妹・静子の恋人でもある上西が勤務する小学校を訪ねるシーンである。校舎の周りを囲むようにして飲食店が立ち並ぶその様子は、中村が指摘したように、当時のルポで注目を浴びていた富士岡中学校の略図にそっくりである[66]。実際、『基地日本』に掲載されたルポでは、谷口たちが脚本の執筆を始める前の三月一〇日付東京日日新聞の記事に「見出しも略図も富士岡中学校」として問題がスキャンダラスに取り上げられたと指摘があり、富士岡中学校の問題はすでに一般にも知られていたと想定できる[67]。このシーンでは、演習の爆音が常に背後に流れ、浩一と上西の会話は騒音でしばしば消音される。コメディ・タッチの音の使い方でよく使われる手法が風刺的な効果を生んでいる。子どもたちが遊ぶ校庭の向こう側では、店に来た米兵と日本人の女性が体を寄せ合い、親しげにする様子が遠景で撮影され、ジャズ音楽、女性や兵士の嬌声などと混ざり合って、爆音と不協和音を作り出す。教室では爆音により授業に支障が出て、子どもたちは米兵と女性たちの親しげな姿を教室の窓越しから見てしまう[68]。

このシークエンスは当時もっとも問題視されていた教育現場における性の問題が子どもに与える悪影響を映像、音、台詞で端的に表す。その迫真さは、細かな演出の上手さだけでなく、やはり現実に存在

富士岡中学校をモデルに作られたと思われるオープンセットの小学校

する富士岡中学校を範例に具体的にこの状況を「写実的」に再現していることに大きく負っているだろう。このようなリアルな特定の場所の再現は、『夜の女たち』のキャッチや難波病院のシーンと同じく、フィクショナルな物語にあって、基地問題のような現在進行形の問題が直面する現実に確実に肉薄する重要な手段であるだけでなく、作り手の政治的な批判を示唆する。

さらに、谷口の批判は台詞でも強調される。学校の様子に唖然とした浩一に、上西「どうだ、いい眺めだろう。敗戦国の独立はこれか、という顔してるな」と皮肉交じりにいう。「あの女たち、一カ所にまとめることはできないのか」と浩一が返すと、上西との「学校の方が逃げ出すことに決まったよ」「逆じゃないか」というやりとりの後に、上西はきっぱりと言い放つ。「基地になることを承認した以上、予めこうなることを見抜くべきだったんだ。手を打たなかった日本の政治家が馬鹿だよ」。驚くほど率直に、基地と教育の問題を突く。このシーンは、ハルエの思い出を追い続ける浩一に対する上西の「美しい思い出はそっとしとけよ、あんな美しい思い出はもうこの村にはない」という台詞で終わる。カメラは、一見して中立的にこの小学校の様子を概観するように見えるが、実は、浩一と上西を捉えながら、緩やかに浩一の視線に同一化して叙述を進めていく。フィクションの枠組みを押さえながら、現実をその中に織り込み、同時に具体的なセリフで曖昧さを排除して問題の核心をさらりと言い放つ手際が良い。

その後、浩一が勤め先の基地から帰る妹静子と女学生の次女文子と合流して帰宅し、家の庭で露わな格好で米兵といちゃつく由岐子との再会で後半が始まる。夜の屋内セットで撮られた浩一の家の中を中心に、浩一と由岐子、妹の静子、ハルエという女性たちをめぐる葛藤が展開する。[69] そのきっかけとなるのは、静子の家がパンパンに間貸しているだけでなく、「キャンプ勤めの女には生娘はいない」という理由で、上西の父親が持ち出した上西との縁談の破談騒ぎである。[70] 思いあまった浩一が由岐子に立ち退きを迫り、由岐子は自分に対する侮蔑を露骨に表す浩一に反発し、ハルエの秘密を明かしてしまう。そこからバタフライで弟の情婦になっただけでなく、黒人兵との子ども母となったハルエとの衝撃的な再会へと進む。前半で、浩一にとって村の美しい風景をもっとも醜くさせるのは、村で「ガールさん」と婉曲的に呼ばれる基地の女たち、つまりパンパンであることが次第に明らかになった。後半では、この人だけはパンパンにはならなかったはずの清く美しい思い出の女性と、パンパンに転落した女性は絶対的に異なるという、浩一が抱いていた民族的・ジェンダー的純潔幻想による女性身体の二項対立そのものが揺れ動く事態に発展してしまう。その背後にあるのは、当然「美しい占領前の日本」と「基地日本」、「純血の日本民族」と「アメリカに凌辱された日本の土地」を象徴する二分割された女性身体である。そして、「基地の女」が抱えるスティグマをすべて背負ったハルエが浩一の前に現れ、「基地の村」のもっとも残酷な現実を彼に突きつけるのだ。

『赤線基地』が占領期からポスト占領期のパンパン表象の系譜の中でもっとも異彩を放つのは、それまでのパンパンの映画表象にはなかったキャラクターを持つ由岐子という人物造形をしたことだ。由岐子を演じた根岸明美の身体性は、まず映像的にその新しさを際立たせる。『夜の女たち』や『肉体の門』で主演した、戦前から活躍していた田中絹代や轟由起子などベテラン女優たちの身体性や、芸妓や公娼の流れを引いた古典的なパンパン表象とは異なり、元々ダンサーであった根岸は、ウェーブのかかった長い髪をなびかせ、背が高く、顔が小さく、手足が長い、すらりとしたスタイルの良さが戦後世代の女性イメージを具現する。山中の子どもが「山中の人とは違う大変きれいな人」(71)と形容したパンパンのイメージを具現化するがごとく、彼女がその美しい肩を見せ、しなやかな身体の動きで飛びはね、踊り、媚態を見せ、そして感情を露わにする姿は、明らかに戦後の、それもポスト占領期のパンパンの身体を表す。

『夜の女たち』で見てきたように、パンパンは犠牲者や弱者、淪落した転落者であり、更生させる対象として描かれてきたが、由岐子は全く異なる。基地の村の悲惨な現状を、なす術もなく目撃する浩一

由岐子を演じる根岸明美のしなやかな身体

の受動性とは対照的に、由岐子は自ら選択して行動する能動的な主体性を持たされている。浩一と由岐子は互いに村から周縁化された存在としてパラレルに描かれるだけでなく、浩一の受動性は由岐子の能動性によって常に対比され、脅かされる。後半の再会シーンで、由岐子がパンパンだと判った瞬間から侮蔑の感情を露わにする浩一に対し、由岐子はオープニング・シーンでバスの乗客を見返した時のように浩一をきっと睨み返し、「その目は何よ」と言い放つ。その後も、外風呂に入りに行った由岐子が戻り、「ビールでも飲みましょう」と母屋の土間に杉男と三人で話し始めた時、弟の杉男に「戦後で一番変わったと思ったことは」と聞かれた浩一は、由岐子の目の前で「パンパンがいたことだ」「少なくとも大手を振って歩いていたことは思わなかった」と言う。すると缶ビールをバンと置き、「あんたたち男」が戦争に負けなければパンパンはいない、「芸者やお女郎さんは放っておいて、なぜ私たちだけ目の敵にするのよ」と言い返す。また、自分はパンパンだが、面と向かって言われれば「腹も立つし」、「誰だって好き好んでこんな仕事はしていない」と率直に反論する。周囲の蔑視に対しても毅然とした態度をとる由岐子は、自分たちが必ずしも基地問題の原因ではなく、日本の敗戦と占領という結果としてパンパンになったことを引き受け、その制限の中で女性としての尊厳を保とうとするのだ。その態度は、中村の表現を借りれば、「確固たる同一性[72]」を備えている。別の言い方をすれば、由岐子は能動的な女性として描かれているのである。

一年前まで「製薬会社の事務員」をしていたという設定には、由岐子の整然とした発言に動機づけを与え、占領初期のパンパンとは異なる特徴を持った女性のタイプを示すことを物語的に正当化する。由岐子の相手の米兵「バブさん」との関係に関しても、彼女は、自分が結婚を迫るアメリカ兵に騙される可能性を認識している（「用心しないとこんな手もあるのよ。結婚して、家族手当をもらって、アメリカに帰る時は女に黙ってグッバイ」）。同時に、パンパンというスティグマから逃れるにはアメリカ兵との結婚しかない、と静子の恋愛結婚をうらやましがる素直さも持つ。また、上西との縁談を破談にされた静子が自暴自棄になり、由岐子のように好きなことをして暮らしたいと訴えると、この仕事は「端で見ているほど楽じゃない」、兵隊を紹介してもいいけれど、「この列車に往復切符はない」「動き出したら止まらない」と諭す。ある意味で理想化されたパンパン像とも思えるが、実際にさまざまな資料を読み返していくと、由岐子のようなキャラクターがまったくの机上の空論から生まれたとも思えないのもまた事実なのである。

由岐子が浩一に家を出て行けと談判されてから、ハルエが登場するに至るシークエンスでは、「基地の女たち」に対する村人たちの矛盾した態度や偏見と差別が徐々に明らかになっていく。だが、『夜の女たち』では恨み節や涙の訴えでしか表すことのできなかった女たちの苦しさや苛立ちは、由岐子の台詞で「女たち」側の主張としてはっきりと語られる。とりあえず、家を出ることを承知した由岐子は浩一に酒を勧め、二人の間の対決姿勢が少し崩れる。だが、浩一はハルエとの思い出に浸りながら、「昔の思い出を大事にする気があったならたとえどんなことがあってもこんな商売」に身を堕とすことはなかっただろう、「どんなに虚勢を張ろうと君自身パンパンだという意識を打ち消すことができない」ともっともらしいことを由岐子にいう。すると、彼女はカメラの方に向かって立ち上がり、「自分の持ち物を売って何が悪い、他人のものを盗んでいる」訳じゃないと反撃する。さらに、「軍隊に性はつきもの」「日本の軍隊も同じだった」、そして「慰安婦とかなんとかもっともらしい呼び方していたけれど、パンパンよりもっとひどかったんじゃない」、「アメリカさんが連れてこない以上、誰かがパンパンをしなくちゃならない、この辺の娘さんが無事でいられるのは誰のおかげ」と畳みかけるように問題の核心を突く。浩一は「昔はお女郎さんの身の上話、今はパンパンの屁理屈か、洋服ダンスに高級ラジオ、ワニ皮のハンドバッグ、アメリカの酒にアメリカのタバコ、大抵の日本人にはこんな真似できない」とけなすが、その言葉にも由岐子はさらに反撃する。そして日本人相手なら問題にしない、戦勝国のアメリカだから「無性に腹が立つんでしょ」、もし日本が戦争に勝っていたら「あちらの娘が抱けたのに」とまで言うのだ。ここまでの率直さを持って、軍隊と性の問題が当事者である女性の口から発せられたことは、当時では稀である。もちろん、この台詞は基本的に脚本に書かれており、『暁の脱走』以来、慰安婦まで遡る日本の軍隊からＲＡＡ、占領軍へと連続する軍隊と性の問題と矛盾に取り組んできた谷口が、いわば由岐子の口を借りて発話したものである。戦後日本映画において、民主主義を伝える巫女として女性ヒロインが機能してきたことについては別稿で指摘したことがあるが、多くの場合、彼女たちは自らの傷に対して無自覚であったり、戦争という男性の歴史的外傷を引き受ける形で罪を背負い、戦後民主主義のイデオロギーを代理表象してきた[73]。だが、由岐子の台詞には逆に傷に塩を塗る激しさがある。五三年の時点で、谷口は男性キャラクターに代理させるのではなく、当事者である由岐子を通じて、この発言をさせたのであろう。

だが、由岐子はメッセージを伝えるだけの巫女的な存在ではない。谷口は由岐子に観客の感情移入を促すように映画的手法を駆使する。浩一の批判や侮蔑に対する由岐子の反応を丁寧にクロースアップで見せる。あるいは、この二人の激しいやりとりの後に実際にハルエが登場し、浩一の目の前でその変わり果てた姿を見せるのだが、この時中村がその分析で詳細に論じたように、画面外に位置したままの浩一の視線からの見た目《ポイント・オブ・ヴュー》ショットでその劇的なシーンが展開する[74]。中村は、浩一の不在に注目し、この映画が「同一性の危機」を描いていると主張するが、それはあくまで男性のであると言って差し支えないだろう。というのは、浩一の幽霊のような視線からの見た目ショットだと思ったショットが切り替わり、涙に濡れた由岐子の顔を写すショットが続く。その同じショットに、画面外にいた浩一が背中

涙を見せる由岐子とハルエ

を見せて入り、そのままフレーム外に出ていくからだ。つまり、巧みな編集により、浩一の見た目ショットはいつの間にか浩一と由岐子の両者の間を緩やかにつないでいたことになる。その後も、浩一の前であたかも傷ついていないかのように強気に振る舞っていたハルエの涙を、観客だけにしっかりと見せる。このように、カメラは「基地の女たち」に寄り添う姿勢を維持する。

ショックを受け、夜の巷を彷徨い歩いて帰宅した浩一に、由岐子は、ハルエが置いていった思い出のペンダントを渡す。その時彼女は今までの強気が一気に崩れたかのように、浩一にすがりつき、「許して」「あんたのそばにおいて、何でもする、洗濯もする、ご飯も炊く、何でもする」と必死に泣きじゃくる。日本の戦後が直面する現実を直視できない浩一のハルエに対する幻想を無残にもぶち壊すのも彼女だが、同時に、ショックを受けた浩一に自分をそばに置いてくれと泣きながら懇願もするのである。その由岐子の矛盾した行動に観客は、時に戸惑いながらも、感情移入を促されるのである。

こうした由岐子の台詞と一見して矛盾した行動は、パンパンであることの厳しさや辛さ、世の中に対して後ろめたさや困難さを感じていることを示唆する。だが、それ以上に、由岐子の矛盾した言動が告発しているのは、浩一を含む村の人々の基地に対するアンビヴァレントな態度そのものであるともいえる。五〇年代に「基地の村」に関する調査をした鶴見良行が観察したように、そこには人々の「自己の生活を守るための根強い現実主義[75]」があり、その現実主義は由岐子のような基地の女たちを必要悪と認め、さらには間貸しという形で彼女たちに経済的な依存をしつつ搾取するという構図を維持している。それにもかかわらず、彼らが批判の矛先をすり替え、女性たち自身があたかも「基地の村」全体が抱える問題の原因であるかのように蔑視の対象になっていることに対して、由岐子は必死で抗議をし、情動と身体の言語で浩一に訴える。由岐子というキャラクターを通じて谷口が描こうとしていたのは、鶴見が指摘するような住民と基地の女たちとの間にある鏡像的な矛盾と現実主義であったのであろうし、谷口は明らかに由岐子側に立っている。

『夜の女たち』で、久板や溝口は女性たちの「生態」を観察し、彼女たちの存在が何を意味するのか、何を象徴するのかをいわば外側から解釈し、描写を試み、カメラは彼女たちを観察するように近づいた。だが、『赤線基地』のカメラは、由岐子たちを冷徹に観察するのではなく、緩やかにその視線を追いながら、傍らに寄り添う姿勢を見せる。その結果として、谷口たちが作り上げた由岐子は、実は平井や茶園らの研究が掬い出した同時代の言説では存在していたものの、結局歴史の中で消えてしまった「彼女たち」の声を代弁したキャラクターとして機能しているようにも思える。とりわけ、茶園が描き出そうとしたように、流行に敏感で自らの状況に卑屈にならずに、サバイヴする女性として由岐子は描かれているのである。由岐子のように自己主張をする性労働の女性表象は、六〇年代半ばに入ると、例えば『骨までしゃぶる』（加藤泰、一九六六年）や『春婦伝』（鈴木清順、一九六六年）などに見られるようになるが、五三年の時点では極めて珍しかったと言っていい。このような人物造形を可能にしたのは、前半に観客の感情移入の接点として機能していた浩一から、由岐子へと緩やかに移動させ、二人を補完させるカメラによる谷口の演出と編集による部分が大きい。

しかし、『赤線基地』の空間はさらに複雑な様相を見せる。脚本に依存する意味作用ではなく、演出による物語叙述の時空間という観点からすると、映画は微妙な境界線を由岐子と川那辺家の人々との間に引く。『夜の女たち』では女性たちが境界線《クロッシング》を渡る存在として隠喩的に描かれたと指摘した。『赤線基地』では川那辺家そのものが、鶴見が言うところの「基地従属集団」[76]を形成する接触点として設定されている。さらにその家の中で由岐子と川那辺家の空間は、母屋と離れという別々に使い分けられている。『夜の女たち』で潜在的に分けられた「あちら側」と「こちら側」は、『赤線基地』では一つの大きな空間の中で混在している。田中雅一が占領と基地の問題を理解するために参照したポスト植民地主義で提案された「コンタクト・ゾーン」を具象化していると見ることができる。[77]興味深いことに、このゾーンの中でも差別化は図られている。川邦辺家で由岐子は家の風呂を使わず、土間と廊下までは入ることができるが、家族が食事をする居間と子ども部屋には決して立ち入らない。彼女は家族のいる空間には属せず、また祖父や杉男夫婦、母も由岐子の部屋の中に入ることはない。廊下を渡って二つの空間を行き来し、由岐子の部屋に入ることができるのは静子と浩一だけである(78)。『夜の女たち』の夏子と同じく、売春行為に従事していないにもかかわらず、上西の父に「基地の女」としてパンパンと同一視され、静子は由岐子の空間に逃げ場所を求め、そして、問題が解決すると母屋に戻っていく。屋内の空間序列は明確に差別されているのだ。

さらに、由岐子は、冒頭とラスト以外で、屋外のシーンに現れることはない(79)。その意味では、パンパンである由岐子は閉鎖された空間の中に存在している。この空間的制限を由岐子が自らの「いるべき場所」をわきまえており、前半に出てきた小学校で水を汲む無名の女性たちとは違うことを可視化していると解釈することは可能である。しかし、同時に、彼女の自由がこのようにあからさまに制限され、彼女が自らひきうけているパンパンとしての同一性はあくまでも「夜の女」としてあるということを映像的に示したとも言える。したがって、正確に言えば、『赤線基地』で由岐子は屋外と昼の時空間に存在し、ジュリーは夜と屋内の時空間に制限されていることで、最終的には、ドメスティック・イデオロギーによる性秩序が維持されている。中村が指摘するように、由岐子が浩一に自分を連れて行ってと最後に嘆願する場面は「第一稿」にはなく(80)、最終的に由岐子は規範的な性秩序を転覆させることはないままに現状維持を支持しているとも捉えられる。

オープニングに呼応するエンディング

だが、最終的に映画はこのような二者択一を採らず、由岐子の行動や情動の矛盾を矛盾のままで物語を終わらせる。懇願する由岐子を振り払った浩一は、寝室に横になったまま隣でひそひそ話をする杉男夫婦の会話から、田んぼや畑もすでに接収されていたことを聞き、自分の居場所も仕事もないという現実を悟る。このショットに続いて庭に倒れた由岐子の姿がインサートされ、また浩一のショットに戻る。浩一が祖父に東京に行くことを告げると、部屋に戻って座る由岐子のシルエットにもう一度モンタージュされる。このシーンでも由岐子と浩一の並行関係は映画的に示される。そして、ラストシーンで冒頭のシーンが映像的に反復され、二人の会話は小学校の上西と浩一の会話の時のように爆音で消される。しかし、今回は、小学校シーンのように風刺的な意味合いがもたらされるのではなく、ロマンチック・コメディの色合いを添える効果を持つ。富士山を背景に走り去っていくバスを見ながら「終」の文字が「赤線基地」の代わりに浮かび上がる。その時浩一も由岐子も物語の主人公のようでありながら、実のところ彼らを排除する共同体に批判のメスを加えるための狂言回しでもあったことにも観客は気づかされるのである。だが、『夜の女たち』のラストで房子と久美子が去った後に泣き崩れる女たちを残してカメラはフレームアウトしていったのとは対照的に、ここでカメラは由岐子と浩一を乗せて去り行くバスを見送る。観客はこの基地の村にカメラと共に留まっている。虚構のキャラクターはこの場を去ることができるが、私たち観客は「こちら側」に留まることを暗に示している。

鶴見が指摘するように、基地村の農民たちは、パンパンが売春婦であるから蔑視するのではなく、いわば「アレルギー反応」のように、「外国人と交渉を持」ち見慣れない「派手な服装や行為」をする彼女たちを「異物」と感じ、蔑視する。そうした異物との「接触を避けようとする一種の閉鎖的思考様式」を、鶴見は「文化的孤立主義」と呼ぶ[81]。『赤線基地』はこうした現象とその限界を鋭く描いている。『夜の女たち』と『赤線基地』の大きな違いは、前者にはパンパンの生態を描こうとする意思は強くあったものの、検閲のためか、あるいは作り手の最終的な思惑によるのか、女たちは閉じられた世界にあり、最後まで世界の内部に留まっていた。だが、『赤線基地』では、村の中の自分たちの位置を由岐子が明白に意識していることで、村の共同体から排除されているにもかかわらず、なおかつ共同体の一部として描かれた点にあった。だが現実には、鶴見も指摘したように「最も虐げられている女性たちが、実は基地全体を象徴するシンボルになって基地に対する批判にたえ」ながらも「日本の一部」であるからこそ、日本社会の「実感構造にくみ入られて批判の対象」になり、「日本は依然として古き日本である面を残しつつ、しかもなお、全体としてアメリカに依存する[82]」という構造を「基地の女」が「象徴」するという機序が維持されるどころか、より一層激しく「夜の女」や「基地の女」と「日本の女」

を分断することによって、戦後民主主義の新しいジェンダー秩序が再構成されていったのである。吉見俊哉が洞察するように、五〇年代後半に展開していく立川などの基地運動では、ドメスティック・イデオロギーは強化され、女性の分断は進行する。[83]その矛盾は、冒頭にも指摘したように、軍隊と性の問題が植民地主義の視点から新たに捉え直されたときに再浮上するまで無意識下に押しやられたのである。

このような忘却の中で、田中絹代が演じた房子から根岸明美の由岐子まで、占領期からポスト占領期に移行する時期にスクリーンに現れたパンパンと呼ばれた性労働に従事した女性たちは、フィクショナルな物語の時空間の中にあって、現実の場に位置付けられることにより、その現実を物語の時空間に引きずり込みながら、占領とポスト占領を映像に刻み込み、同時代の言説やイメージを背負う形で現実との接点を体現化していた。映画の女性身体そのものがコンタクト・ゾーンとして機能していたのである。とりわけ『赤線基地』の由岐子は、映画と共に長い間映画史の暗闇に埋もれていたが、再び光の世界に呼び戻され、戦後の女性身体と言説を甦らせた。フィクショナルな由岐子の身体は富士山麓の象徴的な風景の中に徹底的な異物として存在するが、谷口による演出と物語叙述によって、映画時空間の中で徐々に脱異物化され、パンパンであることを引き受けた同一性を持った存在へと変容していく。その意味でも、由岐子は「パンパンとは誰なのか」という茶園の問いに一つのヒントを与えてくれる。「戦後期研究の大勢は文献研究に移っている」中で、「消えかかっている記憶を呼びさまし、文献を読み直すことを急がなければならない」[84]と重要な指摘をして西川祐子は京都の占領に関わる研究をまとめた。だが、映像はそこにある。その同時代性は物語的虚構でありながらも、まさその「時」と「場」を写実的に再現し、生きた経験として再構成する。それがいかに虚構であっても、時代の「風俗」の記録として残るのだ。[85]映画表象が提示する記憶、フィクション、場所、現実性という複雑なテクスト性から浮かび上がる女性身体もまた、一つの戦後の記憶を紡いでいることを由岐子や房子は私たちに示唆してはいないだろうか。

（1）「パンパン」という名称は、狭義には敗戦後に占領軍の兵士を始めとする関係者を客にとった私娼を示し、公娼制度廃止後は「街娼」と区分された女性たちを指す。その呼び名はさまざまな変形を持つ（「パンパン」「オンリー」　谷川健司編『占領期のキーワード』青弓社、二〇一一年、九一―九六、七三―七五頁参照）。「パンパン」は女性に対する明らかな侮蔑語であるが、当事者たちも使用しており、あくまで歴史的用語として本論は用いる（沖縄では基地で働く接客業のホステスたちに対する侮蔑語として八〇年代頃まで使われていた）。

（2）西本千代「今流行のパンパン映画をめぐる　各社競作によせて」（『芸能往来』一九四八年六月号、八頁）、無記名「接吻映画からパンパン映画の流行へ」（『楽しいスター映画名鑑』一九四九年、四六―四七頁）など参照。どちらも『夜の女たち』の田中絹代の写真が使われている。またパンパン映画については、紙屋牧子「占領期「パンパン映画」のポリティックス　1948年の機械仕掛けの神」（岩本憲児編『占領下の映画―解放と検閲』森話社、二〇〇九年）、「「聖」なる女たち―占領史的文脈から「母もの映画」を読み直す」（『演劇研究』三七号、二〇一四年）に詳しい。

（3）平野共余子『天皇と接吻―アメリカ占領下の日本映画検閲』草思社、一九九八年、二五六頁。

（4）登川直樹「夜の女たち」『日本映画作品全集』キネマ旬報増刊一一・二〇号、一九七三年、二六五頁。

(5) 堀ひかり「映画を見ることと語ること—溝口健二『夜の女たち』（1948年）をめぐる批評・ジェンダー・観客」『映像学』六九号、二〇〇二年、四九—五三頁。

(6) 『赤線基地』は東京国立近代美術館フィルムセンター所蔵プリントを特別観覧した。記して感謝したい。

(7) 平野『天皇と接吻』、一四四—一五七頁。

(8) 谷口は主人公が一〇年ぶりに故郷に帰るという設定のために、たまたま当時話題になっていた「中共帰り」を持ってきたまでで、反米コミュニズムの思想とは無関係であると弁明する（谷口千吉「作家が真実を語れなかったら　私は何をすればいいのだ！」『日本週報』二六四号、一九五三年一〇月二五日号、六頁）。だが共同脚本の木村武は後に東宝で怪獣映画の脚本で知られるようになる馬淵薫のペンネームで（『赤線基地』は彼の脚本デビュー）、馬淵は戦前に新劇の大阪協同劇団に入って以来左翼運動に関わり、戦中には投獄経験もあり一九五〇年に共産党を離党した後に脚本家になったという経歴の持ち主である。

(9) 「日本版肉体女優は軽い？」『毎日新聞』一九五三年九月八日付夕刊、四頁。

(10) ジム・ベッカー「踏んだり蹴られたりのアメ公　いささか無理じゃ御座んせんか」『日本週報』二六四号、一九五三年一〇月二五日号、一三頁。

(11) 堀「映画を見ることと語ること」、木下千花『溝口健二論—映画の美学と政治学』（法政大学出版局、二〇一六年）、金普慶『戦後民主主義と女性映画—アメリカ占領期の溝口健二と〈女性解放〉』（筑波大学、二〇一四年、http://hdl.handle.net/2241/00127771、二〇一七年六月二七日アクセス）

(12) 中村秀之「富士山とレーニン帽を越えて—谷口千吉の『赤線基地』（一九五三）における同一性の危機」『敗者の身ぶり』岩波書店、二〇一四年、八八頁。私の知る限り『赤線基地』に言及するのは平野『天皇と接吻』で一カ所、吉見俊哉「べんきょうするお母さんと占領する他者」丹羽美之・吉見俊哉編（『岩波映画の1億フレーム』東京大学出版会、二〇一二年、二九九—三二二頁）である（残念ながら、言及箇所はすべて『赤線地帯』と誤記）。

(13) 谷口は戦前早稲田大学在学中に千田是也などの左翼演劇運動に関わり大学を中退、三三年に東宝の前身P

ＣＬに入社するが、徴兵され、中国で捕虜になり、四七年に復員し、親友黒澤明と共同脚本の『銀嶺の果て』（一九四七年）でデビューして以来、黒澤が関わった『ジャコ萬と鉄』と『暁の脱走』（黒澤は途中で降りる）は比較的高評価を得たが、作品の出来にむらがあり、また五〇年代後半からは雑多なフィルモグラフィーが並ぶ。

(14)ニュース映画についてはは未調査なので、記録的映像があった可能性は完全に否定できない。

(15)同時代の資料として貴重な竹中勝男・住谷悦治編『街娼―実態とその手記』（有恒社、一九四九年）では、占領軍が使っていた「キャッチ」を使っているので、本論でも「キャッチ」も併用する。「キャッチ」に関しては茶園敏美『パンパンとは誰なのか―キャッチという占領期の性暴力とＧＩとの親密性』（インパクト出版会、二〇一四年）に詳しい。

(16)依田義賢『溝口健二の人と芸術』田畑書店、一九七〇年、一六四―一六八頁。

(17)谷口「作家が真実を語れなかったら」、四頁。

(18)「東宝の〝赤線基地〟撮影開始」『毎日新聞』一九五三年七月二三日付夕刊。続けて『赤線基地』は「二十四日、御殿場付近のキャンプ周辺にある〝ハウス〟のシーンのロケをはじめる」と紹介されている。

(19)例えば『夜の女たち』に関して、ラストシーンで示唆される房子と久美子の救済が「観念的」（北川冬彦「溝口のリアリティ（特集映画批評―夜の女たち）」『キネマ旬報』一九四八年七月上旬号、一九頁）、あるいは描写に「混濁がある」（津村秀夫「「夜の女たち」を観て」『近代映画』四巻八号、一八頁）などと批判された。『赤線基地』の新聞評では、映画の「リアリズム」ゆえ「反米」と受け取られたかもしれないが、実際には映画は「駐留軍対日本人」という社会政治的な問題を基地の住民と浩一との「個人的な関係」に置き換え反米をうまく逃げたと指摘される（「〝反米だ〟〝いや違う〟強い印象で村の新風俗を伝える　問題を投げかけた東宝の『赤線基地』」『毎日新聞』一九五三年九月三〇日付夕刊、四面）。また英文学者・中野好夫も同様に、作品の出来はいいが、基地問題の根本にある「アメリカの世界政策」を掘り下げず「個人の問題」として扱っていると批判する（中野好夫「反米映画といわれる「赤線基地」の問題点」『婦人公論』四四〇号、一九五一年一二月、五四―六一頁）。一方、井沢淳は、映画では「アメリカ兵とじゃれついている女たち」が描かれるが「これはもうニュース映画で何度も」出ていて、「神崎清の著書などを通してみる基地の現実」の掘り下げが足りないと指摘する（井沢淳「赤線基地」『映画評論』一〇巻一二号、一九五三年一二月、六〇頁）。

(20) 平井和子『日本占領とジェンダー―米軍・売買春と日本女性たち』（有志舎、二〇一四年）、田中雅一「コンタクト・ゾーンとしての占領期ニッポン―「基地の女たち」をめぐって」（『コンタクト・ゾーン』四号、二〇一〇年）、前掲茶園『パンパンとは誰なのか』。その他に、恵泉女学園大学平和文化研究所編『占領と性―政策・実態・表象』（インパクト出版会、二〇〇七年）などが挙げられる。

(21) 例えば、中村秀之は映画の都市表象を映画の中で特定の場所を同定する作業でアプローチすることに疑義を呈す（「敗戦後日本のヘテロトピア―映画の中でのヤミ市をめぐって」井川充雄・石川巧・中村秀之編『ヤミ市文化論』ひつじ書房、二〇一七年、一〇八―一三三頁）。

(22) 占領下の映画政策と検閲に関しては、平野『天皇と接吻』、谷川建司『アメリカ映画と占領政策』第二章（京都大学学術出版会、二〇〇二年、一九五―二六四頁）、北村洋『敗戦とハリウッド―占領下日本の文化再建』（名古屋大学出版会、二〇一四年）、岩本憲児「占領初期の日本映画界」『占領下の映画―解放と検閲』（森話社、二〇〇九年八―三八頁）などに詳しい。

(23) 具体例は平野『天皇と接吻』（一二九―一三〇頁）を参照されたい。

(24) 平野『天皇と接吻』、八四―八八頁。

(25) 無記名「接吻映画からパンパン映画の流行へ」によると、戦後に流行したのは、まず「接吻映画」と「姦通映画」、その後に「裸体映画」が失敗すると「パンパン映画の企画」に乗り出し、最初に『夜の女たち』、『肉体の門』、そして『白い野獣』で「パンパン映画の旋風」が起きたと説明している（四六―四七頁）。

(26) RAAの経緯については茶園『パンパンとは誰なのか』、三三―四九頁に詳しい。茶園によると、当初関西では「闇の女」関東では「夜の女」と呼ばれていた（四三頁）。

(27)占領期を中心としたパンパンの表象やイメージに関しては、ジョン・ダワー『敗北を抱きしめて　増補版―第二次大戦後の日本人』上巻（岩波書店、二〇〇四年）、マイク・モラスキー『占領の記憶／記憶の占領―戦後沖縄・日本とアメリカ』（青土社、二〇〇六年、二〇四―二九七頁）などを参照。

(28)彼女たちが『ＬＩＦＥ』などの雑誌に高い関心を持っていたことはしばしば指摘されるが（茶園、八〇頁）、西田稔は彼女たちほど「映画を見ている人種はいない」と指摘し、映画館を売春取引、休憩、社交の場として捉え、週に四―五回に映画館に通い、「街の女たち」は西部劇の影響を受け映画スターのファッションを真似る物も多いと説明する（西田稔『基地の女』河出書房、一九五三年、一六〇―一六一頁）。

(29)木下『溝口健二論』、一二二四頁。

(30)同前、四四七頁、三八一頁。

(31)抜粋すると、「このましからざる出生と性病の伝播と道徳の頽廃」に拍車をかけている「闇の女」は存在が敗戦国には共通の現象であるが、日本の場合は長年の「封建的束縛から解放された」若い女性たちの自由や幸福を求めての「あがき」であり、彼女たちの「性的無知」と人間的未熟さゆえに「歪められた形で発現した」と説明し、彼女たちの転落から更生までの顛末を描くことで、彼女たち自身に「反省を促」し、「性に関する衛生思想を啓蒙」し、国民にも「闇の女」に対する「理解と同情」を深め、社会の道徳を高め、「文化国家の一端に資せん」ためと製作意図を説明している（木下、四二四―四二六頁）。

(32)平野『天皇と接吻』、一四四―一五七頁。

(33)久板栄二郎「女性祭」『久板栄二郎シナリオ集』中央社、一九四七年、九三頁。

(34)依田『溝口健二の人と芸術』、一六三―一六八頁。

(35)山本明『カストリ雑誌研究―シンボルに見る風俗史』出版ニュース社、一九七六年、一五一頁。山本は実際に記事としてパンパンを扱ったものはあまり多くなく、「素人に関する性のアバンチュールや転落等」のルポやフィクションが多いと指摘する。

(36)無記名「パンパンロケ随行記―松竹映画「夜の女たち」」『キネマ画報』二（五）、一九四八年五月（頁なし)。記事ではこれが大阪の「画期的なロケーション」と紹介されている。

(37) 鷹取益三「パンパン解剖」『変態集団』二号、一九四八年四月(山本『カストリ雑誌研究』、一五七頁に再録)。

(38) 竹中・住谷『街娼』と西田『基地の女』を主に参照。特に、西田は立川を中心にして一九四七年から五二年にかけて、およそ二〇〇〇人に及ぶ当事者にインタビューやアンケートを実施し、女性たちの特徴や背景、変遷などを記述した。西田によれば、立川に来た女性たちがパンパンになった原因は、①元性産業従事や妾から転業(一九%)、②基地勤務で米兵と恋愛、失恋(一六%)、③虚栄心を満たす(一四%)、④金銭的に余裕のある生活に憧れて(一一%)、⑤友人の誘いや好奇心(九%)、⑥家庭貧困(八%)、⑦不良との交際(七%)、⑧両親や弟妹の経済的援助(六%)、⑨家庭不和から家出(五%)などが挙げられている(二四四―一四五頁)。また、敗戦後から四八年くらいまでは性産業出身や生活困窮、家計援助のために自己犠牲型が多いが、四七―四九年くらいに家庭の不満や戦後に「ダンサーや女給からの転身、失恋や男に騙されやけになったから、若い娘の性的好奇心から、そして基地勤務がきっかけ」となった新しいタイプが多くなったと指摘している(一二八―一二九頁)。他の資料でもダンサー出身は多いとされている。「リンチ」に関しては、西田は、性産業出身の「初代姐御」タイプの女性たちが顔見せの仁義を無視した落とし前や縄張り争いで四七年くらいから始まり、四八―五〇年初めくらいまでは激しいリンチが続いたが、五〇年末には残酷なリンチは姿を消したと指摘する(七六頁)。

(39) レイプに関して西田は、「仲間には強姦された人がたくさんいる」が「世間は知らん顔」という当事者発言を伝えている(同前、一〇九頁)。また、茶園も平井も、当時の資料からレイプ被害にあった多くの少女が売春への転落を辿る場合が多いと指揮する(茶園『パンパンとは誰なのか』、一六二頁、平井『日本占領とジェンダー』、八九―九一頁)。

(40) 高杉早苗は新橋ホールでダンサーをしていたところスカウトされ、一九三四年に『隣の八重ちゃん』でデビュー後活躍したが、三八年に歌舞伎役者との結婚で引退、戦後『夜の女たち』で女優復帰した。戦中の不在ゆえ、高杉の新鮮な「アプレ」イメージが可能になったのだろう。

(41) 津村秀夫、「『夜の女たち』を観て」『近代映画』四巻八号、一九四八年八月、一九頁。

(42) 依田『溝口健二の人と芸術』によれば、イタリアのネオ・レアリズムの動きを溝口は敏感に察知し、そのような「記録映画風」の撮影スタイルを撮影の杉山公平に求めて二人は衝突したと伝えている（一七〇頁）。

(43) このリンチシーンは、実際にあった教会の焼け跡で撮影された可能性は完全に否定できないが、画面から判断するとオープンセットのようにも見える。

(44) ローラ・マルヴィ「視覚的快楽と物語映画」斉藤綾子訳、岩本・武田・斉藤編『「新」映画理論集成①』フィルムアート社、一九九八年、一二六―一三九頁。

(45)『夜の女たち』をジェンダー批評する堀は、津村秀夫や北川冬彦といったベテラン批評家が共に、このシーンで久美子の身体に起こる危機が「荒廃した現実の日本」（津村）や「社会悪の暴露」（北川）の鋭い描写であるとし、そこに溝口の「芸術の精髄」（津村）「作家資質」（北川）を感じ取ったことに注目し、評価の背後にジェンダー力学が作動していると主張する。さらに、古着屋の女将を演じた新劇女優の毛利菊枝が、映画はパンパンの置かれた状況の特殊性を暴き出すが、その描き方はあくまで「表面的」なものに留まり「それぞれの苦しみを持った人間」として「女一人一人の苦悶」が掘り下げられることなく、ラストのリンチシーンも「心に響かない」と評したことに注目する（「合評・夜の女たち　酔いどれ天使（依田義賢・毛利菊枝・絲屋製作プロデューサー・京大映画部員）」『学園新聞』一九四八年六月二一日、堀「映画を見ることと語ること」、五六―五七頁から引用）。

(46) 溝口と依田も敗戦の象徴である浮浪者やパンパンを周到にリサーチするために難波病院も訪ねていた。（依田『溝口健二の人と芸術』、一六八頁）。もともと松島遊郭にあった松島駆梅病院を前身とする大阪府立難波病院は明治一六年（一八八三年）に難波病院となり、大正時代に住吉区に移転、娼妓病院として知られ、終戦後は臨時伝染病院及び隔離所として、一九四六年五月までは性病検査と罹患者の強制入院を行っていた。

(47) 私が確認できた範囲では「キャッチ」については研究などで使用される写真はほぼ、毎日新聞に掲載された二枚の写真（「売春婦・検挙した街娼を吉原病院に強制収容（1950年08月撮影）」「検挙した売春婦をトラックにつむ刑事（1950年07月撮影）」である（茶園『パンパンとは誰なのか』、二四五―二四六頁）。

(48) 久板の脚本では検診の細部と医師とのやりとりを扱ったシーンがある（二二四―二二七頁）が、脚本では削除されている。ちなみに、資料蒐集協力者として言及されているのは、のちに東映の『警視庁シリーズ』などで有名な脚本家で、千葉大学医学部卒業して警視庁刑事部鑑識課法医学室にも勤務していた長谷川公之である。

(49) 奥田暁子「GHQの性政策―性病管理か禁欲政策か」『占領と性』、二一一―二三三頁。

(50) 佐藤忠男『日本映画史2　1941―1959』岩波書店、一九九五年、一八九―一九〇頁。ただし、溝口は「名前ばかり」の委員長で政治活動に関心はなくすぐに辞めたようで、事件当時にまだ委員長であったかは未確認。

(51) 茶園『パンパンとは誰なのか』、一八二―二五四頁。

(52) 「ドメスティック・イデオロギー」については、竹村和子『フェミニズム』（岩波書店、二〇〇〇年）を参照されたい。

(53) 山本明は、カストリ雑誌ではキャッチに関する記事が多く、また四七年八月にはダンサーも梅毒検査の対象となり、抗議の声が上がったと記述する（山本『カストリ雑誌研究』、一六〇―一六三頁）。

(54) 金『戦後民主主義と女性映画』、五七―六八頁。

(55) 木下『溝口健二論』、四二八頁。

(56) 紙屋「占領期『パンパン映画』のポリティックス」、一六八―一七三頁。また、金は、房子を見上げたり、見下げたりするカメラのアングルから生まれる視線の揺らぎに曖昧さと開かれた結末を見いだし、パンパンに対する「蔑視の視線から、自己反省的な距離を置くことを強」いる溝口の作家的戦略を見る（金『戦

後民主主義と女性映画』、九三―一〇三頁）。

(57) 鶴見良行「基地周辺のひとびと　彼等はアメリカ人をどうみるか」『出発　鶴見良行著作集１』みすず書房、一九九九年、五三頁（初出は『中央公論』一九五六年七月号）。

(58) 神崎清「山中部落の子どもを救え―軍事基地と風紀問題」『娘を売る町―神崎レポート』（新興出版社、一九五二年）。五三年八月頭に山中地区を視察した神崎の談話が「部落全体が〝春の宿〟教室に流込むジャズ音楽」（『朝日新聞　山梨版』一九五三年八月一〇日、四面）「パンパン白書　岳麓の実態」（『山梨時事新聞』一九五三年八月一七日、四面）に相次いで掲載されている。なお、神崎は、五一年に「児童憲章」を制定し、五二年に長田新、羽仁節子らと「日本子どもを守る会」を設立し、ＰＴＡ審議会委員も務めた（白鳥あかね「わが父・神崎清を語る」（日本子どもを守る会編『子どものしあわせ』福音館書店、二〇〇六年、七〇―七三頁）。

(59) 吉村公三郎監督・新藤兼人脚本コンビの『慾望』は大森地区の歓楽街とパンパンハウスをめぐる売春業者や間貸し主たちと廃娼運動を進める地域の教育委員や議員などとの軋轢を描く。（当時「池上問題」として神崎らが取り上げていた運動を想定させる、神崎清「池上特飲街追放―ＰＴＡ作戦の記録」『売春　決定版神崎レポート』現代史出版会、一九七四年、三〇〇―三二〇頁）。特に、朝鮮出兵の黒人兵とオンリーの関係を丁寧に描き、ＲＡＡ第一号「大森小町園」という名称をスクリーンに見せた初めての映画ではないかと思われる。また翌年四月公開となるが、『狂宴』（関川秀雄）は、一九五二年五月に大阪から奈良に移転してきた米軍のためのＲＲセンター（Rest & Recreation Center）でロケーションを行い、少女の性被害を含めた基地被害の実話を織り込んだ反米的な基地映画である。なお『慾望』は東京国立近代美術館フィルムセンターの所蔵プリントを、また『狂宴』は川崎市民ミュージアム所蔵のプリントを特別観覧で観覧することができた。記して感謝したい。

(60) 東宝マークのすぐ後に、この映画は誰を非難や抗議するのではなく、自分たちの反省の記録だというような字幕が二枚入るが、これは反米問題に対処するべく「自主改訂版」の時に付け加えられたと中村も推定している。

（61）この地域一帯には、映画のモデルと想定される東富士演習場だけでなく、山梨県側に北富士演習場（山中キャンプ・マックネア）もあり、劇中では浩一のチンピラの弟謙吉が仕事をしている場所として言及される。朝鮮戦争後に北富士演習所一帯では、地元住民による「演習場使用に対する反対運動は熾烈を極めていた（防衛省『北富士演習場入会地使用協定の締結（昭和六三年三月三一日）』www.mod.go.jp/j/profile/choushi/choushi_pdf/01_06_03.pdf 二〇一七年九月一日アクセス）だけでなく、山中小学校の歓楽街との隣接による教育問題は、五三年四月発行の『基地の子―この事実をどう考えたら良いか』や、同年四月八日発行の『アサヒグラフ』掲載の「富士演習地界隈」（六―七頁）でも取り上げられていた。

（62）谷口と木村がどのような共同作業をしたのかは未確認（谷口「作家が真実を語れなかったら」、四頁）。また私が調査した限りでは、映画の中で提示されるバス停や役場、キャンプ地の英語のサインなどは、現実の場所を指標しているわけではないようである（架空のあるいは実際に存在する土地の名前が出されているが、多くがこの地域とは関係ないようである）。

（63）実際、東宝の製作本部長だった森岩雄は基地を扱った映画としては「むしろ微温的すぎるという批判」（森岩雄「アメリカ人の非難に答える」『日本週報』二六四号、一九五三年一〇月二五日号、一四頁）も予想し、実際に完成披露試写会では、直接的な米軍批判ではないという点が「ナマヌルイ」「反米どころか親米だ」（谷口「作家が真実を語れなかったら」、五頁）という批判もあったようだが、映画は基本的に娯楽映画の枠組みを押さえた作りで、イデオロギー批判を前面に打ち出していない。それゆえに同年四月に公開された関川秀雄の『混血児』の比べると「どぎつさ」はなく「至極あっさりとしたもの」であり、それが絶対的に「テーマの希薄性」とも評された（井沢淳「赤線基地」『映画評論』一九五三年一二月、六〇頁）。だが、本論で見ていくように、基地問題についてはストレートな批判を展開している。

（64）谷口「作家が真実を語れなかったら」、五頁。

（65）同前、四頁。

(66) 中村「富士山とレーニン帽を越えて」、一〇七―一〇八頁。上述のように、同様の状況だった山中小学校はすでに雑誌や新聞で広く知られていたと考えられる。このシーンが実際に富士岡中学校でロケ撮影かは確認できなかったが、画面から推測すると、校舎の一部はロケで撮影され、飲食街等はオープンセットで撮影されていると思われる。
(67) 猪俣他『基地日本』、一三一―一三二頁。
(68) その後のシーンで四男の敏男が学校から道路に近道を通り抜けるところでは、草むらで情事を重ねる男女の足もちらりと見せる。
(69) 家庭の問題として、川那辺家は家長の父は不在であり、長男の浩一が戻り、誰が家を継ぐべきかという家父長制の継続の問題も提示されている。
(70) その背後には、ベースに勤める女性たちがキャッチと同じく、「処女又は非処女を問わず」一般勤務の女性は就業時に一回、食堂やクラブ、バーといった飲食関係は月の一回の強制検診を基地内で受けさせられ、その検診がきっかけとなって、「オンリーから夜の女と堕ちていく例」（西田『基地の女』、八〇頁）が少なくなかったという事実を反映した人々の認識が窺える。
(71) 猪俣他『基地日本』、一一九頁。
(72) 中村「富士山とレーニン帽を越えて」、一一六頁。
(73) 拙論「失われたファルスを求めて―木下恵介の「涙の三部作」再考」（長谷正人・中村秀之編『映画の政治学』青弓社、二〇〇三年、六二―一一七頁）、「カルメンはどこに行く―戦後日本映画における〈肉体〉の言説と表象」（中山昭彦編『ヴィジュアル・クリティシズム表象と映画＝機械の臨界点』玉川大学出版部、二〇〇八年、八三―一二六頁）などを参照されたい。
(74) 中村「富士山とレーニン帽を越えて」、一一三―一一五頁。
(75) 鶴見「基地周辺のひとびと」、三九頁。
(76) 同前、四二―四六頁。

(77)田中「コンタクト・ゾーンとしての占領期ニッポン」、一六三―一八九頁。
(78)弟の謙吉は離れの窓際の廊下には上がるが由岐子の部屋には入らない。
(79)当然ながらこのような空間の使い分けが、意図的に演出されたかどうかという判断は不可能である。ロケーションとセット撮影の効率化の結果として生まれた可能性は高いが、作り手の意図とは別に、映画テクスト自体が持っている全体の時空間のロジックに沿っていることは確かである。
(80)同前、一一六頁。
(81)鶴見「基地周辺のひとびと」、四六頁。この点については吉見の「べんきょうするお母さんと占領する他者」に示唆を受けた。
(82)鶴見「基地周辺のひとびと」、五三頁。
(83)吉見「べんきょうするお母さんと占領する他者」、三一七―三二〇頁。そして、この問題は、高榮蘭が指摘するように、「「パンパン」という言葉を、「日本の女」という言葉に回収することは、植民地支配問題が、海の向こうから提起されるものであると想定する「内向き」の戦後型李の枠組みと相互補完関係を取り結ぶことに帰着する」(高榮蘭『戦後というイデオロギー――歴史／記憶／文化』藤原書店、二〇一〇年、三五三頁)という陥穽を含んでいるが、『赤線基地』で由岐子が「慰安婦」と被害と禍害の逆転性を言語化するとき、実は「日本の女」という規範に回収する動きを必ずしも示唆するものではなかったという視点を潜在していたように思える。
(84)西川祐子『古都の占領―生活誌からみる京都　１９４５―１９５２』、平凡社、二〇一七年、一四頁。
(85)パンパンを描いた映画は、しばしば芸術映画とは異なる「風俗映画」と呼ばれたが、このような風俗映画の再考に関しては、例えば、戸坂潤が「映画の写実的特性と風俗性及び大衆性」(戸坂潤『思想と風俗』平凡社、二〇〇一年、三四―四八頁)で展開した議論が参考になるが、機会を改めて考察したい。

第3章　「肉体」と「皮膚」
——GHQ／SCAP検閲下の文学が描く「接触」と生政治

天野知幸

東京のバラック　昭和二一～二三頃。朝日新聞社提供。

1　はじめに

日本の戦後はGHQによる占領から始まった。日本の「戦後」をどう定義、説明するかについては様々な立場や意見があろうが、その起源をGHQ占領期に置くことについては異論は出ないだろう。この時期、石川淳や太宰治、田中英光など「無頼派」と分類される作家や「肉体文学」の代表者とされる田村泰次郎は、「闇市」や都市の裏通りを住処とする人々の「肉体」や「性」をくりかえし描いた。扇情的な内容のものは通俗文学として読まれ、すぐに忘れられてしまったものもあったが、占領期の身体統治の歴史に照らし合わせてみると、これらは従来言われているような戦後風俗の象徴といった説明に止まらない意味を帯びてくる。「肉体」こそ、GHQによる権力が直接的に行使される場であり、占領／被占領という国家間の関係が投影された場であったからだ。「肉体」とは、敗戦経験やその結果生じた対米従属関係が戦後日本においてどう血肉化され、一方で、どう無意識化されたのかを考える上でも重要な示唆を与えるものといえる。

五十嵐惠那『敗戦の記憶　身体・文化・物語1945-1970』は第二章「肉体の時代」で、次のように指摘する。

戦後日本は、日本人の身体の戦時管理体制からの解放を祝ったが、身体はたちまち占領軍の新しい医学的体制によって捕捉され、統制された。戦時中の健康で、愛国的な身体の産出は、戦後の清潔で、民主的な身体への関心に置き換えられた。多くの日本人は、新しい体制への従属を、健康のためには必要なのだと、自らに言い聞かせて合理化した。

アメリカの医療技術は、敗戦国に具体的な歴史のレッスンを与えた。高い技術を支えた国力こそが、勝者を敗者から隔てたものであることが誇示されたのであり、さらに、科学的な方法に則ったアメリカの衛生政策は、敗者の屈辱感をやわらげるのにも役立った。科学知識の〝中立性〟と〝普遍性〟は、日米の地域的な争いを超越するものとしてみられた。究極的に、日本はアメリカより大きな権威に従属したのである。

もう一方で、アメリカと戦後日本が共同でおこなった管理から目をそらすことで、身体の解放を祝福することができたのである。日本人の身体は、従順な身体を作り上げようとした、管理規則の力から逃れることができなかった。しかし、アメリカの存在とその政策を「必要」なものとして合理化する限り、敗戦という、アメリカを招来した大本の原因に、面する必要はなかった。このように、自らの身体を消毒する必要を認めることで、自らの記憶も消毒したのである[1]。

戦後、ＧＨＱにより公衆衛生対策が徹底して行われ、日本人の身体や健康に関する意識は大きく変革された。健康であることや清潔であることが良いとされる身体観は、今後、大きく変化することはないだろう。この起源を一つに求めることはできないが、ＧＨＱによる公衆衛生対策はその一つであり、Ｇ

HQによる改革という外的な要因によって戦後の日本社会で理想とされる身体像が構築されていった。一方で、五十嵐が指摘するように、この時期、戦時体制からの身体の解放が喜ばれてもいた。実際には他者による新たな身体統制が徹底的に行われていたのであるから、旧い身体統治からの解放だけを喜ぶのは矛盾がある。だが、健康のため、もしくは感染源（感染病者）排除という正当で合理的な理由があったためにその矛盾は直視されず、身体の解放を喜ぶことができたと五十嵐は指摘する。そして、その上で「肉体」の解放を喜び、「「身体」をラディカルな社会変動の契機として位置づけた」田村泰次郎の文学の限界を、その「楽観主義を厳しく批判した」丸山眞男の言及をもとに検証している(2)。

この五十嵐の指摘は重要である。ただし、泰次郎らの文学的手法や表現の特徴は、アメリカによる身体統治＝生政治を脱中心化させる方向性を持っていた。田村泰次郎はたしかに楽観的に「肉体」主義を主張したように見えるが、その触覚表現を駆使した手法は、感染病対策を最も重視した身体統治の方向性と極めて対極的であり、戦争の記憶を手触りのある直接性の経験として記述する特徴があったからである。それは後景化されようとする戦争の記憶を記述する試みでもあったといえる。また、皮膚という題材によって、敗戦国の悲哀や汚濁を描く作品もあり、「接触」「触覚」「皮膚」は占領期文学の一つの特徴にもなっている。

しかし、こうした占領期の接触を重視した文学表現は、公衆衛生対策を内側から批判する批評性を持っているものの占領表象、敗戦表象としては極めて不完全なものとなっている。というのも、皮膚や「肉体」が自己と世界との接触面であるとすれば、触れ合う先にあるのは、自己（やその周辺）ばかりではなく、アメリカという他者がいたはずである。しかし、その経験は、プレスコードにより描けず、本来的な意味での境界性や接触性――すなわち人種的混淆の問題――はほとんど描けなかった／描かなかった。ここに「肉体」の文学の重要な問題があり、合理化された身体観とは別の角度から、対米従属や敗戦を直視しえなかった理由を考察する手立てが隠されている。

「肉体」言説、「肉体」表象は、いったい何との触覚的親密性を立ち上げようとしていたのだろうか。また、そこにはどのような検閲によって生じた表現と現実とのズレ、もしくは表現と検閲との共犯関係があるのか。戦場の身体や暴力への親密性・懐古という心性と、被占領状態（敗戦状態）の不可視化・否認の結びつきの様子を、言論や表現という場から考えたいと思う。

2　恐れられる「肉体」

敗戦直後のGHQによる身体統治とは、どのようなものであったのだろうか。ここでは「肉体」の文学が特徴とする「接触」の意味を考えるために、それと対照的な関係にある身体統治のありようとその感性を中心に記述しておきたい。

GHQが民主化政策とともに行ったこと、それは日本人の身体観の書き換えともいうべきものであった。健康的で衛生的な身体というものを理想的なそれとして明確に意識させること。そうした政策が公衆衛生対策として行われた。このことは、戦後日本の出発が、長きに亘る戦争とそれによる飢餓や打つ手のない「伝染病」（感染症）の蔓延といった身体の危機的状況にあったことと深く関係している。

ＧＨＱの初期対日政策が公表されたのは一九四五年九月二二日であったが、それとほぼ同時期に公衆衛生対策も示されている。公衆衛生福祉局（ＰＨＷ）長になるクロフォード・Ｆ・サムス（米国陸軍軍医准将）は、敗戦直後、発疹チフスが大流行する危機的な状況にあることをマッカーサーに進言し、ＤＤＴ（ジクロロジフェニルトリクロロエタン）などの薬剤の必要性を直訴し、優先的に許可してもらったと回想している。ＤＤＴによる殺虫が戦後の日本人の身体にとって第一に必要と見なされたのである。ＧＨＱの指導の下、公衆衛生活動は積極的に行われ、病原調査はもとより、発疹チフスを媒介するシラミや病原菌のもととなる汚水、汚物の浄化や駆除が徹底された。一九四六年五月にはＧＨＱが日本政府に「覚書」を出し、衛生的な社会をつくるためのスタッフや公的部署が組織化され、保健所制度も整えられていった。(3)

こうした浄化や駆除の徹底がなされたのは、サムス自身も目を背けたくなるような不衛生の実態が敗戦直後の日本にあったからだろう。日本の衛生状態は驚きと恐怖の対象であり、「伝染病」＝菌の爆発的な広がりが強く危険視された。サムスは上陸後に感じた日本の危機的な様子を次のように述べている。

日本は大きな蟻塚のようであり、中で人が絶えず動きまわっていた。このような状況下では、人々の直接、あるいは間接の接触により、伝染病が野火のように急速に広がることが予想されたのである。伝染病の保菌者、あるいは罹患者が人々と接する機会は、集団の移動が少ない時と較べ何千倍にも増加した。懸念された伝染病は実際に発生し、一九四五年八月にわれわれが日本に到着した時には、すでに急速に広がりつつあったのである。(4)

引揚者が引揚港で検疫を終えるまで移動を許されなかったように、移動する日本人たちは保菌者・媒介者と見なされたことがこの回想からも窺える。不潔な身体の清潔化、そのための消毒が何よりも必要とされたのだった。ただ、日本人の身体と健康の徹底は、薬剤散布という方法だけでは不完全である。感染症の恐怖を日本人たち自身にしっかり認識させることが重要であり、不潔・不衛生は害悪であるという意識の定着が必要であった。そのためには病気そのものの理解を広めることが求められるが、ウイルスや菌といった恐怖を実感しにくいものを誰もが医学的・科学的に理解することは難しい。であるならば、どうするか。美馬達哉『〈病〉のスペクタクル　生権力の政治学』は、社会防衛のための感染症コントロールにおいては、「象徴界の水準で言語的に構築された知としての科学的概念だけでなく、社会的な想像界の水準で作動して、人々に呼びかけ、人々を説得し、人々を「同意」させる強力なイメージが〈感染症〉のスペクタクルの核として出現しなくてはならない」と指摘し、その必要とされるイメージを次のように説明する。

〈感染症患者〉とは感染症を「感染させられた」患者であり、治療とケアの対象である。〈感染症患者〉がこのような犠牲者としてイメージされている限りは、剥き出しの医学的暴力装置としての隔離や検疫を発動することは難しい。これに対して、社会防衛を目的とする隔離と検疫の医学においては、まったく異なった〈感染症患者〉のイメージが作り出される。そこに現れるのは、受動的な犠牲者ではなく能動的な感染源、つまり「感染させる」患者という存在である。[5]

美馬の指摘は、感染病に関する意識や感性を記述したもので、特に占領期について述べたものではないが、この「社会的な想像界の水準で作動して、人々に呼びかけ、人々を説得し、人々を「同意」させる強力なイメージ」（美馬同書）は、GHQによる感染病対策を文化史的に考える上では、非常に重要な指摘である。占領期において、この「強力なイメージ」は、誰がどのように担わされたのか。啓蒙的な役割を担うことが多かった検閲下の映画を例にしてみたい。

当時、一般の娯楽映画のほかにCIE映画といわれる教育的なドキュメンタリー映画があった。一九四六年三月からスタートしたこのCIE映画は一九五〇年頃には、「既存の全国視聴覚網と従来の巡回映画を統合し老若男女を問わぬ幅広い層の膨大な観客動員」（身崎とめこ）があったというが、身崎によれば「全四〇六本中全体の約一一％四五本の衛生映画を含む」という。[6]また、子ども向けの教育短編映画においても衛生は重要なテーマであった。この一例である社会科教材映画「伝染病とのたたかい」（一九五〇年）[7]は、タイトルのとおり「伝染病」の恐怖と根絶を描いた教育映画だが、「伝染病」そのものの恐ろしさだけでなく、感染源の恐怖が強調されている。病原菌を撒き散らしたとされる男性は「浮浪者のような男」と呼ばれ、周囲の人々の健康と命を脅かす脅威の存在としての役割を担わされている。

そして、危険な存在として描かれるのは彼自身だけではない。その「住処」であるゴミ溜め、バラックが映し出され、そうしたショットの集合によって、衛生対策の不十分な「死角」があたかも社会の隅に存在するかのように表現されている。「伝染病」対策は、社会への広がり＝汚染を防止することに心血が注がれたのだが、その結果、連続しているはずの健康と病、衛生と不衛生は明確に切り分けられ、健康的な身体と、それを育む清潔な環境こそが理想化されていった。

ちなみに、石川淳の小説「焼跡のイエス」（『新潮』一九四六年一〇月）が描く「闇市」の風景、そして、そこに現れる悪臭を放つ「ボロとデキモノとウミとおそらくシラミのかたまり」の皮膚の少年も、「「感染させる」患者」のイメージを帯びている。

道ばたに捨てられたボロの土まみれに腐つたのが、ふつとなにかの精に魅入られて、すつくり立ち上つたけしきで、風にあふられながら、おのずとあるく人間のかたちの、ただ見る、溝泥の色どすぐろく、垂れさがつたボロと肌とのけじめがなく、肌のうへにはさらに芥と垢とが鱗形の隈をとり、あたまから顔にかけてはえたいの知れぬデキモノにおほはれ、そのウミの流れたのが烈日に乾きかたまつて、つんと目鼻を突き刺すまでの悪臭を放つてゐて、臭いもの身知らずの市場のともがら、ものおぢしさうもない兵隊靴の男でさへそばに寄りつきえず、どら声ばかりはたけだけしいが、あとずさりに手を振つて、および腰で控へるていであつたのは、むしろ兵隊靴のはうこそ通り魔の影におびえて遠吠えする臆病な犬のやうに見てとれた。

人はみな飢え、「闇市」は人で溢れている。人間はあたかも食べ物に群がる蝿のようであり、その傍らには本物の蝿も「まっくろにかたまって」いる。蝿も人も両者は区別の必要がないほど不衛生極まりないのだ。悪臭もまた同様である。腐敗した食べ物だけでなく、人もまたその発生源となっている。その中心にいるのが、「デキモノ」と「ウミ」にまみれたこの少年である。人はこの少年を棒で追い払うことしかできない。この少年の身体が「闇市」のなかでも最も恐れられるものなのだ[8]。それはもちろん少年の皮膚との接触を恐れるからである。こうした不潔で病んだ身体を象徴する皮膚のイメージは、過度に誇張されてはいるものの、「〈感染症〉のスペクタクルの核」に近しい。

同様の感染や接触への恐怖は、公衆衛生対策のなかでも重点が置かれた「性病」(性感染症)にも指摘できる。そして、性感染症対策においても、「「感染させる」患者」イメージが重要な意味を担った。最初に性感染症が問題になったのは、占領初期にGHQ兵士向けにつくられたRAA(Recreation and Amusement Association 特殊慰安施設協会)である。性病が米兵に蔓延し、こうした米兵向けの「慰安施設」は早期に閉鎖された。だが、性感染症問題はこれで解決せず、街に溢れた「パンパン」を対象に日米合作で対策がとられることになる[9]。そして、公衆衛生福祉局(PHW)は、強制性病検査(「かりこみ」「キャッチ」)、強制入院という身体と性の管理・拘束と薬剤(ペニシリン)による治療の対象を娼婦に集中させた。実際のところ、PHWの性感染症対策は兵士の予防が目的であったが、「性政策の影響を直に受けたのは、一貫して性病感染源とされ、取り締まりと排除、処罰の対象となった売春女性たちであった」(平井和子[10])という。

こうした娼婦の位置づけは、先の教育映画と同様、娼婦の「更生」を主眼に作られた映画に読みとることができる。溝口健二監督「夜の女たち」（一九四八年）は「パンパン」映画として最も著名なものであるが、この映画においても性感染症は重要なファクターとなっている。内容は、身寄りのない戦争未亡人「房子」が生きるために売春を行い（「転落」）、しかし最終的には「更生」するというものだが、この「更生」の発端となるのが、「性病検査」によって梅毒感染と妊娠が同時にわかり、母になることや結婚への期待が生まれるものの最終的には流産するという妹「夏子」の〝不幸〟である。公開年である一九四八年は「パンパン」映画が数多く公開された年で、同映画は田村泰次郎の小説「肉体の門」の流行もあり、大ヒットしたが[11]、両者の方向性は必ずしも同様ではなく、堀ひかりが「『夜の女たち』は検閲コードを守り、買春当事者である占領軍兵士を描くことはしない。女性が社会的階層を滑り落ちていくことを性的な「堕落」に関連づけ、女性の悲痛な心情を描き出すことが主眼である」[12]と指摘するように、映画ではあくまで女性の性的な「転落」と「更生」を中心に描いている。これは映画検閲を行っていたＣＩＥ（Civil Information and Education Section 民間情報教育局）の方針そのものであり、金普慶は「特に、夏子が辿る警察の狩り込みによる検挙、病院での性病検査、梅毒感染、婦人ホームで流産、その後に再生を誓うという過程は、まさに占領当時の売春及び性病対策のプロセスそのものであり、ＣＩＥが「パンパン映画」に求めていた性病の恐ろしさと更生の必要性を啓蒙する物語のつぼを押さえたもの」と述べている[13]。

以上の二つの映画には、感染症を根絶するというＧＨＱの公衆衛生福祉局（ＰＨＷ）の方針が反映されていることが窺えるが、やはり重要なのはそれを伝えるための手段である、病気の危険を代理表象する「「感染させる」患者」の存在である。「パンパン」はその代表例だろう。彼女たちの人生の〝不幸〟を強調することで当事者の意識改革を促し、同時に、他者化し、差別の視線を形成する。これは戦後日本人の意識を変革するのに、たしかに役立ったであろう。しかし、そもそも性感染症がGHQによって危険視された真の理由は、占領軍兵士の病気の蔓延であった。「パンパン」たちの売春の相手には占領軍兵士も多く、「「感染させる」患者」のなかには占領軍兵士も当然いたであろう。だが、プレスコードを理由に日本人女性と占領軍兵士の親密な関係性を描くことは不可能であった。ここには大きな矛盾が存在する。彼女たちの身体と性はGHQ兵士の身体と性にも通じていたはずである。しかし、性感染症の恐怖は描かれても、それと関連する占領軍兵士のセクシュアリティや身体は描かれず、人種的混淆は厳密に隠されている。GHQ側の意図に沿う形で、娼婦＝「性病」の恐怖＝「「感染させる」患者」の排除だけが前景化されているのである。

このように戦後の身体統治は、触れてはいけない「「感染させる」患者」を危険視し、社会から排除する思考を根付かせた。バラックを住処とする人々や娼婦といった戦後日本に浮遊する周縁化された存在に、不潔と病気さらには「「感染させる」患者」の刻印を行うことで、多くの他の人々から切り離し、他者化させる政策だったとも言える。だが、元来、病気と健康、不潔と清潔は連続している。誰のなかにも病気と不潔は存在している（していた）。ただ、不潔や病気を自分とは無関係な誰かが代理表象するとき、健康と清潔への自己の位置づけが可能になる。そして、「「感染させる」患者」というターゲットを批判し、隔離や検疫といった対策に能動的に協力、順応できる側に回ることもまた可能になる。自らが健康を獲得・維持すれば無害で安全な存在でいられるということになる。

なお、この身体統治の政策はＧＨＱの占領政策の一環であったため、イデオロギーとも無関係ではない。「戦時中の健康で、愛国的な身体の産出は、戦後の清潔で、民主的な身体への関心に置き換えられ」ると、第1節の引用中で五十嵐が指摘したように、清潔さや健康は「民主的な身体」と親和性が強く、軍国主義に絡めとられた身体は一刻も早く葬られるべき身体というようにその意味を変えた。ここにも切断、もしくは積極的な分離の意識が働いているように思われる。

これに対して、次節から考察してゆく「肉体」の文学は、軍隊による身体の拘束を否定しつつも、個人のなかに残存する戦争の記憶を身体感覚を頼りに手繰り寄せ、戦争のスティグマと戦後の身体感覚とをつなぎ合せてゆく点に特徴がある。「汚れた」身体や癒えない身体の持つ潜勢力や戦争の身体的記憶が、どのような意味を与えられてゆくのか、またそうした表象と現実の間にはどのようなズレがあり、さらにはそれが対米従属の無意識化とどう繋がっているのかを考えてゆきたい。

3　「肉体の門」における触覚表現と身体表象

第2節で確認したように、伝染病の感染源とも認識された「闇」の住人を、ＧＨＱ主導による戦後の衛生政策はその占領期間を通じて根絶し続けていったが、これを戦争と被占領のネガティブな記憶と現実が集約された場として早くから描いていた占領期の文学は、戦後の身体統治の急速な進展とは対照的に、身体の「グロテスク」な側面を前景化させ、伝染病の感染源とも認識された「闇」の住人との接触や交わりや接触的感性というべきものを描いている。触覚表現に着目して、それらを明らかにするとともに、戦争のスティグマや戦場の身体的な記憶が戦後にどのように物語化されていったのかを考察しよう。

まずは田村泰次郎の著作から見てみよう。泰次郎の戦後の著作では、「肉体」の重要性、それも「肉体」同士の接触や交わりこそが、敗戦直後の人間性を捉えるために重要であるという独自の主張が度々展開されているのだが、ここでは触覚や感触が重要な意味を与えられている。例えば、「「街の天使」系譜」(『文明』一九四六年一〇月)と題された小説仕立ての評論では、「パンパン」との裸の「組打ち」による戦後の「人間」探求といった独自の主張が展開されてゆくのだが、語り手の対象把握のしかたも視覚的なそれだけでなく、触覚的なそれが重要な意味を持っている。

冒頭では、「血桜組」の検挙を報じる新聞記事が紹介され、それを発端として、「私」がイメージする「街のお嬢さん」の姿が次のように語られる。

けれども、この記事を見て、まづ私の頭に浮かんで来たのは、今日この都会の公園の鋪道に、省線電車の駅に見かけるあの「街のお嬢さん」たちだ。アッパッパまがひの服を着た、靴下を履かぬ素足に木の底の代用サンダルをつつかけた、腫物のあとのぴかぴか光つた脛を丸出しで、ひどくいきほひのいい「街のお嬢さん」方だ。

「まだ不幸にして、「血桜組」のお嬢さんたちと近づきを願つたことがない」「私」は、「街のお嬢さん」とも同様に「近づきを願つたことがない」。そうした経験を物語るかのように、「私」が対象を最初に捉えるのは視線（＝「見かける」）であるが、彼女の姿に敗戦国の悲哀が集約されていると感じた「私」は次第に触覚的に知覚してゆく。たとえば、彼女たちから受ける印象は、「魂がひからびて、かさかさに思へて仕方がな」く、「ざらざらの風」「戦争のあとの埃」など不快な感触を伴うものである。「私」には、そのような彼女たちの様子は「何の感傷も見いだされない」「「人間」がまつたくスポイルされてゐる」ように思われ、それこそが「戦争の惨禍の一つ」にも映るのであり、「戦争の惨禍の一つ」は不快な感触を想像させる女性の肌として触覚的に捉えられている。「私」の語りは過去から現在へと連なる娼婦的女性へとタイトルどおり系譜的に進んでゆき、潤いのある女性の肌や性器の記憶を手繰り寄せるのだが、ノスタルジアに浸ることなく、最終的には「街のお嬢さん」にも「私は新たな熱意で、彼女たちにぶつつかつて行かう。／彼女たちと裸かで組打ちしなくて、どうして、「人間」が探求出来よう」とする決意が導き出されてゆく。

この決意は「肉体」を思考の根拠と位置づけた田村泰次郎の文学観を想起させる。ただ、ここではそれには立ち入らず、「彼女たちの媒介する病菌」という表現があることに注目したい。女性たちとの裸の「組打ち」は「小賢しい道徳とか、秩序とか、おためごかしの親切顔した、封建の「美徳」」から解放されて、「人間の解放」「本能の解放」「無武装の平和的強国」実現するための方法だとも語られているのだが、ここには「「感染させる」患者」との接触を恐れず、身体・皮膚という開口部・境界と触れ合うことで、敗戦国日本の現実を探ろうとする意思が感じられる。「人間の解放」「本能の解放」「無武装の平和的強国」というスローガンは、漠然としすぎていて空虚さも目立つが、戦後の身体統治を踏まえてみると、外部化・無害化が急速に進められていた敗戦国の暗部に光を当てようとする意図があったものと思われる。

泰次郎の著作のなかでも最も知られた小説「肉体の門」(『群像』一九四七年三月)も、こうした発想や触覚表現が見てとれる。書き出しは「小政のせん」と名乗る十九歳の女性についての描写から始まるのだが、人間よりも「獣」に近い「せん」は「皮膚に艶がなく、筋肉に脂肪の乗りがうすかつた。」とあるように、肉感的でない様子が彼女の皮膚の艶の程度によって表現されている。そして、「せん」は「自分よりももつと強い、逞ましい神秘な力」を渇望し、有名な侠客の名前を皮膚に刻印(=刺青)する。皮膚には人物のありようが書き込まれたり、表出する場としての意味が与えられているのだ。一方、「せん」たち若い娼婦と対比的に描かれる戦争未亡人の「菊間町子」の身体も、皮膚によって性的な成熟が表現されている。その象徴的な場面の一つが、金銭を介さない肉体交渉を禁ずる「掟」を破った「町子」が仲間からリンチを受ける場面である。「ぶたれた部分は赤絵具でも塗つたやうにはつきりと筋がつき、みるみる張れあがつた」と痛みが触覚的、視覚的に表現された後、「ぶつたびに、町子の尻の筋肉からは、眼に見えないが、なにか火花のやうなぱちぱちしたものが、弾けるやうだ。そして、その火花に、彼女たちはめまひを覚える。」と誇張的な表現を伴って、彼女の魅力が表され、それが他の若い娼婦にもたしかに伝わるのだ。「町子」の雄弁な皮膚は表現器官であるばかりでなく、彼女の繊細な感覚器官でもあり、「町子はそんな伊吹の熱つぽい言葉が、自分の皮膚に快くひびくのに、うつとりとひたつてゐた」と、聴覚、触覚の両方を介した知覚の様子までもが描かれている。

このように「肉体の門」においては、皮膚という界面もしくは境界を媒介にした他者同士の交わりが描かれるとともに、皮膚という表層が人物の成熟の度合いといった内部を表象する場としての意味が与えられている。小説のクライマックスは、若い娼婦たちとの共同生活によって身体が回復した「伊吹新太郎」と若い娼婦「マヤ」が性交することで「マヤ」が新たな境地に至る場面――「腰のあたりが、蠟のやうに燃えて、溶けて、流れるのを感じた。生れてはじめての充実した感覚、――いや、マヤはいま自分がはじめて、この世に誕生するのを感じた」――であるが、ここでも皮膚感覚が重要な意味を持っている。

女性たちのこうした皮膚感覚を立ち上げるきっかけとなっているもの、それは「伊吹新太郎」という男性登場人物である。「伊吹」の身体表象でも類似の表現が見られるが、この男性の身体表象も見逃すことができない。唯一の男性登場人物と言ってよい「伊吹」は強靭な「肉体」の持ち主だが、「ナイフかなにかでざくりとゑぐりとつたやう」な警察によってつけられた「拳銃の弾丸創」がある。この「弾丸創」は、それをものともしない彼の「逞ましい生命力」を示すものだが、同時に、それは危険が侵入する入り口、すなわち命の危険を招く外部への開口部でもあり、「伊吹」の身体が完全に健康でない傷ついた身体であることをも示している。このため「伊吹」は「創」の回復を強く願い、女性たちとの共同生活によって癒そうとする。

なお、この「創」は、「大陸の戦場で、胸に一回、右上膊に一回貫通銃創を受け」た記憶を想起させるものであり、戦場の身体的記憶を喚起するものである。またそうした身体的記憶が戦後という現在との連続性を保障する傷痕にもなっている。この場面のみではない。「伊吹」の身体感覚は常に「現在」と戦場の記憶との連続性を彼のなかで立ち上げる。たとえば伊吹が盗んだ牛を解体し、料理して「マヤ」たちに食べさせる解体の場面では、「伊吹は懸命に、咽喉頸にあてがつた刃を動かしてゐる。ごぼつ、ごぼつと音をたてて、血とも、泡ともつかない生暖かい桃色のものが斬口から溢れ出る」と触覚的な表現がなされ、皮を剥ぎ、血を噴出させ、内臓や肉を取り出して食べる場面がありありと描写されるが、食事の場面で「伊吹」は「友を背負ひて、路なき路を、／行けば戦野は夜の雨、――」と歌いだし、「北支」で友を背負った戦場の身体的記憶をリアルに立ち上げる。

さらに「マヤ」との性交の場面でも、暴力的な欲求が引き金となり、「火線で機関銃を操作してゐるときの、闘志と本能的恐怖とで、気の遠くなるやうな生命の充実感と同じ感覚」に襲われる。女性たちとは対照的に、「伊吹」が触覚的経験によって喚起するのは、こうした戦場での身体的記憶である。一方、この場面は、恋愛感情を伴う男性と初めて性交したことによる快楽や、さらにそれを「掟」破りと責める仲間たちからのリンチによってと新生の境地に至るという「マヤ」の身体的覚醒の場面になっている。いずれにしても、身体感覚を覚醒や記憶の喚起の根拠とするような発想が見られるのである。

「「街のお嬢さん」の系譜」が理論だとしたら「肉体の門」は実践ともいえるが、身体的経験や触覚的感性は、人物の深層や過去の記憶を表現する手段になっている。泰次郎の文学は「肉体文学」とも当時呼ばれたが、表現上の特徴を考えれば、「接触」の文学とも呼ぶべきものだろう。

これと同じような発想や表現を、田中英光の作品にも指摘できる。一九四九年という占領後期に『サロン』（一九四九年六月）の「夏期臨時増刊　肉体小説特集」に発表した短編「獣の町」で英光は、戦争のスティグマのその隠蔽を身体改造や人肉食という題材で描いている（同じ趣向の短篇に「現代変形談」〈『談話』一九四八年一二月号〉があるが、本論では、「獣の町」を扱う）。

内容は次のとおりである。新宿と思われる東京の「S」の「闇」社会のさらにその裏手に、「お国」という女性が経営する「人体変形移植保管会社」という「ヤミ会社」がある。「お国」には日本軍兵士による「凌辱」の過去があり、「ヤミ会社」はその経験をもとに考え出されたものだった。この「ヤミ会社」は「人体変形移植保管会社」という名前が示すように、人体を切除、移植、保管することを行っており、実態としては「人間失格獣類製造会社」と呼ぶべきものである。「闇の女」を志望する女性たちは、「お国」の「会社」で自らの性器を切除し、彼女たちの望む動物や「春婦」の性器を移植する。代わりに彼女たちの性器は、「お国」の「会社」で保管されることで、処女性が保持したまま売春を行う。しかし、その結果、女性たちは「ケモノ」と化し、彼女らと交わった男たちも女たちの性欲に応えるために自ら志願してお国の「会社」で外科手術を受け、性器を動物の一部と取替えて「ケモノ」となる。かくして「闇市」の裏手には、「ケモノ」たちが増殖し、一方、切り取られた性器はこっそり「お国」のヤミ屋で「焼き鳥」として売られ、腹をすかせた人々によって食べられている。以上が前半部分である。後半部分では、「お国」の同時に経営する「ヤミ屋」にやってきた南方帰りの復員兵が、「お国」の売る「焼き鳥」の正体が人肉であることを見破り、それをこの街に住む若者たちに知らせようとしたところで、「ケモノ」たちに殺されてしまうという展開をたどる。

「お国」をこのような生業へと向かわせたのは、すでに述べたように、戦時中に日本軍兵士から「凌辱」された過去にある。これもまた戦争のスティグマの身体への刻印と見なしてよいだろう。ただ、この小説では、その記憶＝身体的傷痕と陰惨な経験の記憶は、血生臭い「外科手術」によって消去されており、それが「ヤミ会社」を興すアイデアとなっている。泰次郎の「肉体の門」よりも三年ほど後の発表だが、身体的・精神的なスティグマの刻印だけでなく、その抹消が描かれているのである。「彼女に気絶に近いほどの、疲労と屈辱を感じさせてから、無言の笑いで立ち去った」という「凌辱」の記憶をさらなる血だらけの「外科手術」によって消そうとするその場面は、次のように表現されている。

当然、起る大出血。しかし百姓娘の彼女は、歯を食いしばつて、それに耐え、身をよじるようにし、若い女中たちの焼死体の傍に這いよると、彼女らのひとりの、その神聖な局所を手早く、切りとつて、自分の大空洞になつた場所に、おしあてがつてみると、何たる奇蹟であろう。それが処女膜に輝いていた為か、一個の生物が、親生物に何の矛盾もなく、寄生し、あとでは両者を分離させるのに、反つて苦痛がある場合のように、自然にピッタリと楕円形の、収縮、拡張の植物的活動で、密着してしまった。

「お国」は自ら切り取った性器に別の女性の焼死体の性器を切り取って移植し、「聖処女」として「不死鳥のように再生」する。この身体改造によって、〝揺るぎない〟処女性を獲得し、同時に、消えることのない性的なトラウマを見事に消してしまうのだ。この経験をもとに、「お国」は戦後の若い女性の金銭と処女性への欲望を「無垢の身体をムザムザ汚したくはないだろう」と利用し、性器の保管料と人肉の両方を得ることを思いつく。日本軍兵士による「凌辱」という陰惨な記憶と、身体改造という強引なまでの傷痕の消去という体験が、「お国」がこのおぞましい「ヤミ会社」のアイデアのもとになっている。

この作品でも傷痕は戦中の記憶そのものである（なお、先の引用箇所には、検閲者のチェックの跡があり、「Observe」と記されている。）。しかし、「肉体の門」とは異なり、この物語では戦中の身体的スティグマの壮絶さゆえに、それを完全に消し去ろうとする心性や身体の可変性が描かれている。だが、そうした身体改造が結果的に「ケモノ」「人間失格」へと人々を至らせていることから考えるに、身体的記憶の抹消＝傷痕の隠蔽や忘却はこの物語では否定的に描かれていると考えるべきだろう。「お国」のアイデアは、南方帰り間もない「五平」という復員兵によって見破られる。「五平」は町に蔓延る「ケモノ」たちの姿と臭いから戦時下の南方の記憶を蘇らせ、「闇市」の「ジャングル的妖気」や「猛獣の匂い」を嗅ぎ、人間の顔に「毒蛇、虎娘、なぞの顔つきで、人間らしい面影がすこしもない」ことを訝しがる。

そして、腹をすかせた人間たちが欲しがる「肉」の臭いから、戦時下の血生臭い記憶――「食人」の記憶を蘇らせ、人肉であることに気づくのだ。

ただ、「お国」のからくりを皆に知らせようとする「五平」の思いは遂げられることなく、「ケモノ」に成り果てた若い男が彼の心臓をドスで突き立てたところで、物語は閉じられてしまう。この結末が暗示するのは、感覚と記憶の鈍化した人間の群れによって、戦争の身体的記憶を鮮やかに持つ者の存在が抹消されるという皮肉である。

4　視覚の文学と触覚の文学

触れる／触れられる身体、嗅ぐ／嗅がれる身体、食べる／食べられる身体など、視覚以外の感覚的経験が「肉体の門」でも「獣の町」でも数多く描かれ、触覚経験や触覚による知覚と記憶に物語上重要な意味が付与されていた。触覚経験は触れる／触れられる瞬間だけに宿るのではない。その経験は記憶となり、ときに容易には消せない傷を身体と精神に残す。身体はスティグマが刻印されたり、記憶の貯蔵庫にもなるのである。とくに皮膚という身体の界面は、記憶、自我、文化などの書き込みの場ともなり、他者と自己自身から読まれ、理解される媒体にもなる。泰次郎の文学においては、こうした皮膚による自己表現や世界理解、皮膚同士の接触が呼び起こす感覚による記憶の喚起や身体の潜勢力が表現されていた。英光の「獣の町」では接触に加え、嗅覚や味覚の記憶が人物の深層を呼び覚まし、駆動させる可能性が描かれている。どの身体性も時間との深いつながりを持ち、現在の身体的な経験のなかに過去の重要な記憶が顕現する瞬間が描かれている。

ここでGHQ主導の公衆衛生対策により、身体の秩序化といった身体統制が、敗戦直後から当時急速に推し進められていた第2節の内容を思い起こしたい。戦後、日本人の身体は軍国主義はもとより、不潔さや悪臭、そして病から切り離され、清潔さと健康が何より理想化された。そして、こうした身体統制が敵視したのが感染であった。接触は感染の危険を最も導きやすい。それゆえ、病そのものはもとより、病の根源や病巣となるものは隔離され、無害化される必要があった。

考察した作品は、こうした身体統治に抗うかのように、「汚れ」た身体との交わりや触れ合いを描き、皮膚同士、身体同士の接触によって生まれる感覚や思考、表層と深層の交流を重視するなど、皮膚や身体の感受性を物語のなかで取り戻そうとしている。また、接触経験や皮膚感覚が身体の潜勢力や身体的覚醒の実感と結び合わされたり、スティグマに重要な意味が付与されている。清潔で衛生的な身体と相反する身体、性的に「汚れた」身体、癒えない身体、スティグマ化された身体、プリミティブな身体もまた個人にとっては重要なものであり、アイデンティティの根拠であるかのように描かれているのは、触覚表現こそが対象との親密性を表現できる方法であり、敗戦後の人物表現において極めて重要であるという認識が田村泰次郎らのなかにあったからだろう。

ただ、こうした身体表象は、すでに冒頭で触れたように、大きな歪みを抱えてもいる。皮膚が仮に自己と世界との接触面であるならば、それを描く以上、異種の身体や皮膚との触れ合いや混淆、侵入も題材となったはずだからである。占領軍兵士と日本人女性の接触や親密性の問題である。娼婦はこの意味においてこそ真の境界性を持っていた。しかし、すでに述べたように、検閲下においては「混血」といった人種的混淆を描くことはほぼ不可能であった。ただし、描かれなかったのは、果たしてそうした外的な要因だけに拠るのだろうか。というのも、占領軍兵士の姿が直接的に表現されなくとも、娼婦の身体とは被占領国日本の象徴であったからである。吉見俊哉は「女たちの身体は、間接的だが誰にでもわかる明白さで「占領」を表象していた」と指摘し、直接的な表現がなくともそこに描かれた女性たちは誰であるか当時の読者は理解しえたと述べる。[14] たとえ不特定多数の男性と買売春を行う娼婦として設定されていたとしても、現実世界において占領軍兵士の暴力や支配の最前線に置かれた女性身体は、被占領国日本の寓意としての役割を担う特別な存在であり、隣接関係にあるアメリカを表現できる換喩的存在でもあったのである。[15] だが、それでも、彼女たちの身体が自ずと表象する日本とアメリカの被支配と支配の関係、そこで起きるはずの文化や人種の混淆の問題といった娼婦の身体が持つ境界性に迫る文学・映画は少ない。[16]

本論が問題にしたいのはこの表象と現実との決定的なズレと検閲と表現との間の共犯関係である。娼婦の身体は日本が置かれた被支配、被占領という状況を最も表象しうるものであったが、これまで考察した作品はそれを描けず／描かず、日本人同士の接触経験や感受性の豊かさ、日本人男性の身体的潜勢力、戦中と戦後の連続性を描いていた。そこには娼婦が代理表象したであろう外部から侵入する「危機」は描かれていない。被占領経験や敗戦経験が国家間、人種間、民族間の接触・侵入の問題であるにも関わらず、内閉した物語になってしまっている。身体や皮膚という境界にフォーカスしたこれらの作品が、このような空白を抱えたということは、実に皮肉なことである。

この問題は娼婦を描いた小説でもその傾向がかなり異なる石川淳「黄金伝説」(『中央公論』一九四六年三月)と比較すると明瞭になる。「黄金伝説」では、語り手である「わたし」＝男の戦前の記憶と戦後の現実との不連続性や断絶を描いているが、その象徴的場面として描かれているのが、かつて恋愛感情を持っていた女性が「パンパン」となっている現実に直面する場面である。「バラック店」で偶然再会したその女性はこう描かれている。

まあ、とささに口をきつたのはそのひとで、どうして、その後。さういひながら、わたしに凭れかかつた姿勢をちよつと直したきりで、膝がすれ合うまでに近く寄り添つて、をばさん、と女商人のはうになれなれしく声をかけ、ここの店でできるかぎりのものを註文すると、ハンドバックをあけて、中からラツキイ・ストライクを一本抜いてくはへた。なかば開かれたその大型のハンドバツクの中には、たばこのほかチヨコレートその他この国の産とはおもはれない品品がいつぱい詰まつてゐるのを、私が見るともなく見ると、どうお入用なら頒けたげるわよ。

「ラッキーストライク」や「チヨコレート」は「進駐軍」を誰しもが想起する固有名であり、「パンパン」の記号でもある。こうしたアメリカ的消費文化をふんだんに身に纏った「そのひと」は、「わたし」

に「膝がすれ合うまでに近く寄り添つて」来て、さらには「無雑作にわたしの腕をとつ」たりするのだが、「声」が「なつかしく身に沁みわたる」のとは対照的に、彼女とのわずかな接触は「わたし」の混乱と恐怖を誘う。「わたし」は「体内の血の気が次第に失せて肉がげつそり落ちて行くのを感じ、悪寒にふるへ、手足だるく、呼吸くるしく、からだぐあひが急にわるくなりはじめ」てしまうのだ。一方、「そのひと」はこのような「わたし」を残して、軽やかに「黒い兵士」のもとへと去ってゆく。

駅の近くまで来ると、今までわたしに身を寄せてゐたひとは突然ぱつとわたしを突き放して、つい向うへ駆け出して行つた。わたしはよろめく足を踏みしめて、向うを見ると、そこに、群集のあたまの上にそびえて、すばらしくせいの高い、あやしいまでに色の黒い、一箇の頑強な兵士が立つてゐた。その黒い兵士はきれいな淡紅色の薄絹のマフラを小粋な格好で頸に捲きつけてゐて、なにやら叫んだその口に、まつしろな硬い歯ならびが礦石のやうに光つた。そして、兵士の厚い胸板のあたりに、蝶が木の幹にとまるやうに、赤づくめの衣装をきたひとのからだがぴつたり抱きついてゐた。そのひとの脊はアデイユともいはずにわたしのはうに向けられてゐて、それはもう永劫に決してこちらへはふり返らないであらうけしきであつた。

身体感覚によって人物の深層が表現されたり、接触が描かれている点は、先に考察した二作品と共通している。しかし、決定的に異なっていることがある。それは親密な関係性が日本人女性と占領軍兵士との間にあるということと視覚性が際立っていることとの二点である。この二点は密接に関係している。「あのひと」＝「パンパン」は「わたしに凭れかか」りもするが、別の男性のもとへと去ってゆく。その去っていた「あのひと」を「わたし」の視線が隈なく捉え、彼女を彩る様々な色彩を鋭く捉えるのだが、この視覚性は「わたし」と「あのひと」との間に生まれた絶対的な距離を示すものに他ならない。二人の間の親密性を奪ったのは、もちろん占領軍兵士の存在とその物質的な豊かさである。「相変らず蒼い顔してるのね」と「あのひと」から「あざけるやうに、からかふやうに」言われた「わたし」とは対照的に視線の向こうに抱き合う二人は鮮やかな彩りに溢れている。ジョン・ダワーは「戦中には、日本は内外ともに「男らしい」というイメージであったが、敗戦とともに「女らしい」、エロチックなものへと変化した[17]。」と指摘しているように、「あのひと」と占領軍兵士の親密さを直視することは、日本の敗戦を視覚的に経験することを意味している。声さえかけられない「わたし」が駆け出し、体内に血が巡りだして心身が回復するという結末は、身体的実感が「生」の潜勢力を喚起する、前節で考察した作品と共通しているが、占領軍兵士を描く場合は、直接的な身体感覚よりも、対象との距離を必要とする視覚性が必要とされている。

なお、引用中の傍線部は「雑誌掲載時に検閲処分の痕跡はないものの、約半年後、単行本『黄金伝説』（中央公論社、一九四六年一一月）に収録しようとした際、部分削除を命じられる[18]」ことになった箇所である。削除指示の理由はＧＨＱ／ＳＣＡＰのプレスコードに違反したからに他ならない。だが、自己の無力感や過去と現在の落差を実感させる日本人娼婦と占領軍兵士の親密性の表現こそ、占領／被占領表象においては、本来、重要であったはずだ。しかし、実際には、アメリカという権力の中心が欠落した状態で占領経験が描かれ、娼婦が持っていたはずの文化的、国家的、人種的境界性も充分に表現されることがなかった。

ここからもう一度考えなければならないのは、「肉体」の思想が戦後の人間性の追及と表現において重要な意味を持つと、田村泰次郎が述べていたことの意味である。泰次郎は『肉体の門』（風雪社、一九四七年五月）の「あとがき」で、「戦争の期間と、それにつづく敗戦の今日の現実を通して、私たち日本人がこれまで考へてきたやうな「人間」は、私たちの頭のなかで急速に解体しつつある。」と記した上で、こう述べている。

> 人間とは、一体なにか。なにが、人間の実体なのか。
> 敗戦民族である私たちには、この問題こそ一番重要なことではなからうか。（中略）それでは、どうしたら、人間の実体が把握出来るだらうか。それには、私は、この激動する現実のなかに虚心に自身の肉体を曝すより以外にないと思ふのである。

「肉体」を中心に据えた表現や思考は、戦中から戦後へと移り変わる激動の最中、「人間の実体」の把握を成し遂げなければならない、という切実な願いによるものだった。だが、すでに鈴木直子が「戦後はなによりもまず、臣民の肉体として規律化され尽くした身体性を個人のものとして取り戻すことから始まったのであり、変節させられた思想ではなく汚辱にまみれて生き残った肉体こそが確かな手応えをもった表現の土台だったといえよう」と指摘したように[19]、それは戦中の身体的規律への批判に向かうものであり、自己の同一性を回復させようとする試みであった。第1節において、「肉体」言説、「肉体」表象はいったい何との触覚的親密性を作り出そうとしていたのかと問うたが、泰次郎の場合、それは「自身の肉体」であり、日本人の身体に刻印された敗戦の「汚辱」と答えるべきであろう。実感を基礎とするためには、戦時体制下の身体との決別、すなわち軍国主義に強く拘束された身体からの解放が必要だったということになろうが、にもかかわらず、戦時下の軍隊での暴力の記憶を呼び起こす経験を通して、登場人物たちが自身の潜勢力や活力を得ている物語が書かれているのである。ここでは敗者としての意識は前景化されない。そして、検閲もまたプレスコードによって、直接的な表現を禁じていた。内的外的両方の理由から、接触の文学はアメリカという他者やその大本にある敗戦を直視することを拒絶し、「自身の肉体」の物語へと内閉していったのである。そういう意味では、『肉体の門』は戦後風俗を鮮明に描いているように見せながら、極めて虚構性の高い作品であると言うべきである。

日本は戦後、アメリカという主導者によって様々な改革が進んだことで、自己と非自己を見分ける正常な免疫システムを失った。占領期はその影響が最も強かった時期である。しかし、この時期の文学には、それとは異なる理由によって、他者の影は見当たらない。汚濁の「肉体」をとりわけ選んで描いたこれらの文学は、戦後の身体統治に対してある程度の批評性を持ってはいたが、皮肉なことに、権力の主体を描けない／描かない以上、内閉的で自己慰謝的な占領期表象・敗戦表象にしかなりえなかった。

検閲という外的な要因は、表現の自由を奪うものに違いないが、その制約があることによって、内閉的かつ自己慰謝的な占領期表象・敗戦表象が可能になっていたともいえる。そして、それに応えるかのように、占領期の文学は「自己の肉体」を根拠に、自分たちの過去と現在、自己と他者の「接触」の文学を、その内側に大きな欠落を抱えながら紡いでいるのである。

（1）五十嵐惠那『敗戦の記憶　身体・文化・物語1945-1970』（中央公論新社、二〇〇七年一二月、一一五～一一六頁）
（2）五十嵐惠那『敗戦の記憶　身体・文化・物語1945-1970』（前掲書、二三頁）
（3）C・F・サムス著、竹前栄治編訳『GHQサムス准将の改革　戦後日本の医療福祉政策の原点』（桐書房、二〇〇七年一一月）を参考にした。
（4）C・F・サムス著、竹前栄治編訳『GHQサムス准将の改革　戦後日本の医療福祉政策の原点』（前掲書、一一四頁）
（5）美馬達哉『〈病〉のスペクタクル　生権力の政治学』（人文書院、二〇〇七年五月、二五～二六頁）
（6）身崎とめこ「衛生家族の誕生―CIE映画からUSIS映画へ、連続される家族の肖像」（土屋由香・吉見俊哉編『占領する眼・占領する声　CIE／USIS映画とVOSラジオ』東京大学出版会、二〇一二年七月、引用は二一八頁、二二二頁）
（7）「伝染病とのたたかい」（一九五〇年、企画　日本学校映画連盟、製作　都映画社、監督　松岡佑、撮影　広川朝次郎、常総市コレクション、東京国立近代美術館フィルムセンター所蔵）シンポジウム「占領期・ポスト占領期の視聴覚メディアと受容―民主化・冷戦・モダニティ」（二〇一一年三月六日、東京大学情報学環福武ホール）で中村秀之が本作を含む社会科教材映画についてパネル発表（「社会科教材映画大系」と「はえのいない町」）を行っており、それを本論でも参考にした。また、本論中での映像の分析は、同シンポジウムで公開されたものをもとに行った。

（8）石川淳「焼跡のイエス」における触覚表現については、拙論「〝感触〟としての戦後―石川淳、金子光晴が描いた〈皮膚〉と〈孔〉」、収録　坪井秀人・藤木秀朗編『イメージとしての戦後』（青弓社、二〇一〇年三月、五一～七二頁）で論じた。

（9）平井和子『フロンティア現代史　日本占領とジェンダー　米軍・売買春と日本の女性たち』（有志舎、二〇一四年八月）を参考にした。

（10）平井和子『フロンティア現代史　日本占領とジェンダー　米軍・売買春と日本の女性たち』（前掲書、七一頁）

（11）紙屋牧子「占領期「パンパン映画」のポリティクス―一九四八年の機械仕掛けの神《デウス・エクス・マキナ》」（岩本憲児編『占領下の映画　解放と検閲』森話社、二〇〇九年一月）。同論で紙屋は、脚本を書いた依田義賢の著書『溝口健二の人と芸術』（教養文庫、一九九六年）や、古川薫『花も嵐も　女優・田中絹代の生涯』文春文庫、二〇〇四年）をもとに、「脚本を担当した依田義賢が小説「肉体の門」の流行に乗って大ヒットとなった」（一五六頁）と指摘している。

（12）堀ひかり「映画を見ることと語ること―溝口健二『夜の女たち』（一九四八年）をめぐる批評・ジェンダー・観客」（『映像学』二〇〇二年五月）。検閲コードが映画の内容に与えた影響については、紙屋牧子「占領期「パンパン映画」のポリティクス―一九四八年の機械仕掛けの神《デウス・エクス・マキナ》」（前掲論）、塚田幸光「「性」を〈縛る〉―GHQ、検閲、田村泰次郎「肉体の門」―」（『関西学院大学　先端社会研究所紀要』第一一号、二〇一四年三月）、金普慶「占領期の溝口健二と「パンパン映画」―GHQの検閲と『夜の女たち』の交差する「娼婦」たち―」（『アートリサーチ』二〇一四年三月）にも同様の指摘がある。

（13）金普慶「占領期の溝口健二と「パンパン映画」―GHQの検閲と『夜の女たち』の交差する「娼婦」たち

――」（前掲論）

（14）吉見俊哉『親米と反米―戦後日本の政治的無意識』（岩波新書、二〇〇七年四月、一〇三頁）。同書において、吉見は次のようにも指摘する。「他方、マッカーサーや天皇以上に「占領」の存在を明瞭に示していた身体は、焼け跡の売春婦たちの身体であった。彼女たちは、米兵たちがまさしくこの国の占領者として君臨していることを、セクシュアリティの支配という明白さにおいて示していた。」（一一三頁）

（15）ジョン・ダワー『増補版　敗北を抱きしめて』（上）（岩波書店、二〇〇四年一月、一三七頁）は、「パンパンと呼ばれた占領軍兵士を相手にする売春婦の世界」は、「征服者を歓迎して抱きしめるという表現が、きまりが悪くなるほど直接的にあてはまった」と指摘している。

（16）高美哿「戦後日本映画における〈混血児〉〈ハーフ〉表象の系譜」収録、岩渕功一編『〈ハーフ〉とは誰か　人種混淆・メディア表象・交渉実践』（青弓社、八四頁）は、「占領期の日本映画はGHQの検閲対象であり、アメリカが掲げる新しい民主主義日本にふさわしくない封建的な思想や占領政策に対する批判をスクリーン上に映すことは許されず、混血児が登場することもなかった。」と映画の状況を指摘している。

（17）ジョン・ダワー『増補版　敗北を抱きしめて』（上）（前掲書、一五四頁）

（18）石川淳「黄金伝説」解題（山本武利編集代表編『占領期雑誌資料体系　文学編Ⅰ』岩波書店、二〇〇九年一一月、八七頁）

（19）鈴木直子「解説」（山本武利編集代表編『占領期雑誌資料体系　文学編Ⅰ』前掲書、六〇頁）

第4章　〈疎開〉を読みかえる

――戦後における疎開体験の語りの再検討

李　承俊

疎開も戦争だ！　さあ急がう　『アサヒグラフ』一九四四・二・二三

1　二〇一〇年代の疎開の記憶、その所在は?

〈疎開〉という語に接した際、人々はいかなるイメージを持つのか。辞書によれば、①とどこおりなく通じること、②軍隊で、敵の砲弾からの危害を少なくするため、分隊・小隊・中隊などが相互の距離感覚を開くこと、③空襲・火災などの被害を少なくするため、都市などに密集している建造物や住民を分散させること、と三つの意味に定義されている。語志には、明治時代から見える語で当初はもっぱら①の意味で通用されたのが、大正から昭和初期にかけて②の軍事作戦用語として定着し、アジア・太平洋戦争の開戦によって③の意味に転用されるようになったと記されている。[1]だが、二〇一七年現在、〈疎開〉という語を①②の意味として覚えている人は稀だろう。戦後という時代との関係で〈疎開〉の項を引くと、都市の防空政策の一環としての、「地方農村部への移住である人員の疎開と、官庁・学校・工場などの施設の疎開、重要施設を防護し類焼を防ぐための建物の取り壊しを意味する建物疎開の三種をさしていた」とある。[2]戦後における〈疎開〉という語は、③のイメージ、被害に備えて人・物を分散させる意味合いとして定着した。

アジア・太平洋戦争期の空襲にまつわる銃後の戦争体験が語られる際を除けばほぼ口にされなくなった〈疎開〉という語が、日本社会の前面に再登場するのは、二〇一一年三月十一日に発生した東日本大震災の後である。二〇一一年六月二十四日、福島県郡山市の小・中学生十四人と保護者は、空間放射線量が年一ミリシーベルト以下の安全な環境での教育実施を要求し、避難を求める裁判を福島地裁郡山支部に申し立てた。これが通称、〈ふくしま集団疎開裁判〉である。二〇一三年四月二十四日仙台高裁は可処分要求を却下したが、現在は脱被ばく実現ネットによって「子ども達を被ばくから守り安全な場所での教育」を実現するための社会運動が展開されている[3]。

ふくしま集団疎開裁判の会から刊行されたブックレットを開いてみると、「『子どもの命を救う』ことは国の最低限の道徳的責務です。人権保証すらなかったかつての軍国主義国家日本でも、また全体主義国家ソ連でも行ったことです。ましてや、憲法で国に「子どもたちを安全な環境で教育を受けさせる」義務を定め、世界の先進国・経済大国となった今日のわが国でそれができない理由がありません[4]」と記されている。過去の「軍国主義国家日本」の行った「子どもの命を救う」政策とは、戦時期・戦後直後にわたって実施された学童集団疎開のことであろう。被害に備えて人・物を分散することを指す語としてより広く使われる〈避難〉ではなく、アジア・太平洋戦争の歴史と記憶に直結する〈疎開〉という語が眼の前にあらわれたのだ。ここでは、過去の「軍国主義国家」から現代の「世界の先進国・経済大国」へと発展してきた日本・日本人において、かつて「軍国主義国家」時代ですらできた政策が、現代日本で実施できないはずがない、という思考回路が働いている。そして、「軍国主義国家日本」と「世界の先進国・経済大国」は一直線に結び付けられてしまい、「軍国主義国家日本」の実施した疎開政策がいかなるものであり、「世界の先進国・経済大国」へ至るまでに、疎開の記憶がいかに語られてきたのかに関しては、不問に付されている印象を受ける。

断っておくが、安全な場所で教育を受ける権利を主張する子どもたちの声に対し、異議を提出しようとするつもりはない。「お願いしたいことは一つだけです。子どもたちを守ってください。子どもたちは僕たちの未来ですよね、この国の未来ですよね」[5]という切実な訴えには耳を傾けねばならないだろう。だが、子どもが、自らの存在を、「僕たち」という日本人の「未来」、「この国」の〈われら〉の「未来」と自己認識の中に捉えているかどうかはまた別の問題である。「友達とずっと一緒にいられるように、学校や学年ごとでの集団疎開を実現してほしい」と繰り返し伝える子どもたちの声が、果たして「僕たち」「この国」の「未来」という自己認識の上に発せられたものであろうか。

「軍国主義国家」と「先進国・経済大国」を一直線に結び付けることで、疎開政策の正当性を訴えている上記の言葉を前にして立ち止まらざるを得ないのは、疎開及び疎開児童に対する認識が、戦時期においての認識と似通っているからだ。避難要求の主体である子どもの声が大人によって、「この国」の「未来」に関わる声にまで格上げさせられる言説の構造は、「軍国主義国家」で語られていた疎開に関する言説を連想させる。[6]

やがてはその大切な運命を僕らの肩にになふために
僕らは遠く日本中の山野にちらばつていく
けふ僕らは祖国の少年
祖国のけふの決戦にあづかり得ない小さな国民

僕らは疎開する
さらば僕らは元気に出発する
僕らは祖国の遠い将来にむかつて元気に出発する！

三好達治の詩「僕らは疎開する」（『週刊少国民』一九四四・七・二三）の一部である。一九四四年六月三〇日「学童疎開促進要綱」が閣議決定され、子どもの集団疎開は国家政策として正式に採択された。引き続き同年七月一〇日「帝都学童集団疎開実施細目」が通牒され、政策の具体化がはかられる。引用の詩が掲載された七月二三日は、学童集団疎開の本格的な実施の目前であった。この詩が、これから疎開しなければならない子ども、我が子を疎開させなければならない大人の父兄に向けて、疎開政策への協調を促すために作られたものである点には疑いの余地がない。「祖国の遠い将来」「大切な運命」を「肩にになふために」「僕ら」子どもは疎開しなければならない、と作者は唱えている。空襲の被害に備えて子どもを分散させるために進められた疎開だが、「祖国のけふの決戦」に備えて子どもを分散させるのは、疎開する子どもが「肩になふ」「運命」がすなわち「決戦」での勝利であることを意味するからであろう。

作者と一人称複数の語り手「僕ら」とは一致しない。疎開の主体であるはずの「僕ら」と疎開政策・言説の主体とは不一致でありながらも、不一致そのものが、「大切な運命」「祖国の遠い将来」という、挙国的で絶対的と見なされる価値によって不可視化されてしまう。この構造は、〈ふくしま集団疎開〉

において反復されている。丸川浩は、東日本大震災を契機に〈疎開〉という語が復活することに関連し、「集団疎開の実現を求める子どもたちの声にも少なからず危惧を抱かざるを得ない」と言い、戦時期の縁故疎開や集団疎開の悲惨さが繰り返される可能性について言及している。(7) これは、「軍国主義国家」と「先進国・経済大国」とを安易に結び付ける思考によって〈疎開〉という語が無批判的に復権する戦後日本の状況に対する危惧に他ならない。

要するに、被害に備えて人・物を分散させる意味を指す語としてより一般的に使われる〈避難〉ではなく、「軍国主義国家」の行ったアジア・太平洋戦争の歴史と不可分の〈疎開〉が復活するような戦後日本の状況を読みかえるためには、戦時期から戦後にかけて〈疎開〉にいかなる意味合い・イメージが付与されつつ語られたかを、時代をさかのぼって検討しなければならないだろう。もしかしたら、付与されたイメージを相対化するかのような別の語りが存在していたかも知れない。そうであるならば、その批評性について考えることも無意味ではなかろう。

2 〈われら〉の戦争体験、子どもたちの戦争体験

アジア・太平洋戦争で行われた〈疎開〉と言えば、大都市の国民学校初等科三〜六年生を、引率教員とともに郊外の農村・山村に移住させた〈疎開〉、いわゆる学童疎開が連想されるだろう。しかし実は、「学童疎開促進要綱」によれば、学童疎開は縁故疎開を原則とし、縁故疎開が困難な児童は勧奨による

集団疎開を実施する、と明確に定められていた。裏返せば、〈疎開〉＝学童疎開＝学童集団疎開というイメージの連鎖が、〈避難〉の意の〈疎開〉という語が閣議決定において使用された一九四四年の時点に起こったとは言えないことになる。あえて図式化すれば、〈疎開〉＝縁故疎開＋縁故疎開困難児童の集団疎開、になろうか。あくまでも疎開政策立案当初において重視されたのは、空襲の危険が比較的低い地域に居住する親類や知人に頼って移住する縁故疎開であった。

しかし、縁故疎開に関する本格的研究は、実のところ足踏み状態であると言わざるを得ない。この点に関して、以下の文章はヒントを与えてくれる。

いままで世上で論じられて来た疎開に関する記録と回顧は主として学童集団疎開に集中している。これにははっきりとした理由があった。その一つは、四六時中教師との面接の機会が多く記録そのものに対する指導がゆきとどいていたので、後日多くの当時の資料が出て来ている関係から論じやすいこと。いくらか変型したとはいえ学校及び学級がそのままのかたちで都市から農村へ移り住んだというだけの物理的現象であった、などがあげられるだろう。(8)

以上のような分析はいまだに有効性を有していると言えよう。黒川みどりが指摘している通り、「疎開という経験を綴った」数多い記録類の中でもとりわけ多数を占めているのは「学童集団疎開」に関する類のもので、「引率にあたった教師たちの回想」を皮切りに、学童集団疎開の「経験世代が成人してその体験をある程度客観視できるようになった一九七〇年代以後、とりわけ八〇年代に多く刊行されている」[9]。特に、一九八六年に発足した全国疎開学童連絡協議会による展示活動や刊行物は、学童集団疎開をめぐる研究に拍車をかけることができた。けれども、学童疎開に対する原則的な指針として定められ、集団疎開より多数の児童が移住したはずの縁故疎開が、集団疎開と同一の比重をもって取り上げられたり、集団疎開から独立して俎上にのせられたりすることは極めて少なかった[10]。

ここで、子どもの疎開に関する研究が集団疎開を中心に行われた現状を、別の角度から考えてみよう。

「学童疎開」を日本現代史の立場から記述した論文があるかないか、筆者は知らないが、この特異な戦争政策の立案経緯と、そのイデオロギー的背景とは、歴史家にいちどは調べてほしい問題である。本書に記述されたところからも、それが一種の「強制収容所」であり、「兵営国家」の縮図であることが、まざまざと浮かんでくるが、小学生時代に、そうした分裂的体験をしたことが、現在の二十代の人々に、いかなる意味をもったかということも、おそらく、こんご思想史の一問題となるかも知れない[11]。

橋川文三が「学童疎開」に対して集団疎開のみを想定していたのは、「学童疎開」を「強制収容所」や「『兵営国家』の縮図」に例えているように、個人ではなく集団の体験と捉えているところから見て明らかである。重要なのは、「特異な戦争政策」に巻き込まれた集団疎開体験を、戦争体験と捉えているところである。
竹内好は、「戦争体験論にとっての当面の課題」である「世代差」「個人差」を克服して「共通項」を見出すためには、「学童疎開を、教師の目と、父母の目と、学童の目とから同時にとらえうる方法の発見」が要求されると述べている。[12]これは、「教師」「父母」「学童」という各々の「世代差」「個人差」への直視なしで「共通項」の発見には到達できない、という問題意識を孕んでいるものであろう。橋川文三にとっても竹内好にとっても、「学童疎開」は学童集団疎開として想定されており、戦後日本において歴史的にも思想史的にも極めて重要な論点の一つとして考えられていたのである。
橋川の文章は、もともとは鶴見和子・牧瀬菊枝編『ひき裂かれて——母の戦争体験』（筑摩書房、一九五九）に対する書評として書かれたものである。『ひき裂かれて』には黒須つるこ「学童疎開」という綴りが掲載されており、橋川が『ひき裂かれて』の中で注目したのが、この「学童疎開」であった。これは、竹内が「世代差」「個人差」の問題を持ち出している点とも呼応している。竹内が戦争体験論における「新しいワク組が必要[13]」だと主張したのも、以上のような思想史的脈略から理解されねばならない。[14]
『ひき裂かれて』の新版が刊行されるのは一九七九年であるが、メインタイトルとサブタイトルが置き換えられ、『母たちの戦争体験——ひき裂かれて』（麦秋社）となっている。構成の変更のほかに眼に付くのは、鶴見和子「新版によせて」が巻頭に収録されている点である。鶴見和子は、一九七九年「今日」において「戦争体験」を「共有」し「伝達」するための二つの方法を提示している。「第一は、異なる体験を相互に翻訳して理解すること」、「第二は、個別的な戦争体験の普遍化」である。「戦争体験」がタイトルの前面に刻まれる変化及び、「新版によせて」における「戦争体験」の「共有」「伝達」の強調から見れば、新版刊行に際して『ひき裂かれて』にいかなる意味が付与され、いかなる期待が寄せられたかは一目瞭然であろう。「軍国主義国家」の行った戦争の歴史的・思想的普遍化という課題と関連して浮上した「学童疎開」という問題項の意味合いが、一九七九年新版の際に一層強固になったと言える。しかしそれは、逆説的だが、「世代差」「個人差」に取り組んだ上での克服にたどり着いていない戦争体験論の思想史的状況を照らし出すことでもあった。別の言い方をすれば、「個人差」「世代差」という、「学童疎開」への着目によってようやく獲得した、細分化・微分化を要する先行課題を前にして、統合化・積分化を企図した、戦後の戦争体験論に内在していた問題が露出したとも言えよう。

『母たちの戦争体験』刊行の二年前、丸山眞男は、敗戦後新たに登場した知識人共同体を「悔恨共同体」と名付け、「戦争直後の知識人に共有して流れていた感情は」「自己批判」であったと指摘した。ここでの「過去への悔恨」における「過去」は、戦争体験を指している。[15] 成田龍一は「悔恨共同体」の概念を軸に、戦後日本における知識人層の生成や相対化のダイナミズムを解明している。そこでは大きく三つの層、「戦前世代」「戦中世代」「少国民世代」と振り分けられているが、「悔恨共同体」の最も若い層が「少国民世代」である。一九四五年の敗戦を六歳〜十五歳に迎えた子どもたちが、はるかに上の世代に属する「戦前世代」と同一線上に位置付けられ、戦争体験が核心となる「過去への悔恨」の念を抱いたとしたら、そこで想定される「少国民世代」の戦争体験は、橋川文三の言葉を借りれば、「強制収容所」「『兵営国家』の縮図」体験としての学童集団疎開体験に他ならない。

戦時期の「少国民」は、戦場で「たたかってをられる兵隊さん」の「あとをうけついで」「大東亜を築いていく」[16]使命が大人によって付与された存在であった。鹿野政直は、民衆史の立場から「される側」の視点と「にとって」の視点の導入によって弱者の主体性が回復されると言っているが、被害者としての弱者における主体性の回復は、一方的な「される側」などあり得ず、つねに「する側」としての立ち位置に転じうる可能性を悟らせる力学の有効性を提唱したものであろう。鹿野は戦場で戦う大人の志が付与「される側」であったかつての「少国民」が「自分の加害性を凝視」し、自らの戦争体験とは何であったかを「自己検証」した好例として、山中恒『ボクラ少国民』五部作（一九七四〜一九八〇、辺境社）をあげている[17]。山中恒の行った「自己検証」は、大人から無垢な存在と認識されていた子どもではなく、自らを軍国少年・少女として自己改造していった「少国民」の過去を掘り起こし、「過去への悔恨」に支えられた「少国民世代」形成の知的営為を現出させた。『ボクラ少国民』は、「悔恨共同体」としての「少国民世代」の確立を告げるものである。

『ボクラ少国民』第四部『欲シガリマセン勝ツマデハ』では、少国民の疎開体験が戦争体験として取り上げられている。特記すべきなのは、疎開児童を引率した教師への責任追及の姿勢に一貫している点である。教師には「〈皇国民〉の錬成〉を担ったという〈戦争責任〉が厳然として存在するからである」[18]と指摘している。だが、教師の責任追及は、山中恒独自のスタンスではなかった[19]。集団疎開体験者によって開かれた座談会では、「疎開学童」の「傷」の「責任」は「教師たち」にあり、「いかに不当だと思おうとも私たちはまず教師に疎開での責任を問う必要がある」[20]という発言がなされている。

戦後、「軍国主義国家」の教師はかつての生徒により、「狂気と暴虐」の「軍国主義教育」を「少国民」の前で体現し、「ファシズムの先兵として群林」していた敵として糾弾される。[21]「被害を受けた「少国民」の側からの事実の掘り起こし」を通じて「軍国主義教師」の摘発を訴えかける時、加害者教師対被害者生徒という図式が成立する。[22]かつての「軍国主義国家」の教育を受けた側すなわち「少国民世代」において、「少国民」として自己認識が定位されるためには、「軍国主義国家」の教育を授ける側である教師という他者が敵として定位されねばならなかったと言えよう。

実のところ、『ボクラ少国民』シリーズを貫いているのは、一九四五年八月十五日以後に素早く「占領軍」を「進駐軍」と呼び「敗戦」を「終戦」と呼んだ「彼ら」大人に対する不信感と敵愾心である。[23]味方と敵の戦いによって成立する戦争のメカニズムにそって、〈かれら（教師を含んだ）大人〉が敵として見立てられることで、戦争体験が定立され思考されるようになったのではなかろうか。[24]〈ぼくら少国民〉が「悔恨共同体」の「少国民世代」へ編入されるためには〈ぼくら〉の戦争体験が必要なのだ。

〈ぼくら〉の戦争体験が語られる時、「軍国主義国家」は「狂気の時代」と規定されている。「狂気の時代」の被害者と自らを位置付けた「少国民世代」によって、『疎開』に象徴されるような銃後の皆兵化」が「特別攻撃隊による決死的攻撃」と同列に「狂気の時代」を象徴する「思想的出来事」と並べられた途端、子どもたちの戦争体験と枠付けすることによって見えてくる他の戦争体験との「個人差」「世代差」は克服され、子どもたちの戦争体験はその上位の範疇の戦争体験という「共通項」に編入されるようになったであろう。しかし同時に、自らの世代を「悔恨共同体」として仕上げるための努力は、浮上した「個人差」「世代差」を抹殺する力学も有していた点を忘れてはならない。被害者＝加害者としての主体の回復が、被害対加害という二項対立でありながら、戦争のメカニズムに明らかな相互依存の理屈の上に成り立つものである以上、それを支えている相手側の加害者（＝被害者）の主体性も同時に回復されなければならなかったのだ。

3　〈われら〉の出会い、田舎と都会／都会と田舎の出会い

自らの学童集団疎開体験から小説『冬の神話』（講談社、一九六六）を書いた小林信彦は、当時の「六年生と三年生でかなり記憶が違うらしい」と体験者同士における「世代差」「個人差」に触れながら、「〈集団疎開〉は、とりもなおさず、戦争そのものであった[25]」と述べている。ここで注目したいのは、「いまや中年太りしてきた「疎開学童」たちと「純朴な」農民たちとの交歓を称える新聞の文章は、「ヨイコ」と猫撫で声で呼んだ戦時中の新聞記事と奇妙に似通ったところがある」と述べ、戦後に流通している学童疎開関連メディア報道のトーンに異議を表明する感覚である。[26]

小林信彦の違和感は、戦後日本において長々と報じられていた「軍国主義国家」の学童疎開言説全般に当てはまるものであった。いくつか新聞の見出しだけを拾っても、「疎開学童の友情　宿は私たちの家を　修学旅行に来た村の子に」（『朝日新聞』一九四九・三・九）、「八年前の恩返し　疎開学童と村を結

ぶ話」（『朝日新聞』一九五三・十一・十三）、「思い出の疎開地　招待受け鳴子（宮城）へ」（『朝日新聞』一九六五・九・二三）、「ここは故郷　山形へ疎開児里帰り」（『毎日新聞』一九七四・七・二八）、「疎開児童故郷長野へ　四十年ぶり平和の碑を建立」（『読売新聞』一九八四・九・一〇）など、都市と農村の温情に満ちた出会いの美談として、学童集団疎開体験は祭り上げられていた。

実は、疎開の受け入れ先であった農村側を第二の故郷と見なし、疎開していた都市側との友情・交流を美しい事例として伝播する言説は、疎開の当時から流布していた。西條八十「疎開のぼくらは元気です」（『週刊少国民』一九四四・十二・三）には、以下のように書かれている。[27]

父さん、母さん、ごきげんよう、
けさもニコニコお日様が
むかひの山にのぼります、
出来た田舎の友だちと
仲よく学校へいく途は
栗がこぼれて鵙の声、
疎開のぼくらは元気です。

都市では享受することのできない自然の美景を「栗がこぼれて鵙の声」というイメージを通じて喚起

疎開のぼくらは元氣です

西條八十

父《とう》さん、母《かあ》さん、ごきげんよう、
けさもニコニコお日様《ひさま》が
むかひの山《やま》にのぼります、
出來《でき》た田舍《いなか》の友《とも》だちと
仲《なか》よく學校《がくかう》へいく途《みち》は
栗《くり》がこぼれて鵙《もず》の聲《こゑ》、
疎開《そかい》のぼくらは元氣《げんき》です。

父《とう》さん、母《かあ》さん、ごきげんよう、
こちらの今日《けふ》のお三時《じ》は
金時《きんとき》いもです、ふかし立《た》て、
東京《とうきやう》へ一本《いつぽん》あげたいな
明日《あす》の日曜《にちえう》は先生《せんせい》と
史蹟《しせき》めぐりへ草鞋《わらぢ》がけ、
疎開《そかい》のぼくらは元氣《げんき》です。

父《とう》さん、母《かあ》さん、ごきげんよう、
お寺《てら》の庭《には》に月《つき》が出《で》りや、
みんなで默禱《もくたう》、おたがひに、
かならずりつぱな國民《こくみん》に
なると誓《ちか》つて手《て》を握《にぎ》り、
蒲團《ふとん》をならべて眠《ねむ》ります、
疎開《そかい》のぼくらは元氣《げんき》です。

兵隊さんと仲よく遊ぶ疎開學童（長野縣にて）

疎開のぼくらは元気です　『週刊少国民』1944・12・３

し、恵まれた自然環境の中で出会った「田舎の友だちと」「仲よく」暮らしている情景を読者に呼び起こし、詩題通りの「疎開のぼくらは元気です」というメッセージを伝えようとしている。

ここでの「田舎」の「栗がこぼれて鵙の声」が聞こえる自然の美景は、戦後の報道に見られる「故郷」「里」としての疎開地のイメージの原型をなしている。「学童集団疎開ニ於ケル教育要綱」(一九四四・十一・十六。以下「教育要綱」)には、疎開地の風土と伝統に即して錬成することが要求され、「疎開地方ハ学童ニトリ第二ノ故郷」であると記されている。[28] 戦時期の疎開が契機となって、大自然の美に目覚めた都市からの疎開児童が田舎の疎開地と縁を結び、戦後まで交流が持続されることを微笑ましい美談として報じる言説は、戦時期・戦後を問わずメディアによって拡散されていたのである。

児童文化の一元化を目指して発足した日本少国民文化協会の機関誌『少国民文化』一九四四年一〇月号は、学童疎開特集記事が誌面の半分を占めている。企画の趣旨では、「我々は防空上の必要から、又とない国民教育の新しき建設の機会に恵まれたわけである」、「将来の国民教育に決定的に新しい光を投げる[29]」機会と説明され、空襲の被害に備えて国民学校児童を都会から田舎に分散させる疎開政策が、教育の面においても転換点になると期待されていたことが分かる。「日本人本来の生活の真面目を生かし、装飾的な表皮的な、都会文化といふもの、垢を洗ひ落して、たくましい物心一如の生活」が実現できる疎開こそ「真の教育のための絶好の機会[30]」であり、「山野海辺の美しい景観のなかに身を置くことによつて自から薫化を被るであらう疎開学童児童」は「祝福」されねばならない存在として神棚にあげられたのだ[31]。

疎開を契機に田舎と都会の間に結ばれる「厚い情誼」に「極めて日本的な、心と心との結び合ふしっかりした連帯」を描く論説[32]を合わせて考えれば、戦時期から戦後にわたって流布していた、疎開によって生じた「都会と田舎の出会い」を美談とする語りの背後には、「極めて日本的な」「日本人本来の生活」への憧憬のような心情が働いているのが分かる。そのような心情に支えられながら、疎開先に「故郷」「里」を発見する戦後の語りは、皇后によって疎開児童に「下賜」された、「つきの（次の）世をせおふ（背負う）へき身そたくましくたたしく（正しく）のひよ（伸びよ）さと（里）にうつりて」が詠んでいる疎開学童への「思ひ」から一歩も脱していないと言わざるを得ない。

この「御歌」は、一九四四年の皇太子の誕生日（十二・二三）に、疎開児童に対する「御慰問のビスケット」とともに、「軍国主義国家日本」の母たる「皇后」から集団疎開児童に「下賜」されたもので、「疎開学童のうへを思ひて」詠まれた（『朝日新聞』一九四四・十二・二三）。ここでの「疎開学童のうへ」は、ひもじさに耐えねばならない子どもの境遇を指す。逸見勝亮は、「困苦欠乏ニ耐エ」る「皇国ノ道ノ修練道場」たる「疎開学寮」になれるように呼びかけていた「教育要綱」の本義と、ひもじさを解消し「困苦欠乏」に耐えるべき小国民の「修練」を妨げる「ビスケット」の「下賜」との矛盾を解消する装置として「御歌」は機能しており、その効果を裏付けるかのように、集団疎開の回想において「恩賜のビスケット」に触れた部分だけは例外なく温かい感情に溢れていると論証している[33]。

『ひき裂かれて』で「学童疎開」は「家族と別れて」というテーマに分類されている。疎開児童にとって「家族と別れて」生活する疎開は、母の不在に直結する体験に違いない。「皇后」の「ビスケット」は、不在の母を代替して疎開児童の空腹を満たしてくれたであろう。ひもじさという最も原初的な身体的欲望である食欲を満たしてくれた食べ物とともに〈代替の母〉から送られた言葉であるからこそ、「御歌」は「教育要綱」との矛盾を相殺してしまうのだ。肝心なのは、疎開地を「第二ノ故郷」とする「教育要綱」と「さとにうつりて」「たくましくたたしく」成長することを要請する「御歌」両方から垣間見られる、都市からの疎開児童を受け入れる田舎に、近代化によって失われた日本の「故郷」を見出そうとする情念のあらわれである。

「さと」が「故郷」として発見されねばならないという考え方は、人間生命体の生存を支える食べ物を生産する土の労働としての農に対し、敬意をはらわねばならないという考え方につながる。あるいは、ニニギノミコトの天孫降臨神話によって伝えられている稲穂に対する一種の信仰心とも関連するかも知れない。いずれにせよ、子どもにとって、生命維持のための食べ物の供給は、母親という存在なしでは考えられない。疎開児童にとって「皇后」という〈代替の母〉からもらった「ビスケット」は、ひもじさを解消するレベルを遥かに越え、食糧の欠乏と度重なる勤労奉仕によって苛まされている自らの生存・生命そのものの根源の再確認として機能したのではなかろうか。そこで土の労働のトポスであり稲穂の産地である「田舎」の「さと」が詠われるのであるならば、再確認された自らの生存・生命と同等の強度をもって「田舎」もが(再)認識されることになろう。だからこそ「恩賜のビスケット」に触れた回想が「暖かい」感情に溢れるのであり、なおかつ「都会と田舎の出会い」を「暖かい」感情で回想し疎開先の「田舎」を「故郷」と見なす力学が働いているのである。以上の言説を別の角度から考えてみたい。

第二はこの本の読者を、もっぱら五年六年の大きな生徒の中に、求めようと私はしている。（中略）それが今回のごとき絶大の機会に恵まれて、せっかく新鮮なる印象の中に入り浸っておりながら、ただ言葉の供給が足りないばかりに、われとわが思想を導いて進むべき手段を欠くとすれば、損失は決して当人たちだけのものでない。それゆえに自分はまずこの年頃の学童のために、社会と人生とを周囲の事物の間から、覚えて行くような路を開きたいと思うのである。[34]

「疎開学童の読物が足りぬ」ことへの憂慮から執筆された柳田国男『村と学童』（一九四五・九）[35]の「はしがき」である。「今回のごとき絶大の機会」が疎開を指していることは明白である。「はじめての土地に入って」「いままではただ言葉としてのみ聴いていた観察」「理解」を、「またと得がたい今度の機会において、十分に体得させたいという願いを私は持っている」[36]という彼の物言いは、疎開地の「田園こそ日本人の生命のふるさと」であり、そこで得られる最も有意義な教育は「自然の観察」[37]であるとする言説と共鳴している。

柳田民俗学の成果を立派な教育材料として評価するものはいくつかあるが[38]、これらの論に共通しているのは、優れた教育教材として『村と学童』に言及している部分である。読者を疎開児童（具体的には、「五年六年の大きな生徒」）に定め、「日本人の衣・食・住の変遷をさりげなく教えているのである。それも教材論として構造化されている」[39]。ここで考えたいのは、なぜ空襲の被害に備えて都会から子どもが田舎へ移住した疎開を機に、柳田の教育者としての面目が発揮されたのかについてである。

一九四五年前後の柳田の関心は、「決戦場ではなく、疎開地のこどものわびしい暮らしの方向へ向けられその戦争受難者に強靭な歴史認識・社会認識を与えようとすることで戦争に協力[40]」したという指摘がある。国家政策として推進された疎開政策の正当性を学問的に裏付けるかのような書物を、わざわざ読者を限定してまで執筆した点と、前節で見たように結果的に疎開体験が子どもの戦争体験として刻印されるようになった点とを照らし合わせれば、戦争協力の面があることは否めない。「疎開地方ハ学童ニトリ第二ノ故郷」と定めた「教育要綱」の要望を強化するように、疎開という絶大の教育機会が効果的に活用されることで、疎開児童が「一人前の日本人」になると柳田が考えていたならば、「つきの世をせおふへき身」の日本の子どもは、疎開を機に「さとにうつりて」、「一人前の日本人」に「たくましくたたしく」成長する「絶大の機会」に恵まれることになろう。『村と学童』は、皇后の「御歌」に盛り込まれていた願望を分かりやすく言語化している。

では、「たくましくたたしく」成長した「一人前の日本人」に託されたのは、いかなる未来なのか。少国民文化協会によって製作・発表された「愛国いろはかるた」選定委員の一人に柳田も名を連ねている。募集された約二十六万句から絞られた四七句の中、「委員会で苦心推敲」されたものに「ろ　炉端で聞く　先祖の話」がある[41]。この句の選定や「苦心推敲」において柳田がどこまで介入したかを立証する用意はないが、少なくとも筆者はここで、『先祖の話』（一九四六・三）を連想せずにはいられない。『村と学童』直後の柳田の仕事と思われる『先祖の話』は、日本の祖霊信仰を学問的に解明するために取り組まれたものである。そこでは「生まれ替り」が「事実」として信じられていた事例を詳しく紹介し、「生まれ替り」の立証によって、「七生報国」を信じ得る日本人は「幸福」であると結ばれている。一九四五年四月上旬から五月下旬の間に完成した『先祖の話』を、同時代のアジア・太平洋戦争のコンテクストから切り離して考えることはできないだろう。

それはこれからさらに確かめてみなければ、そうとも否とも言えないことであろうが、少なくとも人があの世をそう遥かなる国とも考えず、一念の力によってあまたたび、この世と交通することができるのみか、さらに改めてまた立ち帰り、次々の人生を営むことも不能ではないと考えていなかったら、七生報国という願いは我々の胸に、浮かばなかったろうとまでは誰でも考えられる。広瀬中佐がこれを最後の言葉として、旅順の閉塞船に上ったときには、すでにこの辞句が若い学徒の間に、著名なものとなっていたことは事実である。（中略）同じ体験が今度はまた、至誠純情なる多数の若者によって、次々と積み重ねられた。そうしていよいよこの四つの文字をもって単なる文学を超越した、国民生活の一つの目標としているのである。[42]

アジア・太平洋戦争において「多数の若者によって」体当たり攻撃が実現されていた同時期、日露戦争の軍神広瀬武夫中佐の詠んだ詩の「七生報国」に言及しつつ、「七生報国」を「国民生活の一つの目標」としていると述べている以上、『先祖の話』全体にわたって網羅されている歴史的・民俗的事例の終着点は、「七生報国」の正当化であったとしか言いようがない。[43]

有馬成甫『軍神広瀬中佐伝』広瀬神社建設奉賛会、1935

「自序」（一九四五・一〇）で、「自ら判断させようとしなかった教育」における「禍根」から、「国民をそれぞれに賢明ならしめる道は、学問より他にない」と、自ら『先祖の話』の目的を説明している。一言で言えば、「国民」に対する「教育」であろう。「多くの世人がほんの皮一重の裡に、持って忘れようとしている子供の記憶は、このわずかな機縁によっていくらでも呼び醒まされ」ることを執筆「動機」と説明しているが、『先祖の話』によって「子供の記憶」が「呼び醒まされ」る時点では、読者はすでに「子供」から成長した非「子供」すなわち大人と想定されている。その大人は、「このたびの超非常時局」すなわちアジア・太平洋戦争を体験した子どもの成長したすがたである。『先祖の話』は、大人向けの「教育」動機を持っていると言ってよい。

　このように、『先祖の話』と戦争との関係性を見定めた上で、『村と学童』と戦争との関係性も検討しよう。『村と学童』の「三角は飛ぶ」は、日本の屋根の形や機能の変遷を説明したものだが、時代に応じて「改良」されてきた屋根の歴史に言及しつつ、以下のように呼びかけている。

私たち日本人の生活は、考えてみると毎日の改良であった。（中略）敵の空襲というような、前には考えておくことのできなかった危険と不安とが、大きいのから小さいのまで、幾つもあるということがよく判ってきたのである。新たにそれに応ずる改良を、しなければならぬ人は皆さんである。どこに親たちの苦心した点があるかを知るとともに、別にまたどの部分がまだ十分でなかったかを、見究めるだけの目と判断とを、自ら養うように心がけなければならない。(44)

「敵の空襲」による被害に備えて人・物を分散させる疎開が防空政策の一環であった事実を想起しながら引用文を読み直してみると、「親たちの苦心」による現段階の防空体制には「十分」ではない部分があり、それを「改良」して「敵の空襲」に対するより万全の体制を整えるべしと言わんとするようである。引用文で見られるような、戦時体制に迎合している箇所が存在し、かつ「軍国主義国家」の疎開児童を「教育」するための『村と学童』があるならば、同じくアジア・太平洋戦争下の一九四五年頃に構想された『先祖の話』と『村と学童』を切り離して考えることはできないのではなかろうか。

『先祖の話』で紹介されている祖霊信仰は、日本の子ども教育、特に都会生まれの子ども教育において「絶大の機会」の場である「田舎」に温存されている。疎開児童は都会では忘れ去られている村のすがたを「大切な知識」として吸収し、「一人前の日本人」にならなければならない。疎開によって「社会と人生とを周囲の事物の間から」考えうる思考力を培養する「教育」は、日本の子どもを、「敵の空襲」に備えて日本家屋の「改良」を推し進めていく「一人前の日本人」、同時代の「社会と人生」を規定している戦時体制を維持・強化できる「一人前の日本人」に成長させねばならないものであると、柳田国男は考えていたのではなかろうか。

戦時期の柳田国男の仕事において、「子どもに語りかける仕事」と「戦争で死んだ若い魂の救済を目指した仕事」とは、お互いに深く結び付いたものであった[45]。前者が『村と学童』、後者が『先祖の話』になろう。「戦争で死んだ若い魂」は「生まれ替り」、「国民生活の一つの目標」へと昇華された「七生報国」の「志」が少国民に受け継がれることで「救済」される。一九四五年前後の「国民生活」は、総力戦体制下で戦時体制維持のために国民の挙国一致が強制されていた銃後の生活の他の何ものでもなかろう。「救済」の根拠を提供してくれるのが「国民生活の一つの目標」としての「七生報国」である限り、軍神広瀬中佐と「多数の若者」との結び付きが前線での「至誠純情」たる死を象徴するのなら、死を惜しまない戦闘行為への没入を支える「七生報国」精神を「国民」全体にまで拡大しようとした柳田は、「軍国主義国家」を学問的に正当化してしまったとしか言いようがない。『村と学童』を戦争の磁場から解放することはできない[46]。

繰り返すが、「つきの世をせおふ」日本の子どもが「田舎」へ移住せねばならない疎開は、柳田国男にとって日本の子どもが「一人前の日本人」へと成長できる「絶好の機会」を意味した。この「絶好の機会」に乗っかった柳田の教育者としての真面目さは『村と学童』に反映されている。だが、柳田の夢見ていた「さとにうつりて」縁を結ぶ都会と田舎の美しい美談、二度とない教育機会と唱える裏面には、疎開児童に対して総力戦体制を支える銃後の戦時体制の維持・強化に貢献できる「一人前の日本人」になるように訴えかける指導が見え隠れしている。「一人前の日本人」とは、「敵の空襲」に備え、未来に向けての「日本人の生活」の「改良」の力を「自ら養う」人、つまり国家の戦争遂行及び戦時体制維持のための「改良」ができる人であらねばならない。

4　〈私〉と戦争、〈私〉と田舎――小説から考える

「愛国いろはかるた」の「ろ　炉端で聞く　先祖の話」に導かれて、やや唐突な思考をめぐらしてきたが、この句にこだわる理由はもう一つある。それを説明するために、「炉端」に関する柳田の記述から始めたい。『村と学童』と同様に子ども向けの著作と分類されている『火の昔』（一九四三・八）の一部である。

日本の平たい炉端は、煙が家いっぱいになるのは困りますが、それでも並んでいてお互いの顔が、残らず見られるのは都合のよいことで、その顔が赤々と焚火に映るのですから、これでこそ一家団欒という言葉が、割引きなしに適用します。路地で火を燃やしていた大昔の夜を考えると、これがいちばんにその古い形式に近いようで、あるいは家の中に牀を張って住むようになってから後も、なお何とかして最初の集まり方を、続けたいものと苦心した結果が、こういう囲炉裏の形になったのかとも思われます（「火を焚く楽しみ」）[47]。

「今まで聴いたことがないというような話を、若い人たちにして聴かせるのが、この本の目的であった」(「自序」)と記しているところから推測すれば、『村と学童』と同様に『火の昔』の執筆動機を「教育」と位置付けて差し支えなかろう。引用文で見られるように柳田は、「囲炉裏」[48]の起源や「炉端」の役割に関する話を「若い人たちにして聴かせ」ようとしている。「一家団欒」そのものを象徴する家中の空間として「炉端」が機能するのは、「話と炉端との因縁は深いものがあった」からで、その例として「火の端の童言葉」を聞かされる子どもは「だんだん言葉を覚え、またその言葉の陰に隠れている感覚をさとって」いったと述べている。前節での議論に接続させながら簡単にまとめれば、「田舎」の「炉端」では、子どもが「一人前の日本人」になるための「教育」が行われたのである。

「ろ　炉端で聞く　先祖の話」は、(柳田による「推敲」の有無とは無関係に)柳田における「子どもに語りかける仕事」と「戦争で死んだ若い魂の救済を目指した仕事」との共謀関係を簡潔に物語っていると思われてならない。『読売新聞』一九四三年八月二一日の「愛国いろはかるた」選定結果発表記事の題目は、「つぎの日本僕等が担ふ　ヨイコへ『愛国いろはかるた』」である。この題目と皇后の「御歌」「つきの世を　せおふへき身そ」は子どもに対する同様の願望を露出している。「御歌」の続き「たくましく　たたしくのひよ　さとにうつりて」に象徴される、都会と田舎の出会いを契機に夢見られた教育的効果は、「つきの世を　せおふへき身そ」=「つぎの日本僕等が担ふ」に盛り込まれている、子どもを予備戦力として位置付けて戦時体制の維持・強化をはかる戦争遂行イデオロギーと絡み合っている。だからこそ、「疎開者は戦友」なのだ。[49]

都会と田舎が「戦友」という名でひとくくりにされることで生まれる〈われら〉は、銃後の別名であろう。ひとくくりにされた〈われら〉のアイデンティティーを正当化するルーツとして、田舎の疎開地は「故郷」に生まれ変わる。ここで、竹内好が考えた「個人差」「世代差」が前景化される場合、いかなる語りが生じるのかについて考えてみよう。縁故疎開にまで議論を広げる試みと連動しつつ、ここで、その入り口を抉じひらいてみたい。

　さういへば、この村の人たちも空襲や戦火の惨状といふものについては、無感動といふよりも、全然知らない。このことに関して共通の想ひを忍ばせるスタンダアドとなるべき一点がないといふことは、今は異国人も同様の際だつた。（中略）人情、非人情といふやうな、人間的なものではなく、ふかい谷間のやうな、不通線だ。農民のみとは限らず、一般人の間にも生じてゐるこの不通線は、焼けたもの、焼け残り、出征者や、居残り組、疎開者や受入れ家族、など幾多の間に生じてゐる無感動さの錯綜、重複、混乱が、ひん曲り、捻じあひ、噛みつきあつて、喚きちらしてゐるのが現在だ。(50)

横光利一『夜の靴』（一九四七・十二）の一部である。作者の「記憶によって再編された(51)」疎開体験が書かれている本小説の冒頭で、「私」と「この村の人たち」との距離感は、「不通線」として表象されている。それは、こちら側はあちら側との「不通」を知覚しているのにあちら側は「不通」すら知覚していないという、相互認識の不均衡を意味している。このような不均衡は、「空襲や戦火の惨状」を体験した疎開人＝都会人である「私」に対し、それらを「全然知らない」「この村の人たち」、すなわち疎開人の受入れ側＝田舎の人々との優劣関係を浮上させる。田舎に対する都会の優越感が投影されていると言ってよい引用文の認識は、しかし、小説の後半で変化が生じ、「私」において相互認識の不均衡が解消される。

「村民」が「隣組の一員として取扱つてくれる」ようになった「私」は「観察」中止を宣言する。[52] そもそも、「異国人」同様の「この村の人たち」であったからこそ、「私」にはそのような他者と関係を結ぶ以前に、いかなる他者なのかを判断するための「観察」が先行していた。「私」に感じられていた「不通線」は乗り越えられたと言えよう。

このような「不通線」解消の認識は、「炉端」という場を中心に展開されている。すでに説明したように、柳田にとって「炉端」は、人間共同体の最小単位と想定されていた「家」における望ましきコミュニケーションの場として考えられていた。田舎の「家」の「炉端」を題材に、田舎の情景を「教育」しようとした柳田と関連して、田舎におけるコミュニケーションの場としての「炉端」を「観察」してきたあげく、「観察を止めよう」という認識に到達する『夜の靴』の「私」は、極めて象徴的である。都会からの疎開人が、受入れ側の「村民」共同体の一員となったとする自己認識の妥当性を裏付ける風景として、田舎の共同体の最小単位である「家」における「炉端」は最適の場なのである。

だが、田舎との「不通線」を乗り越えた証左として「炉端」が最も象徴的なものであれば、同様の意味で「炉端」は、「不通線」の前で立ち止まらざるを得ないもどかしさを押し付ける場として感じられる可能性も含む。

素早く彼が目にとめた柱や壁、板戸、煙がながれるように吸いこまれて行く天井、鉤にさげられた鉄瓶や燃えもせずに灰になって行く根瘤などは、手を触れることができないだけでなく、手をふれたとしても、彼が生まれる何十年もまえからあるものなので、彼が名前を与えてやったり、理解したりすることはできないのだ。彼は都会育ちの少年で、もうすぐ十八歳だった。ここに坐っているというのは、ただいるというだけなんだな、と彼は思った。彼は、土間をさぐり、松葉がひえて塊っているのを一摑みもって、囲炉裏にくべたりすると、なぜ怒られるのかがわからなかった。[53]

一九四五年七月熊本市で焼け出され、母親の郷里である埼玉県高麗村に疎開して一九四六年一〇月まで過ごした坂上弘（一九三六〜）の小説に描かれているのは、横光のように「記憶によって再編された」疎開体験ではない。坂上と同じく疎開を素材にした小説「北の河」（一九六五・一〇）を発表した高井有一の評語を借りれば、「疎開世代の戦後体験といったやうな、かいなでのものでは勿論ない。田園の抒情をうたつてゐるものでもない[54]」。「疎開世代」という世代区分は、戦争体験としての疎開体験を特権化かつ普遍化するために施されるものであり、「田園の抒情」は田舎＝「故郷」に対する憧憬として謳われるものである。つまり、本稿で類型化した「戦争体験」と「都会と田舎の出会い」のいずれにも属し

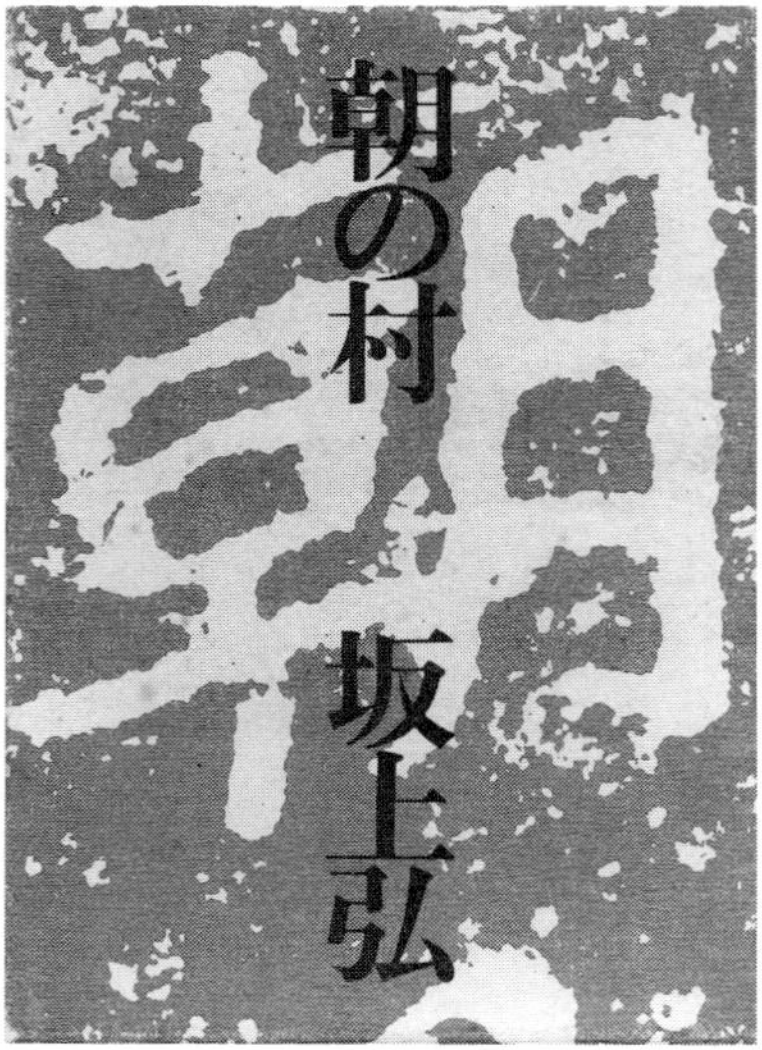

坂上弘『朝の村』 冬樹社、1971

ない疎開体験、なおそこから発酵した作者特有の田舎体験が語られていると言ってよい。

引用した「朝の村」（一九六六・二）の主人公「少年」は、「目にとめた」「天井」「鉄瓶」「根瘤」を「理解」することができない。「都会育ち」の「少年」と「天井」「鉄瓶」「根瘤」に象徴される田舎の風景への、理解不可能さに起因する距離感は、田舎における望ましきコミュニケーションの場として機能するはずの「囲炉裏」を媒介にあらわれている。「少年」と田舎との「不通線」は、「囲炉裏」の火を「くべたりすると」、村長の「伯父」に怒られるというところで端的にあらわれている。『夜の靴』の「私」は赤の他人であった疎開地の人々の「一員」になれたのに、「朝の村」の「少年」は血縁関係のある「伯父」にすら拒まれているのだ。なぜ「怒られてしまう」のかについて「少年」は判らない。『夜の靴』と照らし合わせれば、疎開体験によって自覚させられた「少年」と田舎との「不通線」が乗り越えられる契機は訪れず、「怒られてしまう」ことで露呈される「不通線」は、「恐怖」の感覚を伴いながら立ちはだかり続けている。

この、わからなさをもつ「もの」が、ある時、ある場所で、母親が子供にいいきかせるこごとだったり、一年前の夏の夕暮れであったりしても、それらの「もの」には、たいてい、冷ややかな影が、そっと顔をのぞかせている。私は、それを「恐怖」とよぶのだと思っている。[55]

坂上は、戦時期の同世代の「僕ら」は「見ているだけの年齢」であったはずなのに、同世代の小説が描く「疎開」「戦争に負けたときのこと」に「価値判断」や「社会的人間としての意志みたいなものがすでに働いている」ことに疑問を投じている。[56]「恐怖」を呼び覚ます「もの」に「わからなさ」という理解不可能さがまつわる以上、「価値判断」などを通過して言語化される以前のもの、確かに感じ取られているある感覚、しかし「わからなさ」と言語化される何か、としてしか思い浮かばないもの、それが坂上にとっての「恐怖」の深淵ではなかろうか。

「わからなさ」としての「恐怖」は、確実に目に見える田舎の風景としての「天井」「鉄瓶」「根瘤」を「名前を与えてやったり、理解したりすること」ができない感覚と通じている。柳田の期待した「さと」の「炉端」の風景は、「少年」には無縁である。「ただ見ているだけ」であったという発言に見られるように、「見る」という身体行為によってもたらされた視覚的認識ではなく、見ることを通じて「価値判断」する以前の、「ただ見る」行為そのものの形象化を試みた小説が「朝の村」なのである。その意味で、坂上は「朝の村」で「わからなさ」の「恐怖」に立ち向かったとも言えよう。その「恐怖」の風景とは、田舎の風景のことである。

坂上弘は、自分にとって空襲の恐ろしさは、空襲から逃れるために田舎に移住した疎開という出来事にまで伸張して消えなかったと白状しつつ、以下のように述べている。

結局空襲のなかで感じた少年の恐しさというものは、自分がまったく頼りないところへ行っちゃうようなことだったと思うのですけれども、田舎の大家族のなかにポンと置かれますと、親だけじゃなくて祖父、祖母というような二十人ぐらいの家族のなかにいますと、自分の所属がどこだかわからないし、だれに守られているかわかりませんし、それからやっぱり古い田舎ですから、異様な人間がいっぱいいますしね、非常に恐ろしい感じがあるのです[57]。

柄谷行人は、大江健三郎と古井由吉を比較しながら、両者とも「戦争体験のトローマ」が反映されているが、大江の「観念」としての「実存主義」とは異なり、古井の小説には「実存」そのものが書き込まれていると論じている。安定した自己認識によりかかることで「価値判断」できる思考を装着したのが大江であったならば、そのような「価値判断」ができるはずの主体の不安定さ、自己認識の不安定さによって呈される「狂気」「夢心地の境い目」の感覚を執拗に追いかけたのが古井であったのだ[58]。古井と共に「内向の世代」に数えられる坂上の場合、自己認識の不安定さによる「恐怖」の感覚と言い換えたらどうか。「原体験」を「田舎の生活」と明示しているにもかかわらず[59]、「田舎の生活」を回想する時点の自己認識を強化する基盤として、「原体験」が召喚されることはない。「田舎」は、判らない何かだからである。「田舎の生活」が回想される際、それは自己認識を脅かす「わからなさ」の「恐怖」として、絶え間なく作者の現在に浸透してくる。

「朝の村」が発表された一九六六年の経済動向を分析した一九六七年版『経済白書』の言い振りは、「日本経済の前途を再びバラ色に染めあげるものであった」[60]。「日本経済のバラ色」を担保してくれるものは、高度経済成長を成し遂げて「脱工業化社会」へ突入する〈われら〉日本人の「先進性」であった。ここでの「先進性」の一つは、国家経済構造における一次産業すなわち農業従事人口の減少と、農業所得比率が低下するスピードの速さであった[61]。「先進国・経済大国」という称号は、「近代的大企業」と「前近代的な労使関係に立つ小企業及び家族経営による零細企業と農業」の「対立」という「経済の二重構造[62]」を深化させることで獲得されたものである。「近代」対「前近代」という「二重構造」は、「都市と農村との対極性」と言い換えることができよう。高度経済成長期の「二重構造」に関して忘れてはならないのは、「都市と農村との対極性」の克服の方策が、もっぱら都市化論理に徹底した処方であった点である[63]。

このように高度経済成長期を捉える場合、「朝の村」で描かれた田舎は、作者の現在を囲い込んでいた都市化論理による「価値判断」を通過して言語化されたものとしてではなく、それ以前の、「ただ見ている」子どもの体験において網膜に映っていたものが、「ただ」描かれたのではなかろうか。高井有一、古井由吉と共に坂上弘を「内向の世代」の一員としてくれるなら、高度経済成長期の文学として「内向の世代」が内包している問題は、〈私〉という「危うい主体」の「とりとめのなさ」をめぐる模索[64]

と関連しよう。坂上の場合は、高度経済成長における「都市と農村との対極性」という「二重構造」に絡まれてさまよっている「不確かな『私』」[65]を凝視する地点から出発したのだ。それが可能であったのは、農民が都市住民よりも優位に立った、近代化以後の日本で前代未聞の事態[66]を招来した疎開によって「対極性」を体験し、なおかつその優劣関係が逆転されたにもかかわらず「対極性」自体は深刻化されたまま温存されている高度経済成長期を生きている、「個人」的でありながら「世代」的でもある時代体験の特殊性があったからであろう。

「少国民世代」の同世代でありながら、〈われら〉の「戦争体験」ではなく〈私〉の疎開体験を、〈私〉しか／すら判らない田舎との不気味な出会いとして描き出す坂上弘の小説は、新たな疎開の語りを見せている。眼に映る〈私〉の外部に対してたやすく「価値判断」して「観念」化する〈われら〉と、そのような「観念」化の一歩前に立ち止まる〈私〉が「ただいる」限り、〈われら〉に属するはずの〈私〉には自らが疑わしく、〈われら〉も疑わしい。ここでの〈われら〉とは、「軍国主義国家」を支えた〈われら〉であると同時に、「先進国・経済大国」を作り上げた〈われら〉であろう。坂上は、疎開から始まる戦時期・戦後にかけての田舎体験によって、「都市と農村との対極性」を現前させた疎開という事態の本質を見つめる眼を感得していたのである。

このような、〈私〉の中に「内向」する「世代」の文学としての坂上弘「朝の村」は、疎開体験の「個人差」「世代差」を語る営みの行方をほのめかしている。〈われら〉になれない〈私〉のあやうさは、語る営みそのものの強度を弱化させてしまった。その意味で、坂上弘は疎開〈体験〉を語ったことはあっても、疎開〈経験〉を語ったことはなかったかも知れない。[67] けれども、〈経験〉を語る〈私〉になるために、まず〈体験〉を語らねばならなかったとも考えられよう。「囲炉裏」周辺を「ただ見ている」「少年」が、「ただいるというだけなんだな」と呟く〈私〉に遭遇できたのは、「名前を与えてやったり、理解したりする」ことのできる〈私〉を求めて手探りし続けたからなのだ。

（1）『日本国語大辞典』小学館、二〇〇一参照。
（2）佐々木毅ほか編『戦後史大事典』三省堂、一九九一、五五一頁。
（3）ブログ：https://fukusima-sokai.blogspot.jp
フェイスブック：https://www.facebook.com/fukushimasokai/
（4）ふくしま集団疎開裁判の会編『いま　子どもがあぶない―福島原発事故から子どもを守る「集団疎開裁判」』本の泉社、二〇一二、五頁。
（5）山本太郎「裁判所へのメッセージ」前掲『いま　子どもがあぶない』、十七頁。
（6）『いま　子どもがあぶない』には、「郡山市の十四人の小中学生は（中略）「人権の最後の砦」である裁判所に避難の救済を訴え出ました」と書かれており、裁判の主体がもっぱら「小中学生」であるかのような印象を与える。しかし、福島版『毎日新聞』では、「郡山市の小中学校に通う児童・生徒十四人の保護者」（『集団疎開』裁判、俳優ら支援集会　郡山で五〇〇人参加」、二〇一一・一〇・一六）、「郡山市の小中学校に通う子どもたちと保護者」（「郡山市集団疎開申請支援団体、放射線量値の証拠提出へ　仙台高裁抗告審で」、二〇一二・五・八）と報道されており、少なくとも裁判を起こした主体が「小中学生」の子どもだけではないのは明らかであろう。

（7）丸川浩「学童疎開小説論―疎開文学論ノート③」『山陽女子短期大学紀要』第三三号、二〇一二、一〜十八頁。
（8）ゆりはじめ『疎開の思想―銃後の小さな魂は何を見たか』潮出版社、一九七二、三四〜三五頁。
（9）黒川みどり「地域・疎開・配給―〈都市と農村〉再考」倉沢愛子ほか編『日常生活の中の総力戦』岩波書店、二〇〇六、三四〜三五頁。
（10）学童疎開＝学童集団疎開という考え方は、全国疎開学童連絡協議会編『学童疎開の記録』全五巻（大空社、一九九四）においてもあらわれている。
（11）橋川文三「家の戦争体験」（一九五九・九）『橋川文三著作集　5』筑摩書房、二〇〇一、二五七頁。
（12）竹内好「戦争体験論雑感」（一九六〇・一）『日本とアジア』筑摩書房、一九九三、二四一〜二四二頁。
（13）注十二と同じ。
（14）『ひき裂かれて』の思想史的意味を論じたものに、佐藤泉による解説（岩崎稔ほか編『戦後思想の名著50』平凡社、二〇〇六、一九八〜二〇七頁）がある。
（15）丸山眞男「近代日本の知識人」（一九七七・一〇）『丸山眞男集　第十巻』岩波書店、一九九六、二五四頁。
（16）東條英機「少国民に与える訓話」『少国民文化』一九四四・二、一一七頁。
（17）鹿野政直「国民の歴史意識の変化と歴史教育」歴史学研究会編『現代歴史学の成果と課題Ⅱ　第1分冊』青木書店、一九八二、五五〜六四頁。
（18）山中恒『欲シガリマセン勝ツマデハ』辺境社、一九七九、五三一頁。
（19）一九三一年生の山中恒は学童集団疎開政策の立案当時における該当者ではなかったゆえ、疎開体験者ではない。
（20）菅卓二ほか「（座談会）学童集団疎開について―しわよせさせられた戦争被害者　それは集団疎開の学童だ」『思想の科学』、一九六三・七、三六頁。
（21）長須祥行「原点としての戦中疎開の体験」『現代の眼』一九七〇・九、一六二〜一六九頁。

(22) 長浜功『日本ファシズム教師論―教師たちの八月一五日』明石書店、一九八四、四六～八五頁。ただし、本書における摘発の的は、「戦争責任追及の姿勢が欠落」している「教育界」全般である。
(23) 山中恒『ボクラ少国民』辺境社、一九七四、三七三～三七八頁。なお、成田龍一『「戦争経験」の戦後史―語られた体験／証言／記憶』岩波書店、二〇一〇、二〇九～二一一頁参照。
(24) 新藤謙は小林信彦、佐江衆一などの文学を「学童疎開文学」と規定し、それらを石川達三や大岡昇平の文学と同列の戦争文学として論じている。疎開児童にとっての「本当の敵」は「空腹そのものであり、友人であり、自分自身であった」という分析から分かるように、学童疎開体験に基づいて書かれた文学が戦争文学に編入されるためには、「自分自身」すら他者化され敵なる存在と想定されなければならない。新藤謙『体感する戦争文学』彩流社、二〇一六、二〇～三六頁参照。
(25) 小林信彦『東京少年』（二〇〇五・一〇）新潮社、二〇〇八、三六五頁。
(26) 小林信彦『冬の神話』門川書店、一九七五、二〇六頁。
(27) 安岡健一は、すべての疎開を「都市から農村へ」と一概に想定することはできないと論じている（『「他者」たちの農業史―在日朝鮮人・疎開者・開拓農民・海外移民』京都大学学術出版会、二〇一四、一一一～一一七頁参照）。本稿では、経済構造など実質的指標によって定義できる都市・農村というより、都市＝都会対農村＝田舎と図式化されてしまう無意識的なイメージにあえて頼りたい。
(28) 「学童集団疎開ニ於ケル教育要綱」は、前掲『欲シガリマセン勝ツマデハ』、三八〇～三八三頁参照。
(29) 古谷綱武「光あらしめよ」『少国民文化』一九四四・一〇、一頁。
(30) 高良富子「母の描く疎開教育」前掲『少国民文化』、六頁。
(31) 石井柏亭「疎開学童と美の教育」前掲『少国民文化』、七頁。
(32) 日比野士朗「一足先に疎開して」前掲『少国民文化』、十三頁。
(33) 逸見勝亮『学童集団疎開史―子どもたちの戦闘配置』大月書店、一九九八、一五六～一六一頁。
(34) 『柳田国男全集　23』筑摩書房、一九九〇、三六九～三七〇頁。

(35)一九四五年の正月から書きはじめたが戦時中の刊行には至らなかった。「はしがき」の末尾に「昭和二十年七月」と記されている。
(36)前掲『柳田国男全集　23』、三六九頁。
(37)杉靖三郎「科学のふるさと」前掲『少国民文化』、八頁。
(38)たとえば、谷川彰英『柳田国男と社会科教育』（三省堂、一九八八）、庄司和晃『柳田国男と教育―民間教育学序説』（評論社、一九七八）、長浜功『常民教育論』（新泉社、一九八二）など。
(39)前掲『柳田国男と社会科教育』、一四一頁。
(40)益田勝実「炭焼き翁と学童」『文学』一九六一・一、一八～一九頁。
(41)「愛国いろはかるた　廿六万句中から選定」『朝日新聞』一九四三・八・二一。
(42)『柳田国男全集　13』筑摩書房、一九九〇、二〇四～二〇五頁。
(43)本稿における柳田国男に対するアプローチは、岩田重則『戦死者霊魂のゆくえ―戦争と民俗』（吉川弘文館、二〇〇三）によるところが大きい。
(44)前掲『柳田国男全集　23』、四四〇頁。
(45)柳田国男研究会『柳田国男伝』三一書房、一九八八、九二五頁。
(46)『村と学童』への詳細な分析は行ってはいないが岩田重則は、「未来に向けて生きていかねばならない子供」向けの『村と学童』と、「死を直面している若者・大人」向けの『先祖の話』との関係を、「二つにして一つ」と述べている。前掲『戦死者霊魂のゆくえ』五八～六二頁参照。なお、学童集団疎開の「本義」に「七生報国」が内包されていたことを論じたものに、拙稿「『昭和の楠公父子』になるために―学童集団疎開、七生報国、『先祖の話』」（『社会文学』第四四号、二〇一六・八）がある。
(47)前掲『柳田国男全集　23』、二九九頁。
(48)「囲炉裏」という名称や「炉端」の配置などに関しては「炉端の作法」（前掲『柳田国男全集　23』、二九一～二九八頁）参照。

(49) 佐次たかし「疎開者は戦友だ　受け入れのうまくいつてゐる富山県小杉町」『家の光』一九四四・九、三二〜三三頁。
(50) 『定本　横光利一全集　第十一巻』河出書房新社、一九八二、三四八頁。
(51) 韓然善「横光利一『夜の靴』における〈戦後〉表象」『横光利一研究』第十二号、二〇一四・三、一一三頁。
(52) 前掲『定本　横光利一全集　第十一巻』、四四〇頁。
(53) 坂上弘『朝の村』冬樹社、一九七一、五四頁。
(54) 高井有一「田舎と肉親」『文学界』一九七一・九、一四四頁。
(55) 坂上弘「街角から」(一九六三・四)『結末の美しさ』冬樹社、一九七四、一四二頁。
(56) 秋山駿ほか「(座談会) 現代作家の課題」『文芸』一九七〇・九、二五七頁。
(57) 坂上弘、島尾敏雄「(対談) 文学と土地と」『文芸』一九七三・二、二七五頁。
(58) 柄谷行人「古井由吉『男たちの円居』」(一九七〇・一〇)『畏怖する人間』講談社、一九九〇、三六〇〜三六一頁。
(59) 注五七と同じ。
(60) 佐和隆光『高度成長─「理念」と政策の同時代史』日本放送出版協会、一九八四、九三頁。
(61) 坂本二郎『知識産業時代』講談社、一九七七、十五〜七六頁参照。
(62) 経済企画庁『昭和三二年　年次経済白書』「経済の二重構造」(内閣府ホームページ参照：http：//www5.cao.go.jp/keizai3/keizaiwp/wp-je57/wp-je57-010402.html)。
(63) 玉城哲『むら社会と現代』毎日新聞社、一九七八、九六〜一一四頁参照。
(64) 石川巧『高度経済成長期の文学』ひつじ書房、八〜一二頁参照。
(65) 上田三四二「『内向の世代』考」『群像』一九七三・四、二四三頁。
(66) 前掲「地域・疎開・配給」、三二一〜三二四頁参照。

(67) 藤田省三は、己の存在を主張する閉じたものとしての「体験」と、物や事態との相互的な交渉による開いたものとしての「経験」を区分している。藤田省三「戦後の議論の前提―経験について」(一九八一・四)『精神史的考察』平凡社、二〇〇三、二一九〜二四五頁参照。

※ 引用に際して、旧字は適宜新字に改め、ルビ・傍点などは省略した。本稿は、東アジアと同時代日本語文学フォーラム名古屋大会の次世代フォーラムでの口頭発表「戦後における疎開体験の語りの再検討―避けえざる齟齬の意味を考える」(二〇一六・一〇・二八、於名古屋大学)に大幅な加筆・修正を加えたものである。会場内外でご教示頂いた方々に感謝を申し上げます。なお本稿は、日本学術振興会科学研究費奨励金(特別研究員奨励費)による研究成果の一部である。

第5章　脱「兵曹文化」への模索
――軍港都市・佐世保にみる占領と駐留のはざま

長　志　珠　絵

『佐世保――基地の一形態』（岩波書店、一九五三年）の表紙　米将校の眼下には佐世保港のランドマークである係船繋池と巨大クレーンや諸施設、湾内を航行・停泊中の米艦船群が見える

はじめに――占領経験を「地域」から考える

「戦後の見直し」という政治スローガンは、国家受難の「占領期」像に固執する。しかしその道具立ては貧弱で、占領初期での日米間の密室の政治過程を断片化する一方、社会との関係や占領後期のイメージも欠く。占領期をめぐる記憶の想起をひらく試みは、どのように可能なのだろうか。とはいえ占領期研究はすでに豊富で、実証水準も高い。特にJ・ダワーの研究は一九九〇年代における研究の集大成であり、占領期を国家間の共犯関係として捉える視点は、積極的なエージェントとしての「日本」を描いてみせた。

これに対し本稿では、戦後史再考の一つの突破口として「地域」という新たな主体を、かつ多様な記録の残る地域行政を、占領期のアクターとして設定したい。J・ダワーも含め、占領期研究が扱う対象は主に、国家間でやり取りされた「記録」の束に依拠してきたからだ。同時に、GHQ／SCAP文書をもとにした『占領史』やプランゲ文庫の体制が一九四九年を終着点と見ていたことで、例えば映画研究の「占領期検閲」の時期区分など、「一九五〇年」以後が対象化されづらい研究状況にもある。時期区分への問いは、戦争の終わらせ方の記憶に直接関わるだろう。しかし戦後史が充実する自治体史に典型的であるように、「地域」の占領期経験は米軍に限定されず[1]、「占領」と「独立」をめぐっての経験も複雑な様相を帯びる。本稿では地域行政に関わる多様な史料を文脈に即して読む文化研究の観点から、主語としての地域行政が発するうごきを考えたい。

具体的には「軍港都市」佐世保をとりあげる。戦前に「軍港」として開発された港湾都市にとって、海軍が占めた広大な軍用地空間は国家機密として他者化されていた。佐世保出身の作家、井上光晴の初期の作品には随所に佐世保のコードが散りばめられているが、戦時下の崎戸炭鉱を舞台とした小説「長靴島」には「あの軍艦が大きい、この軍艦が小さいといっても今の世の中はスパイになるんだ、それを何だお前たちは。子供のくせに朝鮮独立とかなんとかいいやがって[2]」という官憲の言を記す。軍港の一つ、呉を扱った漫画『この世界の片隅に』は、海岸線をスケッチしたことで憲兵に拘束される主人公を描く。それが軍港に暮らす市井の人の日常だった。

他方で敗戦と共に軍用地は地域に進駐してきた占領軍に接収され、地域の戦後史を考えるうえで占領期の米軍資料は欠かせない。本稿の関心からは軍事史的関心の強い『新編佐世保市史[3]』（以後『市史』と略す）の情報量とともに、旧軍港を抱えた都市での朝鮮戦争を含めた長い占領期経験を通し、主に行政というアクターの周辺での「戦後」の語られ方の変容に注目したい。

１　戦後史叙述の〈あいだ〉を読む――佐世保を語る／佐世保の語り

「軍港都市」佐世保という物語

二十一世紀の佐世保は、米軍海軍基地と海上自衛隊基地を抱えた街である。一九四六年に発足、戦後の民間企業ながら、国内で唯一の軍艦修理可能な大型ドックを備えたＳＳＫ「佐世保重工業株式会社」は旧佐世保軍工廠から多くを引き継ぐ。歴史研究者の荒川章二は「いったん軍用地と化すと、国家的軍事力が維持されるかぎり非軍用地への転用がむずかしい[4]」とみるが、いわゆる「軍港都市」（行論の関係上、横須賀・舞鶴・呉・佐世保に限定する）のうち、横須賀と佐世保の「戦後」は日米行政協定による広大な米海軍基地と、ついでは海上自衛隊基地の街となった。

では佐世保の狭義の「戦後史」はどのように描かれるのか。市政百年の二〇〇二年に佐世保行政がまとめた『基地読本[5]』が列挙する重要な年次は、①「1946・6　米海軍佐世保基地の創設」についで、②「1952・3　日米行政協定による米海軍基地指定、③-1「1953・11　海上警備隊西南地区佐世保総監部（後の海上自衛隊佐世保地方総監部）設置」、③-2「1955・10　陸上自衛隊相浦駐屯地の発足」である。米国第七艦隊の補給基地、後方兵站基地としての重要性は、「佐世保市に防衛の拠点が相次いて誕生」する過程とされる。

もちろん地域の戦後史は地域振興の語りと切り離せない。しかし、軍港都市の「過去」の語りには「論点」が潜む。地理学の山本理佳は、近代化遺産という枠組みに注目し、一九九〇年代以降の佐世保市行政を中心とした観光要請が、歴史的建造物としての「軍港」、軍港都市の再発見を導くとともに、地域における軍の存在の正当化に関わると見る[6]。近年では二〇一六年、佐世保を含む「旧軍港四市」は「日本近代化の躍動を体感できるまち」として文化庁の日本遺産に認定されるなど、その文化資源はナショナル・ヘリテイジの枠組みによって、様々な記憶の境域に直接踏み込む。後述するように佐世保の基地化は歴史性を持つ。この一方、例えば写真集『占領軍が写した終戦直後の佐世保』には「開放された人々」として「強制徴用労働者たち」のパレードシーンがあるなど[7]、今日の近代化遺産の評価は戦後の国境内部に閉ざされるべき対象ではない。戦後の終わり方と関わり、植民地忘却を伴う歴史叙述の政治が展開する場の検討は重要だろう。

これに対し、『基地読本』が描く軍港都市佐世保の戦後物語は、①と②の占領期を空白にする点が特徴だ。では同時代において、占領史を空白とした同様の物語構成は可能だろうか。改めて出来事の同時代かつ外部に向けて語られる佐世保像を見ておこう。

佐世保の語り――『佐世保――基地の一形態』一九五三――を読む

図１の出典は岩波書店編集部編（佐世保市役所・岩波映画製作所写真）による『佐世保――基地の一形態』（１９５３・８）である（以後、『基地の一形態』と略す）。同書は掲載写真とキャプション、地図など現地情報素材の多くを佐世保市役所が提供したと考えられる。ここでは写真とそのキャプションを読む作業を行いたい。

ところで図１は、一九五〇年六月以降の「朝鮮特需」に湧く基地の町・佐世保の象徴としてよく知られた一枚である。キャプションは「この一帯は昔は海軍色に、今は基地色に塗りつぶされている」とある。国際通りとよばれる埠頭付近の繁華街での装飾電飾が特徴的だ。では「基地色」とは、英語の看板のスーベニアショップが所狭しと掲げられ、通りが男性米水兵で賑わい、小柄な物売りの女性たちの姿

図１　埠頭付近の繁華街「国際通り」。キャプションには「通る人も店の看板もすべて“国際的”でスーヴェニール・ショップやキャバレーが街に氾濫している」とある（『佐世保——基地の一形態』）

が覆い隠される風景だろうか。他方で、図１の想定する時間帯はネオンが灯る前、中央下部には私服の米兵と母親らしき女性と二人の女児が配される。子どもたちを視線の中央におく、近代家族表象の構図である。ちなみに米軍家族住宅としては、旧鎮守府司令部背後の広大な焼け跡が接収され、旧市街地の中心にドラゴン住宅が建設された。『基地の形態』には写真図版が多く掲載されている。

では図１の佐世保の繁華街に配された、家族表象としての在日米軍像をどう読むか。通りをめぐる語りについて、他の例をみよう。

たとえば同時期の『佐世保時事新聞』（以下『新聞』と略す）一九五二年元旦紙面の一コマ漫画は「アア花咲く港！」とし、前年完成したスズラン灯の下を歩く肉感的な女性たちに占拠させた[8]。読者は彼女達の背後に、客層として占領軍兵士の姿を想像するのだろうか。彼女たちに言及しながら朝鮮戦争下の佐世保を伝えるルポルタージュは多い。ここでは港湾労働者に関心を向けた文章を紹介したい。

一九五一年九月、講和条約締結直後に福岡から入佐したという『人民文学』の記事[9]は、冒頭、汽車内の女性たちの横須賀から稼ぎに来たという会話の紹介から始まる。著者は記事のタイトルに「怒」を用いるが、それは、朝の「トラックの上では青くむくんだ自由労働者がむっつりとおし黙っ」て疲れ切った様子やビンゴ屋にたむろする「ひるまは仕事のない人々」の存在以上に、図１が描く、繁華街の、「美々しくかざられた商店街の夕ぐれに、日本人の影の少いながめは奇異であり、肌ざむいような風景」、「日本人よりも外国人やパンパンの方が多いような、サセボの街角――けっして独立した国家に見られる光景ではない」に向けられる。繁華街の通りを占める売買春女性の存在は「独立した国家」ではない象徴となる。あるいは前後するが、井上光晴もまた、講和条約直前の佐世保を以下のように記し、やはり女性たちの存在を強調してみせる。

「――人口二十万、パンパン四千名、米軍関係だけの港湾労働者一万名、性病患者七千名、スーベニヤショップ百数十軒（目貫通りの殆ど全部）、輪タク千数百台。誇張でなく戦争とパンパンの都市、誇張でなく植民地、日本の香港！」(10)

同時代のこうした描かれた方を参照するならば、賑わう通りから女性達の姿を消す構図は意図的であることがわかる。では女性たちの存在を見えないものとする『基地の一形態』は、同時代史をどのように語るのか。

たとえば戦前・戦後の、いわば軍用地としての連続性について、民間使用が許されている近海航路船の発信所、市営桟橋（万津町）での人々が行き交う写真のキャプションは「佐世保は山が多く、土地もやせ、農作物にとぼしく、付近の島々から野菜船が集まってくる。以前は海軍に、今は米軍に依存する物価の高い消費都市佐世保」とある。この説明の因果関係には詐術がある。たしかに基地依存の経済は、都市を消費型にし、生活の物価高を招く。特に水不足は深刻で、護衛艦や艦隊全体への給水のほか、かまぼこ兵舎や占領軍の家族住宅など軍関連施設の維持と関わるうえ、これらの項目は終戦処理費による占領業務だった。「駐留軍に対する軍なきあとの給水の業務」を担った市の水道課長は「莫大な駐留軍の進駐、かてて加えて外人は日本人と違つて水の使用量が多いので、いままで日本海軍が使つておつた水の量より余分に水がいる」[11]と言う。他方、野菜の供給は深刻な食糧不足を補おうとする市行政の施策だったが、[12]この時点での不足は基地の町であることが原因とは言い切れない。軍隊の駐留が市民経済にどのような影響を及ぼすのか、構造的な問題点が強調されている、と考えるべきだろう。

何よりその構成全体から同書は、米軍基地の町佐世保像の紹介に終始しない。全体は「佐世保の過去と現在」「名勝九十九島」「平戸と黒子島」「佐世保と外国人」の四章立て、「平戸と黒子島」では織豊政権期の宣教師渡来に起源を持つキリシタン信仰と民俗が紹介される。一六世紀から地域を語ることで「天然の良港」の歴史性も強調される。[13]当時の市長、中田正輔は西海国立公園指定に奔走していた。むしろこの書の内容自体は時間軸の幅を長くとることで、軍港都市であった時間を相対化する。加えて、「はじめに」では、短文ながら異なる歴史を選択しようとした敗戦以後の戦後史に多くの説明が割かれていた。

「人民が自由に立入ることのできない所として、それを不思議にも思わなくなったほど、長い間、軍港や要塞地帯は日本の風光明媚の地を数多く占拠していた。一九四五年そのヴェールが一斉に取り払われた。新しい憲法は戦力の保持を禁じた。旧陸海軍の要地は解放されて畑となり、港となった。佐世保は「無敵艦隊」の軍港として明治以来巨大な歩みを続けて来たが、一般的な「解放」の道を同様に辿った。しかしそれも僅かな間で、今はまた全国に散在する「基地」の中でも最も重要な一つとして甦っている。その歴史と現実を冷静に描いたのが本書である」「佐世保の過去と現在——終戦後、市の再建が真剣に討議された。他力本願から自力更生へ、すなわち過去の苦い体験から商港として生きる道を決定した。二十五年一月、佐世保市長は平和宣言を発表、歴史的な住民投票によって市民の圧倒的な支持をえた。ところが皮肉にも、その二ヶ月後、朝鮮動乱が勃発し、軍港佐世保は息を吹きかえし、人口は二十二万に増加、近頃では警備隊の誘致活動が熱心に行なわれている……」（傍点は引用者）

本書の戦後史記述の立場は明確だ。「旧陸海軍の要地」が畑や港になる変化が「解放」「商港として生きる道」として肯定され、「戦力の保持を禁じた」憲法にとどまらず、平和宣言という脱軍港路線とその市民による支持が市長を主語に語られる。他方、行政による外部への発信としてこの書を考える際、「最も重要な一つとして」基地が甦る外在的な状況とともに、「近頃では警備隊の誘致活動が熱心に行なわれている」という、異なる政治路線の登場が示唆される。出版時点では先の『基地読本』年表の③−1は既定路線だろう。戦後に選ばれた未来構想が大きく動く状況をふまえたテキストといえる。

ここで係争中の内容は、現海上自衛隊の誘致にあった。本書出版前の一九五二年一月、『新聞』誌面から記事を拾うと例えば「躍り出た海上防備隊——佐世保に地方監部、四、五月には貸與艦艇も配置」（一九五二・一・一六）や「転換計画と防備隊基地——板ばさみの市長——基地は港内のどこに」（一九五二・一・一七）と佐世保市政の路線を問う。同時期、市議会は海上防備隊誘致の方針を、同年八月には海上防備隊誘致特別委員会を設置、誘致を巡って長崎県が推す佐賀県伊万里市と争う一方、市議会内部で誘致をめぐる協議会を開催し、採決の結果、誘致路線としての意思を統一させた。『基地読本』③期の選挙で中田市長は落選、政界を引退する。後述するようにそれは、脱軍港化を前提とした地域復興路線との政治的決別を意味した。今日の戦後史の語りに対し、もう一つの戦後史を描くテキスト『基地の一形態』は行政の路線が大きく転換するさなかの緊張感をはらむ記述と読むべきだろう。

他方、『基地の一形態』と同時期、地域行政に近い立場から「兵曹文化」という語彙が用いられた点も目をひく。一九五三年九月、佐世保行政主催の「国際美術展」が開催された。一九四八年、佐世保時事新聞社主催で始まった「佐世保美術展」を起源とする。「国際美術展」への『新聞』講評は、「「兵曹文化」と呼ばれる佐世保市の文化を高めるためには持ってこいの催し」[14]と地域文化活動としての意義を評価した。事業を回顧する公的文章の中にも、「一時は『兵曹文化』といった、いやなことばを「佐世保市民」は聞かされました。しかし市民のかたがたの郷土に対する愛情は年と共に高まりまして――」[15]とある。兵曹は水兵の下士官をさすが、この用語を戦前軍港市に限定して読むべきではないだろう。いずれにせよ『基地読本』の③の時代以降、一九五五年以後の枠組みが描く軍用地の連続性の地域開発の戦後史は、同時代のもうひとつの物語への抑圧によって可能となる。では『基地の一形態』が依拠する佐世保の戦後復興行政の動きとは何か。以下改めて、その歴史的文脈をたどってみたい。

2　佐世保をめぐる地政学とその変位

ポスト軍港都市としての佐世保の「戦」後

佐世保は長崎県北部に位置し、外洋から艦隊等が見えない入り組んだ海岸線や山が迫った地形、艦船の時代に必要とされる湾の深さなど、軍港設置の好条件によって海軍鎮守府の開庁（一八八九）指定地域となった。鎮守府の造船部門である佐世保海軍工廠は、艦船の修理や補給基地として発展した。日露戦後の軍拡期を通じて大正期には二五〇トンの巨大クレーンや大係船池が完成し、大正後期の軍縮時代には主に駆逐艦建造をうけおった。ついでアジア太平洋戦争に際しては一転、大型軍艦修理用の第七船渠や、一万トン級の軍艦九隻を横付け可能とする立神岸壁が完成した。二十世紀の日本帝国海軍の拡張と世界戦争への参加によって膨張を遂げた軍港都市は、一九四四年での佐世保海軍工廠の従事者は約四万六千人、工場動員の労働力も含め市の人口は三〇万人を超えるとされた。しかし一九四五年六月の大規模空爆によって市の中心部は五四万坪を焼尽した。今日では資料でもある一九五五年の市史（以後、旧市史と略す）は「戦争は終つた。それと同時に軍港佐世保もまた終つた。佐鎮によつて生まれ、佐鎮と共に発展してきた佐世保は、敗戦による鎮守府の解体によつて波乱に富んだその六十年の輝かしい軍港発達史についに終止符を打つたのである」と記す。[16] 井上光晴の初期小説、「廃墟のクレーン」（一九五九年から連載開始）は、開発近代の暴力のモチーフとして佐世保の象徴の大クレーンを描く。

ところで戦前の軍港は国家機密に属し、貿易港ではなかった。岸壁および倉庫群は軍用施設のうえ海面制限もかかる。炭田は要塞指定を受けるなど産業発展は妨げられるうえ、軍工廠も含めて軍施設は非課税が原則で、市財政にとって歳入対象になりにくい。加えて佐世保の場合、臨港線も軍用で、特にヒンターランドの欠如によって広域地域での港湾役割を果たしていない。このように、基幹産業の発展を妨げられる軍港市とは、陸の「軍都」以上に、作られた近代都市でもあるだろう。ポスト・ウォーとしての戦後、ゼロからの出発という表現は、旧軍港都市にふさわしい。他の三都市でも同様の動きがあるが、連合国軍の組織的な「進駐」開始（一九四五年九月二十二日）が遅かった佐世保では、九月十九日、地域財界による「復興委員会」がたちあげられ、戦後への準備が早々に展開した[17]。

元復興委員の回顧の言をひろってみる。後述する「旧軍港都市転換法の制定」運動を参議院議員として担った門屋盛一は、軍需産業による都市の「戦後」を以下のように語っている。

「御承知のように終戦と同時に各地の軍というものが解体されたため軍属軍需工場等に携わっていたもの又これ等の方面に対して資材物資を納入していた所謂御用商人等は――全部が失業しました」

「佐世保市においても軍というものがなくなり、約30万の市民はどういう風にして生活を維持して行くか、又軍都であった佐世保市が今後どういう風に転換して行くべきかということが一番大きな問題となりました[18]」

同じく復興委員会で副会頭、公選市議会の議長をつとめ、のち市長となった佐世保財界人辻一三は、自身が起業する一九三五年まで佐世保には遠洋漁業や底引き網業を経営する会社もなく、「軍港一本で発展」してきたため、「宝の山」「好漁場」を目前に、「割高の魚」を食べさせられていた」という。[19]

自明のことではあるが、一九四五年後半の段階で、一地方都市が軍港として復活する選択肢は皆無だろう。会頭となった商工経済会佐世保支部長の北村徳太郎（一八八六―一九六八）は、長崎県から進歩党所属で衆議院議員に当選、「戦後最初の総選挙で佐世保を地盤にして中央政界に……瞬く間に「政策」力を持って大臣」[20]を歴任していく。支持政党に幅があるものの「復興委員会」は、廃屋の市役所に事務所を構え、旧軍港資源の転換を前提に、港湾産業の模索をめぐる方針を具体的な専門委員会を作って提案していく。[21] ＳＳＫ（佐世保船舶工業株式会社）の民間企業としての起業などは、委員会の「旧海軍工廠の活用としての係船修理工場（民間造船所）」路線を実現したものである。

ところでこの「復興委員会」は人的包括性を持つうえ、佐世保の「戦」後が持つローカリティも反映していた。少し時期が降るが、「復興委員会」の青年部を軸とした文芸雑誌『ばら』を引き継ぎ、[22]一九四九年三月、あらたに「佐世保文化研究会」を発足させて作られた月刊同人誌『佐世保文化』（編集長河口憲三）は一号の「編集後記」において、以下のように、雑誌の着想に至った経緯を述べている。新たな佐世保文化構築を論じる場が持つネットワークの広がりは興味深い。

「昨年の佐世保の文芸活動は、まつたくの空白状態であつた。私達の同人雑誌「ばら」月刊が日の目を見ただけで終つた。佐世保文化の貧困が嘆かれた。しかし、嘆きや愚痴や罵倒だけで佐世保の文化がどうなるというのだろう！　十二月上旬に中央作家の湯浅克衛氏が五島に墓参のため来保され、その機会にＳＳＫの小田島総務部長を初め同社文化部の方々と一緒に「菊水」で一夕を語つた。「佐世保の文学活動について」問われ、身を切られるつらさを身一杯に感じた。話にきけば、海外からの引揚者の方々の中にはかつての中国や満州の各都市で、それぞれ活発な文化運動を続けた文化人も多い。それらの人々が佐世保に生活の根を下し文学勉強に激しい熱意をたぎらせていながら、ささやかなる舞台すらない佐世保を歎き悲しむ心が訴えられる。このままの佐世保であつてはならないばかりではなく、それは又個々人の生活にとつて「大きな赤字」である。月刊「佐世保文化」が生れたゆえんもここにある。――[23]」

佐世保の文化をどう考えていくか。地元メディア、ＳＳＫ幹部に加え、文中、議論の先導役として紹介されている湯浅克衛は戦前、植民地朝鮮を描いた小説で厳しい検閲を受けたことで知られ、高見順とも近い。ここでの「海外からの引揚者」による文化活動の活用という提起について湯浅は、雑誌『文明』（一九四六・八）でも論じている。実際、佐世保は一九四五年十月、初期占領期にいちはやく引揚港指定を受け、一九四九年までには舞鶴の六六万人を上回る一四〇万規模の人々の受入港となった。『市史』は引揚者からの文化接触を強調している。[24]復員を民間人引揚者が上回り、郊外の浦頭港に上陸した引揚者は、「女性と荷物はトラックで男性は徒歩で」五キロ離れた針生まで歩いたという。[25]写真雑誌

『ライフ』（一九四六・二・一一）は、浦頭から重い荷物を背負って急な坂道を移動する引揚者の列の背面を坂下から捉えた写真を掲載した。佐世保での引揚事業がほぼ終息を迎えつつある時期、受け入れ港としての「佐世保市民」の立ち位置から、「引揚者」は移動者、受難者として保護の対象としての像におおわれていたわけではなかったことも重要だろう。いずれにせよ、「文芸活動——空白」「佐世保文化の貧困」という現状認識を共有しつつ、主体としての「佐世保」が立ち上がる様をここでは確認しておきたい。

3　中田市政

旧軍港都市の「復興」戦略

「復興委員会」が提起した課題は、市当局・市議会・商工会議所が一体となって推した中田市政下で具体的に展開した。中田正輔（一八八四―一九六〇）は、最後の官選市長（一九四六）一期、一九四七年四月、戦後初の公選市長を二期つとめた。元民政党の代議士でもあり[26]、戦後直後は農会会長として復興委員会名簿の筆頭に名前があがる。辻は「ベテラン政治家で市政会における長老的存在[27]」、旧市史は「生粋の郷土人市長」と評した。

中田の佐世保認識は「佐世保には別に産業がない」「海軍に頼った純然たる消費都市」だが、特にインタビュー[28]での以下の言は、地域行政にとってさえ、軍港が他者化された空間であったことがよくわかる。

「海軍は従来軍港ということで秘密にしておつたんですから、私は佐世保に産まれながら佐世保の港の内容というものは全然知らぬ。その内容を調べねば、港を利用するといっても利用はなかなか容易じゃあない」（『銀杏残り記』一〇二頁）

「佐世保は港の町ではあるけれども、いままで軍が独占しておつた。港といつても魚市場付近のわずかな水面しか市は利用できなかつた。従つて港湾についての知識経験のある人は市役所には一人もおらない」（『銀杏残り記』一三四頁）

一九四六年十二月、中田市政一期目の目標は、「貿易振興・工廠民営化・水産基地化・給油基地化・石炭積出港化・旧軍用施設の転用工業化」による商港転換政策にあった(29)。同時期、中央政界に転出した北村とは対照的に中田は、地域利益誘導に徹していく。

では戦前の中央の政界に身をおいた戦後の公選市長はどのような政治手法を用いるのか。この点で戦後の「民主化」が中央政治との関係を煩雑にした、との中田の見方は興味深い。戦前政治のいかに与党の大臣を折衝相手とするかから、戦後は国会が法律案を出すことで大臣の裁量が下がり、「各省の事務を取る役人の権限が非常に強くなった」。特に、任官であり内務省官僚ポストであった知事職は、戦後、選挙による自治体の長として大きく性格を変えた。その影響は「従来市町村の中央に対する折衝は県を通じてやれば大体さばけていた」「県庁は昔は政府の出先機関」が、県を通じなければ陳情等、書類は届かない一方、「各市長も直接本省に行って……側面からつつかぬと、こっちから行く書類は本省の机の下積み」となる。[30] このため中田は再三の上京用に東京事務所を構え、市を陳情の主体とする戦略を用いた。同時代の発言でも中央集権的な体質が温存される一方、手続が複雑になったことを批判する。[31] 中田の政府要人交渉に度々随行した市の幹部関屋徹雄（インタビュー時佐世保市企業局長、後助役）は「終戦後の大臣は中田さんなどよりも後輩の方が多」くて「押しが強」い、「とても普通の中小都市の市長ではできないような面々を多々[32]」見受けたとその人物像を述べている。

中田のロビー活動は「復興」構想の可能性について商工省・建設省をまわり、同郷の函館ドック社長・富永能雄を介して鮎川義介と知己を得た。さらに三井船舶で商港部門の重役をしていた杉本甚蔵には商港としての佐世保港調査を委託し、実現に至る。[33] 元市幹部の中本昭夫によれば、一九四六年十一月一八日、佐世保市議会の建設委員会は、鮎川らの調査結果を親和銀行講堂で聞く会を設けたという。[34] 港湾活用の知見を中央の政財界に求めた中田の動きは、中央政財界の人的ネットワークを駆使する政治文化の所以だろう。

軍港として作られた港は商港として再生可能なのか。先の三井船舶の杉本は、接岸設備が軍艦用で、商船を繋ぐには高いものの、湾内が広く、港の中に船つぎ場所の豊富さを良港とみた。大型船舶用の岸壁としては神戸港に次ぎ、倉庫群も大阪港に次ぐ。荷役用の起重機は神戸を上回り、副港の多さも将来性があるともいう。もっとも港湾施設に限定しての評価は、接収解除の先を見越した政治戦略、ロビー活動の重要さに帰結する。また争点は、国有財産として軍用財産の処分を進めようとする財務官僚等の意向を把握し、これらと折り合いをつけながらも、地域行政主導の産業資本にいかに転化できるか、に向けられる。北村や盛屋等、地元選出議員の果たした地方利益誘導に便宜をはかる役割は重要だろう。中田およびその周囲の人々の、回顧録も含めた「復興」路線の語りからは、占領下とはいえ、地域政治の課題の実現にとって、これと利害関係にある交渉相手とはまずは、中央政府の省庁であったことがよくわかる。

港湾行政の戦後

中田市政下の「復興」路線模索の時代は、初期占領期という観点での特徴も帯びる、それは、主体としての地域行政の位置を高める、「民主的な」政治力学が作動する時期であったことだ。背後にはそれぞれ出身議員のロビー活動の影響が見え隠れするものの、港湾に関しては、旧軍港に限定しない他の一四港と同時追加での一般商港路線の指定（内閣次官会議、一九四七・一二・六）や貿易港指定（一九四八・一・二）等の法整備が進められた。

では港湾をめぐって何が争点になるのだろうか。戦前、港湾の管理主体は国家であり大蔵省・運輸省管轄の「国の造営物」だった。これに対し、GHQ／SCAPは民主化政策として港湾の管理・運営主体を自治体等公共団体へと変えるよう提案した[35]。この理念は、港湾管理を地方行政のひとつとしておこなわれるべきとする港湾法（一九五〇・五）の文言に明らかだろう。

アクターとしての佐世保行政は、港湾をめぐる法整備に期待した。先の辻はその状況を、「商港転換への悲願は昭和二三年一月、まず貿易港指定となって具体化した。続いて同年一〇月には貯油港、昭和二五年には食料輸入港に指定されるなど、着々として実現した」[36]と評する。『新聞』も貿易港指定を朗報とした。制限の多い軍港と商港としての未来は対立する。

一九四八年一月一日、佐世保港の貿易港指定は「開港」とさえ称された。『新聞』の同日の紙面は「お目出度う　港サセボ――きょう開港」と大きく見出しをつけ、以下のように新たな出発としての貿易港指定を報じている。

「鉄のミナトから平和のミナトへ　軍港五十年の古き夢をかなぐり捨てて、いまぞよみがえる歴史の夜明けである、八重の潮路もはるばると南から北から遠来の船きたる夢と希望に胸ふくらむミナト佐世保の未来よ栄光あれ！」（『佐世保時事新聞』一九四八・一・一）

貿易港指定は「歴史の夜明け」「希望」と賞賛され、同日のコラムはかつての軍港市の姿を「鉄のミナト」や「ミリタリズムの残骸」として否定する。[37]加えて紙面には市長の「二年目の抱負」が掲載された。「港の活かし方」「市役所の機構をどうする」「ゆたかな観光の夢」という三つの方向が提起され、道路のインフラ整備や商港の充実のために「商港貿易行政を含めた新しい課」をつくる計画を策定中であるという。「観光」は、「九十九島」も含めた西海国立公園構想が計画・想定されている。市行政も港湾を管理コントロールする新しい主体として自らを位置付けてみせた。

翌一九四九年一月四日付『新聞』も広義の商港開発路線の延長にある。社説は「四九年佐世保の構想」として、前年八月一五日以降民間貿易が開始され、輸出手続きも「占領軍の好意」によって簡易化が進み、為替レート設定も控え、貿易港としての未来に期待するとある。佐世保市の行政内部資料の記録を見ると一九四六年～一九五三年八月までの「佐世保港に於ける輸出入の概況」の数字と解説文は、入港船舶数は、四六、四七年の八隻に対し、四八年二一七隻、翌四九年は二〇八隻ではあるものの、輸入価格は四八年から四九年にかけて倍増した、と右肩上がりの数字を評価した[38]。中本は「開港」の第一段階の内実が、「立神岸壁を賑わしはじめた塩船」「賠償船」「それに沖停泊の引揚船」であったとする[39]。もっとも他の商港との競合は難しく、例えば「塩船問題」など門司港と競う地位にはない。『新聞』の一九四九年五月八日の「中田市長にきく」記事では、貿易は中国（台湾）を想定しているが今後の課題であり、現実的な見通しとしてＳＳＫの育成、漁港基地の整備、外国船修理の許可、北松炭田と佐世保を結ぶルートの確立などをあげ、「将来構想」とした。一九四九年には漁港基地建設計画も作成された[40]。

他方、商港論の展開としては国会での動向と連動した「自由港」論をあげたい。一九五〇年元旦の『新聞』は紙面中央に大型クレーン写真を掲載し、「自由港」というタイトルをつけた。一九四九年から一九五〇年にかけて国会では、港湾法からさらに踏み込んで、戦前からの系譜を持つ貿易特区としての「自由港問題」が、各地の港湾都市の要望として盛んに論じられた[41]。紙面には、市行政の三課長（水道課・港湾課・土木課）に聞く――というインタビュー形式の「佐世保建設の懸案」についての議論が掲載され、「建設のカギ、自由港」「立神岸壁に新佐世保駅」等について行政担当責任者側の準備や予想を語らせるという踏み込んだ企画を持った。港湾課長は、今後の港湾法及び自由地帯法案の国会上程を前提に、倉庫や岸壁施設、近在の貿易港への圧迫などもないことから佐世保が自由港として適性と認められると発言し、国家補助に期待するという。臨港鉄道線も着工が決まり、近い将来、立神岸壁に貨物列車が並ぶ予定ともいう。かつて戦艦大和型の大型戦艦を想定して造られた巨大な立神岸壁は、佐世保の戦後復興の語りの中で商港路線の象徴となった。また鮎川との関係では自由港問題で一九五〇年二月、野村研究所による再調査もなされ、市行政は漁港基地構想を進め、接収解除の予定対象としては、旧防備隊跡の倉島地区を充てていた[42]。朝鮮戦争前の佐世保の「商港論」の中身とその力点の置かれ方の推移については、より詳細な検討が可能な段階にある。

旧軍港市転換法[43]と平和宣言

ところで港湾法（一九五〇）の理念は運用の場面では、国家事業だった港湾整備や開発を自治体に委ねる自由主義的な要素も含む。他方、国家財政を潤す有償での払い下げや賠償に充当させようとする戦後処理問題も含めた包括的な国有財産をめぐる法整備の構想は、旧軍港都市にとって復興政策の前提をゆるがせる。

この点で、のちの国有財産法（一九四八）と同日の「旧軍用財産の貸付及び譲渡の特例等に関する法律」（昭和二三年法律第七四号、以後特例法（一九四八）と略す）は旧軍用財産を特別扱いしたまさに特例法である。第一条は、軍用財産としての「旧陸軍省、海軍省及び軍需省の所管に属していた普通財産」を、運用主体を限定し、「水道施設及び防波堤、岩壁等の臨港施設として公共又は公益の用に供するとき」

との条件付きで「無償で貸し付け」とした。成立時点での、旧軍港市に大きく便宜をはかった内容が特徴だろう。ことに後の「旧軍港市転換法」（一九五〇　以下軍転法と略す）は同条文を前提とした。旧軍用財産に関する特例法（一九四八）と軍転法（一九五〇）は、連動した法であった可能性が高い。旧軍港四市の旧軍用財産をめぐっての初顔合わせは一九四七年四月頃、横須賀市役所への集合にまでさかのぼり、以後、大湊など「同じような条件を持つ」要港部の港湾都市を排し、[44]「四軍港都市」としてロビー活動を展開する。

他方、軍転法の原案は呉市長の提案として一九四九年十月十九日、東京で開かれた各市理事者協議会開催の席上で四軍港市長の意見として提出された。同案は、四軍港所属府県選出の衆参国会議員による議員立法としてその法案化が模索されていく。国会請願は第五回国会以降、法案の採択通過は、一九五〇年四月一一日第七回国会、法施行は同年六月二十八日であった。同法および先の特例法（一九四八）によって、旧海軍工廠の造船所、岸壁、倉庫、用地、兵舎などの旧軍用財産が地元自治体等に無償で払い下げ、貸与されることが可能となった。特にその目的は「この法律は、旧軍港市（横須賀、呉、佐世保、舞鶴）を平和産業港湾都市に転換し、平和日本実現の理想像に寄与することを目的とする」とあり、転換の方向性が明記されている。

軍転法成立に先立つ一九五〇年一月一三日、『基地の一形態』も強調したように、市会で中田市長は「市民はその総意をもって港を永久に平和港として育成する」と「平和産業港湾都市」を宣言し、市議会も満場一致で受け入れた。平和宣言（以下Bと略す）を引用しておくと以下の通りである。

「①巨額の国帑と六十年の永きにわたり、営々として構築された旧軍港は、もっぱら戦争目的にのみ供用せられてきた。膨大なる軍工廠を擁し、軍都として発展してきた佐世保市は、人口三十万に達する大都市と成った。然るに今次大戦は、日本をほとんど破滅の状態において終末を告げた。数代に亘ってここに定着した市民は、住むに家なく、帰るべき故郷は既に無く荒廃した惨状の中に失業群集と化し去った。②解体艦船のスクラップの山、半壊の建物の群は、これを眺める市民に戦争の惨禍と無意義さを泌泌と訴えるのである。③日本は新憲法により非武装平和国家を中外に宣言した。佐世保市はここに百八十度の転換をもって、せめて残された旧軍財産を、人類の永遠の幸福のために活用し、速やかに平和産業都市、国際貿易港として更生せんことを希うのみである。市民はその総意をもって港を永久に平和港として育成することをここに宣言する[45]」

成立した軍転法は憲法五四条による市民の同意を条件とした。法案の国会通過を受けて六月四日、市民投票が行われ、佐世保市では投票率八四・七%、賛成票九〇%という数字が記録された。四市中で最も高い。投票の様子について、一九五〇年当時、船員として復員業務に従事していた三宮克己は「佐世保の「旧軍港市転換法」受け入れの住民大会場は、満員の聴衆を前に市長をはじめ地元の財界の方々が頬を紅潮させて、わが街は軍港から国際貿易港に生まれ変わるのだと口々に訴えていた」と回想している[46]。

ところで宣言Bと「旧軍港市転換法委員会」の内部資料に残る、一九四九年原案の文言（以下Aと略す）とはどのような関係にあるだろうか。Aの「目的」項目のうち、「理由　平和宣言」は、Bと同じ構成のうえ、文言も重なる部分が多い。例えば傍線①に対してAでは「数千億の国幣と、百年の永きに亘り営々として構築された旧軍港は専ら戦争目的のみに供用」、②でも「破壊されたスクラップの山と化した船舶の残骸は、これを眺める市民に戦争の惨禍と無意義さを必々と訴える」など語彙や因果関係など文の構造を踏襲していることがわかる。「平和と人類の永遠の幸福」「平和産業都市」「国際貿易港」「平和港」といった語彙も同様であるが、Aにはなく、Bのみにある文がある。それは二重線③、「日本は新憲法により非武装平和国家を中外に宣言した」であった。軍転法成立の前提としての「平和宣言」は、新憲法発布から四年を経た段階で、戦後憲法を高く評価する文言が入る点で、原案よりもさらに「転換」の持つ路線を明示していたことになる。一九五〇年代末では国連世界連邦都市宣言の支持によって、「一四五の都市が平和宣言[47]」を行ったというが、この時期では、広島（一九四七）、長崎（一九四八）での平和宣言に続く事例だろう。佐世保の平和宣言については軍転法を目前にしての戦略性を強調する評価もあるが、旧軍港市と被爆都市がともに「平和」をめぐるパフォーマンスを共振させる状況は、朝鮮戦占領後期、朝鮮戦争以前での時期の政治言説の持つ特徴として留意するべきだろう。

地域にとっての「占領軍」

・初期占領期の佐世保の位置

では佐世保というアクターにとって、地方軍政部はどのような位置にあったのか。まず地域住民や地域行政が日常的に交渉した進駐軍とは各地に上陸した、アジア・太平洋戦争の戦場からの転戦部隊としての地方軍政部の存在である。占領政策のなかでの位置付けは、占領政策の遂行の監督業務に限定とされた。他方、日本占領軍としての連合国軍総司令部はGHQ／SCAPであるが、進駐軍としての戦力は各国軍隊からなり連合国軍として新たに再編成されたり、混成部隊が作られたわけではない。このため現地司令部としての地方軍政部の上位機関の命令系統は米国に属した。連合国軍司令部であるGHQ／SCAPが組織機構として一枚岩ではないとされる所以である。

その地方軍政部の占領初期の任務は武装解除にある。機雷除去の必要性から佐世保では掃海艇の活動が長く続いたが、他方で一九四五年十一月には「海軍エリアの日本政府による使用を認めない件」という通告が出され、旧日本軍船艇等を集めての軍事解除や賠償船への準備も始まった。また米軍資料をふまえた『市史』の記述によれば、上陸作戦上、佐世保は長崎・佐世保地区として、関東圏に次ぐ第二の重要戦略地点の一つであった。同時に海軍工廠の持つ軍事技術への関心は高く、占領直後では「米海軍対日技術調査団」が設置され、旧佐世保海軍工廠内で開発されたガスマスクの押収や研究員への尋問がなされ「潜水艦あるいは魚雷製造能力」が調査者側の注目を集めていたという[48]。

この間、佐世保には第五海兵師団からなる第五水陸両用軍団が九月二一日に上陸、事前交渉では士官三〇〇人、兵士五万人の収容施設が求められた。市役所二階には佐世保軍政部が置かれ、市側の渉外窓口としては、市の行政整理によって戦前の軍民連絡部が連絡部として担当し[49]、軍政部側には市行政への窓口として民事担当官[50]がおかれた。後の日本文学研究者、E・サイデンステッカーは、硫黄島の実践部隊からハワイでの訓練を経て佐世保に上陸、翌年一月現地除隊した青年将校の一人だった。実際の佐世保軍港の規模の小ささに愕然としたというが、主な業務であった海軍工廠の解除作業は膨大であるうえ専門的に過ぎ、旧海軍側の詳細なリストや協力的な態度がなければ進まなかったと述懐している(51)。佐世保が指定された引揚港としての役割も、旧軍の施設や組織を必要とする構造にあった。同じく日本側のリエゾン将校として戦後の佐世保で任務に着いた佐伯彰一は、復員業務が主の毎日、大量の丸腰の兵士に感慨を持ったことを述べているが(52)、旧海軍の系譜をひく引揚援護局は、佐世保湾対岸に位置する針尾島海兵団跡に設置された。

・占領下地域の地方軍政部

このように、「日米の抱擁」というダワーの構図は、地域においてはもう少しアクターが入りみだれる。占領下の地方新聞の紙面は例えば一九四九年元旦を例にとると、図２のように、第一面の最上段に、「長崎県民におくる新年のことば」として、県軍政府司令官中佐（ヴィクター・E・デルノア）の「繁栄はうまざる協力に」の英文原文とサインを掲載した。

新聞紙面の中心は傾斜生産方式を支える炭田の紹介だが、右中段に昭和天皇の写真入りのその下にはマッカーサーの言とさらに下段には吉田茂の言が、他方、中田市長のインタビュー記事「四九年佐世保の構想」「港、石炭の活用――交通線の整備急げ」「夢多し　中田市長」及び写真は左中下段を占める。軍政府長官の、横組みメッセージは多くの登場人物のなかでも際立っている。

前年、一九四八年の元旦でも英文のデルノア中佐の挨拶文は中央に、天皇家の写真は右上段に配され

THE SASEBO JIJI SHIMBUN

佐世保時事新聞

繁栄はうまざる協力に

—デルノア司令官年頭祝辞—

長崎県民におくる新年のことば

平和を築け四九年

再建の重点、経済へ

マ元帥九原則を強調

マ元帥のお年玉

國旗の掲揚

銀婚式・両陛下

四九年佐世保の構想

港、石炭の活用

交通線の整備急げ

夢多し

中田市長

爆雷に非ず

米國へ感謝

謹賀新年

S. S. K.

佐世保船舶工業株式會社

佐世保港湾運輸株式会社

1949

図２　『佐世保時事新聞』1949年元旦号

る。北原恵はかつて、「正月新聞」の、天皇一家表象をめぐる政治の存在を明らかにしたが、[53]全国新聞と異なり、占領期の地方紙では地方軍政部司令官という全国紙には登場しない存在が主役級の役割を果たす。紙面に現れた写真からは、司令官の他、天皇、市長、マッカーサー、吉田茂、と占領期の地方政治の重層性を示すものだろう。

では地域行政にとって占領軍像はどのようなものか。中田市長の引退後の発言からは、朝鮮戦争以前に限定してではあるが、地方軍政部司令官にとどまらず、ＧＨＱ／ＳＣＡＰの担当官に対してもその評価は高い。

例えば、佐世保港の旧軍施設をめぐって、政府と地方軍政部司令官は対比的な存在である。政府（大蔵省）は「一こう理解を持ってくれない」「ここの施設をひつこ抜いてよそに持つて行く」、「私は海軍の施設をそのまま利用さしてもらつて、佐世保の港湾都市としての復興を図ろうと思つているのに――けしからぬ」「民間会社に払い下げている」のに対し、「アメリカは逆に非常に理解―協力―市政を援助」「（旧日本海軍の曳舟や水船について）佐世保港内にある施設を出さぬ方針をここの司令官がとつてくれた」「四、五隻ただのごとく払い下げてもらった」とある。[54]軍転法の集まりでも「中央官庁や有力会社が入り込んで諸施設を持ち去るのにで大いに困った」「これに反し米軍は佐世保の復興に理解と同情」、「曳船・水船・ボンフーン・船具等も関係官庁の許可を得て各方面の会社や団体が持ち去ろうとしたけれども、米軍が一切承諾せず、市が極めて安い値段で払下げを受け[55]」とその語りは一貫している。検証が必要ではあるが、現地司令官の、ローカル政府の利害に沿った裁量運用が強調されているのである。

なかでも給水をめぐる、旧軍が始めたダム建設を国が占領軍用の調達工事として全額負担する、いわゆるPD工事として扱う際に、地方軍政部と市との間に密接なやりとりがあった。軍政部は一九四六年一〇月二十八日付「貯水池建設の件」として長崎県知事宛に要望書を出し、いったんは工事が進められた経緯がある。(56) 市営水道用のダム建設工事は占領軍の専用工事ではない、との疑義が出て大蔵省は一九四八年五月一四日、工事の中止命令を出した。(57) GHQ／SCAP文書のAGのリストの中にも第八軍から司令部への報告として、「ダム」「給水施設の件」が存在する。

米軍将校の、市行政に対する対政府との関係での高い評価は、地方軍政部にとどまらない。先の軍転法関係法の決定的な文言をめぐって、司令部担当官の介入についての中田の語りは極めて興味ふかい。鍵となる「無償で貸し付け」の文言について中田は、草案を書き換えさせられた結果であり、「これは僕らも本当に思いもよらない収穫であった」とする。なぜなら原案は、日本の法律では「「政府は払下げることができる」――払い下げるも、払い下げんのもそれは政府の考え一つ。いわゆる官僚政治だったから皆そうだつた」。用語の孕む思想性についての感度の鈍さは、地元選出の参議院議院も「法制局の協力者」も同様で、作ってはくれたものの「従来の行き方」が残っていたという。対してGHQ／SCAPの担当司令官たちは、政府を主語にした草案の文言にただちに反応した。

「主権は国民にあるんじゃないか。……主権在民、国民が政府の役人を使うべきじゃないか。なぜこういう威力のない、力のない条文にするか。だから市が産業を起こす場合には政府の国有財産は無償で払い下げなければならぬという命令的な文句になぜせんかといつて、無償譲渡しなければならぬということに書き換えさせられた」
「これは本当に特色のある法律でアメリカさんが考えてくれなければ、そういう思想はわれわれになかつた。これには国会議員もあ然としていた[58]」

このように軍転法案の検討過程は、中田をいい意味で驚かせた初期占領期の「民主化」思想を伴った。もっとも、占領軍との非対称的な関係について「占領下の立法殊に議会立法が如何に複雑且困難なものであったか[59]」は、占領下の構造として存在し、中田も「当時日本で法律を定めるには、初めその法律の草案を作つて一々アメリカ軍司令部の許可を受けなければ法律にならなかつた[60]」との見方を共有する。しかしここで顕著なことは、占領軍・国・地域という三者の関係性だろう。市行政にとって、対政府を考えての市政運用の利害関係の調整弁は、現地の地方軍政部であった。両者もまた、国家主体とは異なるレベルでの、非対称的な「抱擁」しあう関係であったと言えるのではないか。また本来の役割としては占領政策遂行の監督に過ぎない地方軍政部が、実際には市行政と交渉可能な一つの主体として存在感を持っていたことは、地域をアクターとして考える際、見えてくる論点でもあるだろう。

もっともこうした構図は、「民主化」という、普遍性を備えた「戦」後社会の実現に向けての、いわば有期限かつ占領目的が明確な段階での関係性に過ぎない。一九五五年に市政を引退、五年後に亡くなった中田は、朝鮮戦争下の米軍情報や批判を刊行物で吐露する時間を持たなかったのではないか。占領期経験を回顧する米軍将兵の回顧は多く出版されているが、初期占領期の異文化接触に関するものが圧倒的に多い。いずれにせよ占領下の朝鮮戦争はその記録の残り方も含め、歴史叙述としての戦後史叙述を阻む要素に満ちている。

4　占領下の朝鮮戦争

「策源地」化する佐世保

軍転法施行を目前にした一九五〇年六月二五日未明、朝鮮戦争が始まった。開戦後の特に北九州の港湾は朝鮮半島に向けての武器・弾薬・兵員輸送の到着と送出の拠点となった。二日後の『新聞』紙面は、「南朝鮮に緊急援助、マ司令部武器積出し」、「ソ連・全極東支配を狙う」の見出しとともに、佐世保が「在韓引揚米人第一陣」の受け入れ港になったこと、「先づ漁業基地建設――軍転法早急に具体化へ」と軍転法施行にむけた記事も並ぶ（一九五〇・六・二七）。しかし七月、米国本国の米地上軍の投入が決定されることで占領下の基地は、戦後処理の拠点ではなく、新しい戦争の送り出しへと役割を一変させた。九州に駐屯する第二四師団派遣が命じられると佐世保はただちに輸送艦船の送出港となった。同日の紙面ではすでに決まっていたBCOFオーストラリア軍撤退の中止も報じられた。七日には国連軍投入も決まり、佐世保は大阪管区の二五歩兵師団を釜山に向けて移送を始め、国連軍の「策源地」（兵站活動を行う後方基地）としての役割を負う重要な港となった。その第二五歩兵師団に属するキャンプギフの黒人兵部隊は早々に小倉に送られ、そこで松本清張の「黒地の絵」（一九五八）のモチーフとなった小倉・城ノ内キャンプからの集団脱走・住民への暴行事件を起こし（七／一一）、照明弾まで用いてのさながら「市街戦のようだった」とされる脱走兵の鎮圧と囲い込み作戦を経て（七／一五）、佐世保から戦場に送られていく。

この間、北九州地域では度々防空管制が発動されるが、福岡では米軍板付空軍基地で空襲警報が鳴り響き、六月二九日、小倉・戸畑・八幡・門司に警戒警報と灯火管制が実施された[61]。佐世保では同日、空襲警報が発令、佐世保消防署は「其の筋の指令により」、空爆や空挺部隊を想定してのサイレンの吹鳴について、「敵機来襲」「エアボン・アタック（パラシュート部隊降下）」「敵機退去」「火事」等の吹き分けを決めた[62]。七月八日には「佐世保市燈火管制規定」が定められ、動員と治安をめぐる組織化が進められる。

朝鮮戦争を挟むことで、米軍にとっての佐世保の軍事的位置が一変したことも、改めて明らかになった。新編「市史」編纂の過程で発見された「佐世保艦隊基地の現状と活動（一九五〇―一九五三）」（米太平洋艦隊業務評価部長宛業務報告書）によれば、開戦当日段階での佐世保海軍基地の配属要員は、士官七人と下士官・兵九十六人、日本人雇員は、熟練工を含めた事務職員が六六九人、基地付艦船に至っては、漁船監視用の駆逐艦五隻にまで縮小されていた[63]。今日発見されたこれらの具体的な数字は朝鮮戦争下での膨張と隔絶する。

急激な変化を見ておこう。朝鮮戦争下での佐世保基地では、一九五一年一月までの数字でも、要員六

○人以上の士官と一〇〇〇〇人以上の下士官・兵という規模へと転換した。ことに艦船は七月で三六七隻、八月で四七八隻と比較にならない数字があがる。日本側の水先案内人は五人にふえ、総括的な指揮はアメリカ海軍基地の作戦部が行った[64]。ことに、旧軍転換法施行下にあって重要なことは、引込み線が開通したばかりの立神岸壁をはじめ港湾施設はただちに再接収され、ＳＳＫのドックの無条件使用は第六ドックのみ、広大な倉庫群も再接収されたことだろう。九月一日には佐世保湾の入り口には防潜網が張られ、漁民に深刻な損害が生じた[65]。先の写真集『基地の一形態』には湾内封鎖の写真が掲載されている。

宣言したばかりの「平和港湾産業都市」は自由港構想の切り札だった立神岸壁をはじめ平和産業地区としての干潟地区、尼潟地区などをめぐって「接収解除」という前提が崩壊した。このことにとどまらず、佐世保は撤収予定の占領軍の街ではなくなった。市史の記述は、「基地業務報告」の発見によって、同時代の市行政からは「伺いしれなかった」事実をいくつも列挙した。たとえば弾薬保管業務等に一〇〇人規模の旧日本軍兵士を用い、貯蔵庫旧日本軍の軍事施設を再利用していたこと、一九五一年二月、米軍の弾薬担当将校の任務には毒ガスまたは核放射能攻撃に対する防御規定を定める任務が課せられたこと、佐世保港内に接岸停泊中の艦船に、英極東艦隊の戦域司令部が置かれていたことなど、フェンスの向こうの「軍事機密」や「戦」後での旧日本海軍施設と人材活用のありようがよくわかる。旧軍用施設には早々に新たな組織が作られた。『長崎県警察史』は一九五〇年九月四日には針生警察予備隊が、米軍基地及び港湾施設の防備を主な任務として設置され、一九五一年一〇月で六〇〇〇人が駐屯したと数字をあげている。

兵站基地として重要な弾薬保管については八月中旬までに五三〇〇トン、立神岸壁は昼夜の別なく物資の積み込み作業を必要とし、七五〇〇人の労務者確保が求められ、二十四時間交代制が取られた。佐世保には特需で一年間で四八億円が「落とされた」とされるが、その少なくない部分を米軍調達とされた「港湾荷役」や「労務費」が負ったものと思われる。(66) 他方で朝鮮戦争以後であっても、新たに結ばれた労務基本契約（「日本人及びその他の日本在住者の役務に関する基本条約 Master Contract for Services of Japanese Nations and Other Residents of Japan」）は労務提供を政府の義務とし、港湾労働者は日本政府の被雇用者とされ、輸送船員も日本の船会社を統括していた船舶管理委員会は米軍の後方支援としての戦地輸送を担った。先の三宮氏は船員として船ごとその業務が「仁川上陸作戦」の輸送業務へと化し、ＬＳＴに乗船したまま鎮保への上陸を余儀なくされたという。日本政府雇用の民間人が朝鮮戦争に米軍と行動を共にした軍事動員の事実が明らかになるのは近年のことだ。死者は不問にふされた。占領下に朝鮮戦争の兵站基地に位置付けられることは占領目的からの逸脱や混乱を構造的にもたらす。以下では「佐世保」についての記録を多く残す、治安という枠組みを見ておきたい。

「治安」・「風紀」という言説

占領初期に出された「連合国占領軍の占領目的に有害な行為に対する処罰等に関する勅令」（一九四六・六）は、一九四七年の一部改正を経て朝鮮戦争勃発後の一〇月三十一日、政令第三二五号「占領目的阻害行為処罰令」とされ、朝鮮戦争下での「治安」取り締まりという枠組みを得た。では「占領目的阻害行為」とは何か。新編「市史」の扱う米軍史料からは、佐世保では「共産主義者の扇動」が注目され、かつ共産党員の大半が国際派であったため細胞は少数派である、との認識が示されている[67]。次の事例は、プレスコード違反で佐世保署に逮捕された佐世保の共産党員からの押収文書で一九五〇年一〇月十三日付の「佐世保地区活動報告書」であり、長崎県警の手を経て米国公文書館に残されたという興味深い経過をたどった。

他方、いわば情報提供側の県警資料からなる『長崎県警察史』は、一九五一年七月、佐世保の「勅令第三一一号違反事件」、反戦ビラの作成・配布を罪とした共産党員の検挙事件と公判記録を掲載している[68]。被告とされた一一名のうち二名は朝鮮人であり、長崎地裁で実刑判決を受けた。コミンテルン批判による分裂のなか、反戦ビラを散布する運動方針は勅令のいう「占領目的に有害な行為」とされた。配布ビラの内容は弾圧者側のGHQ／SCAPのAG史料によってわかる。文言としては、「侵略者アメリカ帝国主義　侵略基地日本」批判に加え、「日本人は防空壕に這入るな」とある。これは何を意味するのだろうか。

この点で「学歴を切り下げ[69]」、コミンテルン批判以後の「国際派」にあった井上の佐世保ルポジュタージュは興味深い内容を含む。戦前、崎戸炭鉱の労働を経験、戦後の長崎地区の共産党員でもあった井上は、すでに佐世保に起業した竹森久次[70]の九州文学評論社から一九四六年、『新日本プロレタリヤ詩集』を編し、翌年『佐世保文学』を発刊していた。先の井上のルポルタージュは『新日本文学』で発表され、のちに高見順編の各地の基地ルポルタージュ集成本の中に収められた[71]。先の引用部分を井上は以下のように続けている。

「しかし一日一軒三十万円から百万円も売り上げるというきちがいじみたスーヴェニヤショップのネオンの裏には、昼夜ぶっ通し十六時間、弾丸運びをしなければ食えない蒼ざめた人びとがうごめいている。しかもその弾丸運びにすら採用されない人びとがいるのだ――対日講和についてどう考え、何を希望するか――えたいの知れぬサイレンにおびえつつ防空壕を掘る市民は、ベルリン・アピール署名運動になんと答えるであろうか。」

井上もまた佐世保を、「戦争とパンパンの都市」と女性たちの存在をモチーフとするが、その主な関心を「通りの裏」の、つまり市民の関心の外部にある弾丸を運ぶ港湾労働者やその労働からもあぶれた未組織労働者に向ける点が特徴と言えるだろう。小説『重いS港』（一九五二・八）は朝鮮戦争下での佐世保の港湾労働を描いた。弾薬庫をはじめ、実際に事故は起こっていたが、「重い重いアメリカの荷物「たてつづけ四時間の弾薬運搬」で船底への墜落死亡事故も起きる現場の絶望的な描写は強い印象を残す。一方でルポルタージュは、随所に空襲警報の噂や偵察機、「サイレン」、「防空壕を掘る市民」といった防空関連の描写が登場する。これらの記述から井上がビラの内容を強く意識し、「事件」への想起を促していた、と考えることは可能だろう。同時に、防空壕――防空体制への批判が「反戦」につながる論理には留意が必要だ。防空体制とは、能動的な後方支援に住民を組入れる、戦時の総動員のしくみにほかならない。占領軍の存在意義は変容し、佐世保「市民」は新たな戦争のための基地の後方動員へ、防空体制をてこに組み入れられつつある。防空壕を作る行為は積極的な後方支援の意思表示となるだろう。反戦ビラの内容として一見不似合いな反「防空壕」の言説は、少なくともその前提に佐世保を含めた北九州の空爆や防空体制に近しいローカリティが見出せる、と考えてよいのではないだろうか。(72)

では通りを占める女性たちを行政はどのようにとらえたか。この点で、佐世保財界を軸とした「佐世保風紀粛清会」の、一九五〇年十二月一日の日付をもつビラ風の文章の立場は明確だ。文章はビラというよりは、回覧板の形式だが「若い女性のみなさん！　夜の佐世保に働く女性のみなさん！」との呼びかけではじまる文章は、「佐世保の将来のために！」客引き行為を謹めと強い口調で女性たちを説得にかかる。

「敗戦国民とは言つても、みなさんもかつては「しとやかさ」を誇つた日本女性です。街の真中で恥かしい行為をするのはやめませう。米国人でさえ呆れています。心ある外人は、不愉快で街が通りにくいと言つています。」

「あまりみつともないことをして外人に迷惑をかけ」ないようにとする一文は、「日本の誇りのために！」と「「佐世保の繁栄のために！」を併置させ、「佐世保全市民の心からのお願いです」と結ばれる。他方で「全市民のみなさまにお願い！」とある「市民」への短文は以下のように事情を説明している。

「国連軍の軍人軍属は遂に佐世保に上陸できないようになりました。これは風紀上の問題と性病の関係からです。ここで全市民が反省し、佐世保を清潔な街にしなければ「上陸禁止」は今後絶対に解けず、全市民が自分で困ることになります。全市民各方面の真剣なる御協力をお願いいたします。」

二つの文章は女性たちを「市民」から排除してみせる。女性たちの排除と自粛が街の「清潔」をもたらすというレトリックは戦前来の売買春女性に向けられたまなざしだろう。また史料全体は、長崎県終戦連絡事務局からの事態の問い合わせに、市長名でその経緯を説明した文書群のなかの資料として残されたものだ(73)。佐世保の司令官は度々、上陸禁止の措置をとることで、市行政の側の対応を操作する。文書が実際に配布されたかどうかはわからない。しかし市のそうした対応を軍政部側に示す必要があったことは明らかだ。そしてこうした経緯からは改めて、地方軍政部と市行政との非対称的な関係の様がうかがえる。売買春女性に責任を負わせる論理からは、米兵という戦う身体に価値をおく規範の共有される範囲が明らかだ。冒頭の図１に示された規範を共有するアクターも見えてくる。軍事化された社会のしくみを守るという点で対抗関係や規範のズレ、亀裂は見出せない。

終わりに

朝鮮戦争下での一九五一年一月一二日、『新聞』誌上での「北村・中田あれこれ対談」は興味深い。

今後の佐世保の進む道を問われて中田は、「新聞、ラジオを通じる以外判断の資料もない——北村さんに聞きたい位」と情報網の不在を根拠に、「既定方針でゆくという以外にない」「佐世保の活きる道は中国……国内港でなくして国際港として進まねばならぬ」と従来の方針を説明する。もっとも足元の現状認識については「軍の基地化は免れぬ情勢」「再軍備が現実化した場合なおさら」とみたうえで、「例え軍の基地になつても現在占有している区域だけに」「今開放されているところは商港貿易港として」と述べる。北村は四月の吉田の講話調印に反対の意思表示をした与党政治家でもあった。他方、「武装放棄は日本憲法の精神であり——軽々に基地提供とか再軍備などけして言うべきではない」と北村に批判されても中田は、「なるほど武装放棄は憲法をみても明らかだが事実はある意味で軍事基地になっていると思う」とする認識から、SSKについて「アメリカの資本……による経営」「アメリカ造船の下請け」をも辞さないと語る。

対談では実は、情報量の差と射程の違いが明らかで、講和問題は占領政策の延長にはない——と指摘する一方、アメリカの平和運動にも言及する北村と中田の議論は噛み合わない。しかし、佐世保の現実のなかにいる中田は「特需」も含めた軍港依存の危うさを指摘し、市民気質への批判や地方行政が陥っている中央依存、補助体質という構造をも批判する。特に「この際佐世保市民は従来の御用商人的な考えを切り捨て国際人としての自覚と矜持を持ってほしい」とする指摘は、朝鮮戦争以後の市の、軍・商二港論と称された政治路線を貫く哲学だろう。交渉可能であった地方軍政部との関係ももはやなく、再びフェンスの向こう側にある軍港はもはや一地方都市が論じる対象ではない。中田の課題は議論可能な領域としての商港論をどう展開させるかにあった。そして、このように朝鮮戦争以後の動きをも勘案する際、冒頭の図1に込められたメッセージの意図は再び変わる。もともと「通り」の顧客として想定されていない、臨時雇いの港湾労働者はもちろん、負の佐世保表象の代名詞である女性たちを排除し、単身水兵を後景においた図1は、誰を今後の「市民」とすべきか、可視化した図でもあるだろう。同時に、家族表象を用いることで、米駐留軍としての米軍にも弁別がかけられる。それは、かまぼこ兵舎の独身兵士ではなく、家族住宅エリアのフェンスの向こうから通りを訪れる「彼ら」だろう。この対談後、佐世保市政にとっての重要な日付は、講話条約よりは、一九五二年二月二八日での日米行政協定と二ヶ月後の「駐留地域の決定」を伴う発効に向かう。中田は衆参両院への「安全保証条約締結に伴う駐留地域の決定につき請願」（一九五一・一二・一提出）、接収中の第四ドックを「ＳＳＫに使用許可の請願」（一九五二・四・二八）を繰り返すものの、再接収区域は返還されず「軍の基地」化は現実として受け入れざるをえない。まさに図1は行政協定以降の段階で、駐留軍基地との新たな関係性の模索を示して見せた、と読む必要があるのではないだろうか。

同時に同書の表紙にも、注目が必要だ。図1の本は表紙の体裁に写真見開きを用いている。表紙の写真タイトル「弓張岳山頂よりみた佐世保港」は、眼下に佐世保の象徴でもある大型クレーンや池・岸壁に倉庫が立ち並ぶ港湾の風景を望む。この構図は戦前の軍港市時代には許されないものだが、カメラは手前に私服の米将校と思しき男性たちがカメラを持って見下ろす姿を配してみせる。佐世保のルポルタージュを情報として読む一般読者にとっては、基地の街佐世保と駐留米軍の休日といった、いわばナショナルな感情に訴えかける効果は考えられる。他方、軍港を鳥瞰することなどありえなかった旧軍港「市民」にとって、そこで描かれた港湾を米軍将校ごと「見る」対象とした構図は、戦前とは異なる新たな関係性の可能性を込めた異なるメッセージを帯びるのではないだろうか。そして、とすれば脱兵曹文化――は、戦前の脱軍港とともに、いやなことば――外部者のまなざしがなげかけた、女性たちの顧客をイメージする兵曹文化――への封印も込めた用語ではなかったのだろうか。

戦後、商港・貿易港として再生をはかる可能性を模索し、朝鮮戦争後においても軍・商港の二本立てを模索していた佐世保市は、冒頭の「基地読本」年表の③の時期での紛糾を経て、警察予備隊の佐世保誘致という路線を選択した。同時にそれは、占領期に模索された、旧軍用財産の産業資源化という路線の放棄を、ことに中田市政下では水産基地のための旧軍用地としての旧防備隊跡を明け渡す選択をも意味した。一九五五年、中田市長の落選・政界引退で佐世保はその方向転換を内外に示すことになった。

(1) 昭和館での特別企画展示（「戦後70年　よみがえる日本の姿―オーストラリア戦争記念館所蔵写真展―」二〇一五・三・二一～五・一〇）ほか、『広島県史』、『呉市史』等参照。
(2) 「長靴島」初出一九五三・四（『書かれざる一章』二九二頁、近代生活社、一九五六）
(3) 『新編佐世保市史』には通史編と軍港史編の上下、計四巻がある。資料編は刊行されていない。本稿では主に『新編佐世保市史　通史編　下巻』（二〇〇三）の米軍史料を用いた記述に注目している。
(4) 荒川章二『軍用地・都市・民衆』山川リブレット、二〇〇七

（５）佐世保市企画調整部基地対策課編、二〇〇二
（６）山本理佳「佐世保市における軍港景観の文化資源化」（『国立歴史民族博物館研究報告』一五六、二〇一〇・三）
（７）飯田四郎編『占領軍が写した終戦直後の佐世保』芸文堂、一九八六年、一〇五頁
（８）「すずらん燈完成」（「Ｇｏｏｄ-Ｂｙｅ１９５１年」『佐世保時事新聞』一九五二・一・一）
（９）坂本忠「怒りの街—軍港佐世保—」（『人民文学』一九五二年一月号）、福岡人文サークル『海峡』からの転載とある。
（10）井上光晴「新軍港都市『佐世保』」（高見順編『目撃者の証言』一九五二、一〇八頁）
（11）関屋徹雄（佐世保市企業局長）「あの頃はこうだつた、川谷ダムなど」（上山良治編『銀杏残り記』中田正輔翁自伝刊行会、一九六一、二二九頁）
（12）『佐世保市史　政治行政編』一九五七
（13）同書は、国定公園査定の為の佐世保視察団に向けた簿冊の中に綴じ込んで残されていた。
（14）一九五七・九・五〜九・一五佐世保市教育委員会主管玉屋デパートで行われた「第４回日本国際美術展」への講評（『毎日新聞』一九五七・九・五）
（15）社会教育課長「佐世保美術のあゆみ」一九七四（佐世保美術振興会、一九九二）
（16）『佐世保市史　総説編』一九五五、三五五頁
（17）前掲『佐世保市史　総説編』
（18）門屋盛一「想い出すまま—転換法成立の経緯と今後のあり方について—」（旧軍港市振興協議会事務局編『旧軍港市のよろこび』同事務局、一九五九、二七頁）
（19）辻一三『私の半世紀』長崎新聞社、一九八〇、六〇頁
（20）「北村徳太郎と佐世保②」（西住徹『北村徳太郎・談論編』二〇〇二、一三四頁）
（21）前掲『佐世保市史　政治行政編』

(22)『ばら』は、北村一也らによる佐世保商工会議所の文化運動『建設』の流れを汲み『佐世保文化』はその後継とされる(前掲『新修市史通史編下』三九六〜三九七頁)。しかし河口のその後のサークル運動への傾斜を鑑みる際、その評価は議論の余地がある。
(23)『佐世保文化』一号、一九四九・三
(24)前掲『新修市史通史編下』六七四〜六七五頁
(25)古賀鉄次「浦頭への長くて遠い道」(長崎県・佐世保市編『再生への原点—「引揚港・佐世保(浦頭)を偲ぶ全国の集い」記念手記集—』「引揚港・佐世保(浦頭)を偲ぶ全国の集い」実行委員会、一九九八)
(26)佐世保の『軍港新聞』記者から県議会議員に出馬、以後五期の佐世保市議を経て一九三二年長崎県二区選出、民政党の衆議院議員として当選後、離党して国民同盟結成に参加した。
(27)辻一三『沈黙の港』中央公論実業出版、一九七一
(28)上山良吉編『銀杏残り記』中田正輔翁自伝刊行会、スワン書房、一九六一
(29)『佐世保市政70年史　下巻』佐世保市史編纂委員会、一九七五
(30)中田正輔『佐世保政治四十年』九州公論社、一九五八
(31)『佐世保時事新聞』一九五一・一・十二
(32)前掲『銀杏残り記』二三五〜二三六頁
(33)同右
(34)中本昭雄『佐世保港の戦後史』芸文堂、一九八四
(35)柴田銀次郎『自由港の研究』同文館、一九五五
(36)辻前掲書、一九頁。
(37)愛川久雄(佐世保青物商業組合『佐世保時事新聞』一九四八・一・一)
(38)『旧軍港市転換促進連盟　佐世保視察資料』長崎県立長崎図書館藤野文庫蔵
(39)中本前掲書

(40) 前掲『佐世保市史　政治行政編』
(41) 大蔵省税関部調査統計課編「戦後におけるわが国自由港問題の推移とその成果」（『税関調査月報』六―七）等参照
(42) これらの点については長「せめぎあう「戦後復興」言説」（北澤満編『軍港都市史研究Ⅵ佐世保編』清文堂近刊予定）参照
(43) 旧軍港市転換法の成立過程についてのそれぞれの軍港都市の地域史をふまえた研究として、林美和「呉市における戦後復興と旧軍港市転換法」（河西英通編『軍港都市研究Ⅲ呉編』清文堂、二〇一四）、上山和雄「第海軍の策源地から平和産業港湾都市へ」（上山和雄編『軍港都市研究Ⅳ横須賀編』清文堂、二〇一七）参照。
(44) 前掲『軍転法ができるまで』
(45) 前掲『佐世保市史　政治行政編』
(46) 三宮克己「忘れられた法律―旧軍港市転換法―」（『マスコミ市民』一九九九・一〇）。近年、朝鮮戦争での米軍の「仁川上陸作戦」に船員として参加したことを証言している。
(47) 一九五九・二・二八衆議院外務委員会、社会党、兵庫四区選出大西正道議員の岸首相への質問
(48) 前掲『新修市史通史編下巻』三八三頁
(49) 前掲『佐世保市史　政治行政編』
(50) 前掲『新修市史通史編下巻』四〇二頁
(51) Ｅ・サイデンステッカー・安西徹雄訳『流れゆく日々』時事通信出版局、二〇〇四
(52) 佐伯彰一「対談　佐世保時代」一九八四年八月二日、前掲『占領軍が写した終戦直後の佐世保』
(53) 北原恵「表象の政治学　正月新聞に見る〈天皇ご一家〉像の形成と表象」（『現代思想』二九―六、二〇〇一・五）
(54) 「戦後市政秘話」（前掲『銀杏残り記』一四七～一四八頁）

(55) 中田正輔「旧軍港市転換法の因縁」(前掲『旧軍港市のよろこび』、三七頁)
(56) 前掲『佐世保市史　政治行政編』
(57) 前掲関屋「あの頃はこうだつた、川谷ダムなど」
(58) 前掲『銀杏残り記』一五〇頁
(59) 細川武雄(旧軍港市転換連絡事務局　常務理事)「軍轉法の生れる迄」(『「軍轉法」の生れる迄』一九五四、二頁)
(60) 前掲『佐世保政治四十年』
(61) 『福岡県警察史　戦前編』一九八〇
(62) 『佐世保時事新報』一九五〇・七・一
(63) 前掲『新修市史通史編下巻』
(64) 前掲『新修市史通史編下巻』
(65) 前掲『旧軍港市転換促進連盟　佐世保視察資料』政府は「管下漁民の港内漁業禁止制限に伴う被害」として被害額の1/10弱を見舞金として交付した(一九五二・三)
(66) 『占領軍調達史』調達庁、一九五六、六五四頁など参照。
(67) 前掲『新修市史通史編下巻』
(68) 長崎県警察史編集委員会編『長崎県警察史』下巻、長崎県警察本部、一九七九、一三八九―一三九二頁
(69) 柘植光彦「原郷としての佐世保」(『ユリイカ』二九―八、一九九七・六)
(70) 竹森は戦前、佐世保の繁華街京町で古書店睦書房を開業、戦後は「駅前の廃墟の中で出版社九州評論社を興した」。後、「五月書房相談役」とある(飯田四郎「あとがき」前掲『占領軍が写した終戦直後の佐世保』)という。
(71) 『新日本文学』六―一〇、一九五一・一〇
(72) 佐世保の検挙事件に関わって黒川伊織「まいおちるビラと腐るビラ―朝鮮戦争勃発直後の反戦平和運動と

峠三吉・井上光晴」（『社会文学』三八、二〇一三）は、除名をも扱った井上の小説「病める部分」（一九五一・八）を運動史の文脈に位置づける興味深い考察を行っている。本稿の文脈では対象テキストの井上の詩には「湾」「埠頭」や「女」など佐世保を連想させる用語がちりばめられている点に改めて注目する。

(73)　一九五一年一月二三日付、中田正輔（佐世保市長）から九州連絡調整事務局長宛「風紀粛性委員会に関する回答の件」の附記資料（佐世保図書館蔵）

第6章　一九四〇年代東北表象言説と『百姓のノート』

森岡卓司

百姓のノート　第三号表紙

1　はじめに

イロニカルな廃墟の美学を晦渋極まる批評言語の裡に現出させるあの『日本浪曼派』の巻頭に、モンペが飾られたことがある。

どこかにまだ古風な貞潔を忘れぬ住民と、穢れない自然とがあつて古い日本の血を育てゐる。結城氏はその血を所有する。氏は萬葉を継ぐものの一人である。結城氏の育つた環境には、いかめしくも温い東北の山々があつた。肥沃な耕地と農耕生活があつた。結城氏の五体には素朴な勤労の精神が伝はり、働きに耐える強靭な骨格が組成されてゐた。結城氏は山形の百姓である。［…中略…］結城氏の村夫子然たるモンペ姿は亦ぼくらの父祖の姿であり、野良に於ける親しい仲間の姿である。結城氏は遂に土着の土地を愛して捨てなかつた田舎者である。そして田舎者の誠実と謙譲とを以て一切の現実を「未知」とした。この「未知」の現実に対する彼の真摯な探索と傾倒こそ、彼の作品に抜くべからざる具象の真実を齎し、常に事実と実感に結ばれたオリヂナルな境地に達する所以をなしたのである。（眞壁仁「万葉を継ぐもの　結城哀草果と歌集「すだま」」『日本浪曼派』第三巻第一号、一九三七・一）（傍線及び［…中略…］は引用者による、以下同じ）

「古風な貞潔」や「穢れない自然」などの原初的なイノセンスの表象、そして「古い日本の血」として受け継がれる「萬葉」精神といった非合理的な民族的伝統の称揚など、『日本浪曼派』誌面に馴染みの文飾が並ぶこの眞壁の評は、しかし、「ぼくらの父祖」であり「親しい仲間」でもあるモンペ姿の「山形の百姓」結城哀草果を、確固たる実体としての「抜くべからざる具象の真実」、イロニーの要素をどこにも含まない「事実と実感に結ばれたオリジナルな境地」へと導いていく。

この『日本浪曼派』第三巻第一号は、保田與重郎の『英雄と詩人』（人文書院　一九三六・一一）『日本の橋』（芝書店　一九三六・一一）出版直後に編集されており、保田の「廃墟的憧憬」（高橋幸雄「大和について」）、即ち古都大和を起点に立ち上がるイロニーとしての日本の表象を賞賛する記事が多く並ぶ。そうした誌面の巻頭にこの眞壁論を据えたのは、本号の編集を担当し、自らもそこに「東洋の希臘人」を書いて保田のリテラリズムとの対決姿勢を鮮明にした亀井勝一郎であった。神保光太郎、阪本越郎ら山形高校の同窓生たちを巻き込みつつ、それに（函館を含む）東北の表象を拮抗させようとした亀井の企図とその帰趨については別稿に譲るとして[1]、ここでは、亀井が眞壁に持った期待の概要だけを確認しておこう。

眞壁を『日本浪曼派』に誘ったのは、直接的には山形市立第三小学校以来の友人関係にあった神保光太郎だったと思われるが、一九三六年一〇月発行の第二巻第八号から編集を全面的に担当する亀井は、何度も眞壁に手紙を送り、時としてテーマまでをも示唆しながら熱心に寄稿を呼びかけた[2]。

一九三六年七月三日付眞壁仁宛亀井勝一郎書簡に[3]おいて、亀井は、東北の農村を舞台にした眞壁の詩

「浸種の朝」（『日本浪曼派』第二巻第五号　一九三六・六）を賞賛し、「あなたの農村の随筆もほしい」という「希望」を述べた後に、「現在の日本ロマン派」に「欠けてゐる」「土まみれになつたやうな思索と、地上を這ひづりまはつて苦しんでゐるやうな根づよさ」を加えるのは「僕ら東北の人間」である「あなたや神保や僕でなければならない」と述べる。転向体験を挟んでも亀井の中に保たれていた、現実に働きかける主体の能動的意志にアクセントを置く「リアリズム」観が、ここには強く反映している。『日本浪漫派』創刊以前の保田における「革命前期のロマンティークの精神」を「現実的な精神」として評価した（神保光太郎宛亀井勝一郎書簡　一九三四・三・二九）亀井は、「能動的精神」に根ざした「リアリズム」の主張を、浪漫主義への対立概念ではなく、むしろ真に浪漫主義的なものと考えており、「僕ら東北の人間」が「農村」を描くこと、すなわち農村詩人としての東北の自己表象は、そうした「リアリズム」観の具現化に直結するものであった。[4] そして眞壁は、それに忠実に応える作品を『日本浪曼派』に発表し続けたのである。

その題材のひとつに、『山麓』（岩波書店　一九二九・六）そして『村里生活記』（岩波書店　一九三四・二）で、文壇における農村の代弁者としての地位を確立しつつあった哀草果を選ぶことは、時機を得たものと言えた。そもそも縁戚関係にあった哀草果と眞壁との関わりは、一九二三年の哀草果からの来信に始まり、哀草果の死まで途切れることなく続いていた。[5]

さて、前置きが長くなったが、本稿における中心的な分析の課題としたいのは、こうした一九三〇年代を起点とする東北の自己表象の、戦後（占領期）における帰趨、より精確に述べるならばその切断点である。河西英道が述べるように[6]、一九四〇年代には、「日本」における劣性を帯びた中間的集合としての「東北」の表象が消去され、地域とその文化の固有性を「(新たな)日本」に直結しようとする言説が浮上した。その傾向は、一九四五年九月の東久邇宮施政方針演説における「文化国家」建設の主張などを経て、占領期にまでまたがることになる。では、それはいつ終わったのか。

戦後における東北表象言説の沈静化という問題については、北河賢三[7]の総括するような、中央の文化行政の再整備と出版事情の回復、都市への人口流入など、幾つかの歴史的な要因を充分に考慮する必要があるだろう。ただし、そうした外在的な要因を踏まえつつ、それぞれの言説の終息を内在的に問い直すことによって、この先に紡がれた〈戦後〉的言説を考察する新たな視点を加えられると考える。

本稿においては、その「切断」面の具体的な様相を、哀草果と眞壁との関わりの主たる舞台となった山形県本沢村を拠点のひとつとして発行された雑誌、『百姓のノート』に見出してみたい。

2　『百姓のノート』の概要

『百姓のノート』は、一九五五年から一九五七年までに計五号が発行されたガリ版の生活記録雑誌である[8]。

第四号までの発行人は無着成恭となっているが、このとき無着は既に山形に在住しておらず、実際には編集委員となった青年たち、とりわけ第三号においては発行所を兼ねた鈴木実が刊行の実務に中心的に携わった。鈴木の手になる第一号「編集後記」によれば、この雑誌の発行を最終的に決めたのは、「山元村、谷柏、本沢村の青年が無着の家に集ま」った会合においてであり、編集委員もその三地区からそれぞれ選ばれている。第一号・第二号の奥付に鈴木と共に共同編集人として記載されている佐藤藤三郎によれば、『山びこ学校』（青銅社　一九五一・三）を優れた一つの先行事例とみなした生活記録運動の盛り上がりの中で、無着は、『百姓のノート』を「生活記録運動のモデルケースとしてやっていこうと、東京で意気ごんでい」た。[9] 誌面には、横戸喜平治、川合力ら、無着の教えを直接受けた山元中学校卒業生の名前も見られる。[10] しかし、北河賢三が既に「青年団、青年学級や一村内のサークルから生まれたのではなく、四、五カ村の青年有志が集まってつくった点に特徴があ」ると指摘しているように、[11]『山びこ学校』及び『ふぶきの中に――山びこ学校の詩集』（新潮社　一九五二・三）のもととなった『きかんしゃ』（一九五四・一付の一五号をもって終刊）、及びその後佐藤が続けた新聞『きかんしゃ通信』の延長線上にのみこの雑誌を位置づけることは、必ずしも適切とは言えない。先述の通り刊行実務の中心にいた本沢村出身の鈴木は、この時すでに須藤克三の協力を得て山形童話の会を立ち上げ、その機関誌『もんぺの子』を一九四九年から刊行するなど独自の活動を展開しており、[12] また、『百姓のノート』一号二号に寄稿し三号では表紙画を書いている斎藤二良は、本沢村出身で無着と同人誌『草酣』を発行した経験を持っていたが、『百姓のノート』発行の当時は上山農業高校で教職にあった。主要な同人のひとり上山市の木村迪夫（迪男）は、後に眞壁の主宰した農民文学誌『地下水』（一九五八〜）の主要同人となった詩人だが、佐藤と木村は共に上山農業高校在学中に斎藤の教えを受けていた。

このように、『百姓のノート』同人を中心とする人々の関わりは概括が困難なほど密に入り組んでいるが、総じて、本沢、山元を中心に、隣り合う上山までを活動圏に含むこの地区のサークル誌としてこの雑誌を考えることが適切であるように思われる。その刊行規模は必ずしも明確ではないが、第二号に掲載された合評会の記録「一号の合評会」（記録　佐藤藤三郎）によれば、第一号を一八〇部発行した後、「増部の申入」などもあり、第二号は二〇〇部刷る予定になった、という。[13]

第三号までの誌面構成においては、毎号の巻頭に必ず「百姓のノートの言葉」と題された趣旨文を掲載し、「生活詩帖」ないし「生活詩」、「生活記録」、「創作」ないし「小説」、という三つの区分によって誌面の主たる部分が占められ、それに論説記事や記録記事が加わるという、一定のパターンが貫かれている。第一号に掲載された詩に対しては眞壁仁が短評と総評「農民の詩」を、第二号に掲載された生活記録には須藤克三が総評「一緒に考えよう――生活記録について――」をそれぞれ寄せている。先にも触れた佐藤藤三郎の証言によれば、この構成には「短歌や俳句」を排除する意図が込められていた。

「百姓のノート」は、それらのはなばなしかった文化運動と、どんな関係の上に立ち、そこからどう発展しているだろうかということを考えることは、戦後の青年の歴史をものがたることになるであろうと思います。しかし、ここでそのことを調べて発表することは、まだ私には充分な資料を持っていませんので、できかねますが、「百姓のノート」では、短歌と俳句はのせないという線をきめました。それを簡単にまとめていうならば、「百姓のノート」の言葉で《ママ》いう――われわれは創造の過程の中でこそ成長する――というごとく、事物をただ情景的にみたりするのではなく、あくまでも分析し、その事実を事実とみとめたうえで、どう生きなければならないかを探求するためには、短歌や俳句ではほんものをつかみきれない、という話しあいになったからです。それで、詩や、実態調査、生活記録、評論、創作といったものがおさめられているのです。（佐藤藤三郎『25歳になりました』）

こうした誌面構成の意図に関わっては、北河賢三が、須藤との接触を契機にした無着の歌作句作からの離脱というエピソードをも踏まえた上で、「歌人でもあった須藤克三や、多くは文学青年だった青年教師・農村青年たちが、生活綴方・生活記録に踏み出す過程において、〝歌のわかれ〟が重要な契機になっている」と述べ、続いて『百姓のノート』が通例の生活記録雑誌に比べて創作を重視していることを指摘した上で、それが須藤の志向とは異なり「詩を含む農民文学を追求していた」眞壁仁によって主導され、挫折したことを示唆している(14)。本稿においては、この北河の指摘について、より具体的な要素を分析に加えながら再検討していくこととするが、ここではひとまず、「短歌や俳句」の排除が、単にアドレッセンスの終わりを意味するにとどまらず、従前の地方文化運動からの「発展」としての『百姓のノート』を支える「創造」という理念に深く結びつくもの、として措定されていたことに注目しておきたい。

佐藤によれば、巻頭言「百姓のノートの言葉」の原案は無着の手になったもののようだが[15]、そこには「創造」という雑誌の理念が強く打ち出されている。「――われわれは創造しなければならない」と印象的に書き出されるこのテクストは、「トクノーカ的態度でも批評家的態度でもな」く、「己自身の問題」すなわち「社会に対する深さや、自然に対する理解の深さ」を追求する「実に作家的態度に立つということ」をその内実として位置づける。

われわれは今、人類の歴史のまがり角に立っていることをよく知っている。そのまがりかどが、われわれ日本の東北の百姓の目にどう写ったか、われわれはその中でどう成長しつづけたか、それをこの「百姓のノート」は語ってくれる日がくるだろう。

――創造につぐ創造だけがわれわれの人間的資質を変えていく道である。（「百姓のノートの言葉」）

こうした結びの一節からは、「作家的態度」が、他者や外部との関係において生成する主体性を指し示していることが明確に理解されよう。眼前の自らの仕事に閉じるのでも、他者の振る舞いを外在的に評価するのでもなく、「人類の歴史」と「東北の百姓」とを直接的に結び合わせる「創造」という理念を掲げて、『百姓のノート』は出発していた。

全国の多くの地域と同様に、南山形を中心としたこの地区において多数発行された農村サークル誌のなかでも、この『百姓のノート』に注目するのは、四〇年代的な東北表象言説に対する「切断」が、こうした「創造」の理念に関わって生じたと考えるからである。そのことを明らかにするために、次節においては、まず、『百姓のノート』における「短歌や俳句」の排除が踏まえていた、本沢に固有の文化史的文脈を具体的に復元してみたい。

3　本沢川の「まがりかど」

『百姓のノート』において、それまでの文化史に対する「切断」への意志を最も明瞭に示したのは、第二号に発表された、無着成恭の「本沢川の流れ（一）――本沢村文化小史――」であった。

その冒頭にも明言されるように、この無着の評論は、『山形新聞』の正月特集連載「文化と血統」の一環として一九四九年一月四日に掲載された「村山の巻　本沢村」（無記名）を批判的に承けたものである。中央に哀草果の肖像写真を据えた『山形新聞』記事は、斎藤茂吉、哀草果、横尾健三郎、遠藤友介という歌人群に続き、無着、斎藤、鈴木ら、後に『百姓のノート』に集うことになる人々を紹介し、「異色ある山蔵王、そして異色ある村本沢、そこからはつねに世を動かす人と仕事と思想とが生まれることだろう」と結ぶ。記事のメインリードとなっている「蔵王という名の反逆精神」の意味するところを了解することはやや困難だが、「蔵王山は観光百選に当選したから有名になったと思いこんでる《ママ》人が多い。世俗的にはあるいはそうかも知れない。しかし、蔵王山はそんなものよりも、斎藤茂吉翁や結城哀草果氏の歌で、どれほど世のなかに知られていたかわからない」という書き出しに照らすならば、世情や文壇の動向に阿ることをせず、また「茂吉流、哀草果流ではなく、おのがじしの方向に、その血脈は走っている」それぞれに独立心旺盛な「蔵王の一門」として、本沢地区の文化を一括りに捉えようとしたものと理解できよう。

こうした、若干劇画的な誇張を含んだとも見える表象に抗して、無着は「本沢村正史に対して文化史ともいうべき」ものを「本沢川の流れ」と呼び（もちろんここには「蔵王山」をイコン化する『山形新聞』記事への意識がある）、冒頭近くに、論述の骨子をあらかじめ概括している。

本沢川の流れ——明治以降この川の流れは大きく三度屈折する。一つは宗匠俳句にとってかわる結城哀草果の短歌至上主義であり、二つ目のまがりかどは、結城哀草果の自然主義的写実主義リアリズムに抵抗する、遠藤友介のロマンチシズム及び眞壁仁、渡辺熊吉らの生活主義リアリズムであり、三つ目は、それらが再び軍国主義に力をかりた結城哀草果の自然主義的報国精神にふみにじられたことである。そして昭和二〇年（一九四五年）の敗戦以後の青年は大いそぎで明治以後の総ざらいをして、今ようやく第四のまがりかどに立っている。（無着成恭「本澤川の流れ（一）——本澤村文化小史——」）

ここに見られるのは、哀草果によって主導された本沢村の文化史を総括し、自らを含む「敗戦以後の青年」の活動をその総括の上に位置づけようという明確な意図である。

無着の山元中学校赴任に際して生じた哀草果との因縁については、佐野眞一のルポルタージュ[16]によっても既に知られている。佐藤が証言していた「短歌と俳句はのせない」という雑誌の方針も、哀草果との接触を避ける方策と捉えられなくもない。ただ、そうした個人的な感情の発露として片付けられない、自らの活動に文学史的な意義を与えようとする強い意志もまた、ここには読み取られるべきだろう。後年の無着は、自身の活動の意義を同時代の生活記録運動、教育運動にのみ関連付ける傾向にあるが[17]、少なくともこの時点では、文芸思潮史の理論的な枠組みが彼の念頭から完全に去っていたわけではなかった。さらに、本稿の文脈において注目されるのは、ここに彼が示す「まがりかど」のほとんど全てに、眞壁仁が関わっていることである。

この評論の（一）に扱われる本沢村文化史は一九一五年までにとどまっており、無着は（二）以降を書き継ぐことがなかった。（一）の末尾においてようやく「時代の終列車にとびのった」哀草果の登場が示唆されているのだが、ここで試みられた「切断」について論じるために、先に引用した冒頭近くの概括を敷衍するかたちで、本沢村の近代文化史について、哀草果と眞壁との動向を中心的な視座としつつ、簡潔に辿ってみることにしよう。

眞壁によれば、本沢村の文化的土壌の「種を撒いた[18]」のは、哀草果であった。月並俳句程度にとどまっていたそれまでの村の状況に飽き足らぬ思いを抱いた彼は、一九二一年一〇月、後の本沢（村）読書会となる「話の会」を結成しその同人誌『アカシヤ』を創刊する。その中心となっていたのは、横尾健三郎、渡辺熊吉らのいわゆる「本沢衆」であったが、そもそも発足の機縁を一九二〇年の旧制山形高等学校開校にも得ていたこの会は、必ずしも村の青年たちのみ、あるいは短歌のみに閉ざされていたのではない。哀草果は後年自ら次のように回顧している。

私は福田君と協力して村に読書会を創め、またガリ版の文芸雑誌「アカシヤ」を発刊、前向きの青年を集めて文化運動を開始した。この運動に共鳴して旧制山形高等学校の生徒だった阿部六郎、神保光太郎、遠藤慎一の諸君も加わったが、眞壁仁もその一人である。この運動はわが村はもちろん、山形地方に文化の黎明を告げる暁鐘の役を果たしたことと思う。（結城哀草果「田舎青年」『朝日新聞』一九六七・七・二三）

山形市内の書店に岡本信二郎ら山形高校の教員が集ったサロン的な場に参加していた哀草果は、「話の会」発足にあたって、同様の場を志向したようだ。哀草果と眞壁との関わりは、先述のように一九二三年に始まるが、既に小学校時代の同級生たちと同人誌を作りはじめていた眞壁がこの会に参加したのは、一九二四年一一月に詩の話をするよう哀草果に依頼されて以降であるとされる[19]。一九二三年の時点で、歌作からの離脱を哀草果に宣言していたという眞壁は[20]、本沢読書会に熱心に通い、哀草果と親しく付き合いながらも、哀草果とは異なる、時としてはそれに衝突するような影響力をこの地域の文化運動に行使していくことになる。先に見た無着の「本沢川の流れ（一）」に触れられていた、一九二九年四月の同人雑誌『藁屋根地方』の発行（二号から廃刊までのすべての印刷発刊作業を遠藤友介が担当)、一九三二年二月の渡辺熊吉歌集『雑炊』の出版などをその具体的な現れとして見ることができよう。本沢読書会に参加しつつ、反アララギを標榜する『まるめら』に作品を発表した遠藤と眞壁との親近性を示す前者はもとより、後者の『雑炊』出版に関しても、師である哀草果に渡辺が「頭から屁出るほど叱られた」というエピソードを紹介する横尾秀一が、その理由について、哀草果が渡辺に出版の許しを与えていなかったことに加え、一九二七年の本沢読書会ではクロポトキンを扱いアナーキズムについて話したという眞壁による政治思想への接近を哀草果が警戒したのではないか、と推測している。[22]この時期から眞壁と哀草果との間には、微妙な緊張関係が存在していたものと思われる。

そうした経緯の後に、本稿冒頭に引いた眞壁の哀草果論は書かれているのだが、そこには言うまでもなく眞壁の転向体験が影響している。新藤謙は、一九三四年を起点とする眞壁の転向を、亀井勝一郎のそれとも類比的に論じつつ、それが二度にわたる検挙、勾留によるというよりはむしろより内発的な次元、経験主義と実感信仰とに基づく「原日本の精神」の追求において生じたことを論じている。[23]これは、一九四〇年代に至る眞壁の東北表象言説の淵源に経験主義的「リアリズム」が底流していたことを示唆する重要な指摘だと言える。ただし、そうした次元において眞壁が哀草果を再び見出すことで、両者間の緊張関係が完全に解消した、というわけではなかった。なぜなら、両者の対立は、イデオロギー的な対立である以上に、地方文化に対する態度、さらには文学観そのものに根ざしていたからだ。

翼賛体制下にあって文学報国会参事などの要職を歴任した四〇年代の哀草果は、先に引いた箇所で無着が批判していたように、躾と自己修練の重要性を説きつつ「一人々々がいかに国家の役に立つか立たぬかの試験」[24]において農民の価値を判断する農村指導者へと、その立場を移していた。その中で、哀草果は「都会文化に失望した都会人の多く」が「地方文化を一概に健全なもののやうに思つて、褒めはやす傾向」[25]を繰り返し批判し、返す刀で農民の前近代的な「封建的個人主義」[26]をも厳しく指弾する。翼賛体制下の本流に位置し、非常時日本において農村が持つべき精神的美徳を説く彼の時局的な教化言説は、崇高な理念に向けた精神の修養がそのまま社会改良に結びつくという精神主義と進歩主義とのキマイラ的な様相を呈しており、従って浪漫主義的な〈回帰〉や農本主義的な革命思想とは完全に無縁であった。

そして彼は、その故に、終戦の後も、少なくとも自らの意識においては、言説の一貫性をそれほど疑わずにすんだのだと言える。八雲書店の企画「新日本随筆」の中の一冊として農村随筆を出版する機会を得た[27]哀草果は、一九四六年五月に『田園四季』を刊行することになるが、そこでは、戦時中の農村教化を目指した「農民の文化生活」（『教育』一九四一・八）「青年に望む」（『青年と教育』一九四三・九）などのテクストと、敗戦後の社会を支えるべき「日本農民の供出精神」を説く「敗戦後の農村実情」などの書き下ろしとを併録する、という編集が行われる。「おもえば戦時下の数年間は、古い日本が新しく生れかわるための陣痛期であった。かかる時期に私のおこなった提言や主張には、顧みて忸怩たるものがあるが、農民の道義を高め、地方文化を守るのに、私は真剣に主張し、提言したのである」（「わが随筆を語る」『哀草果村里随筆』第三巻　中央書院　一九七三・一〇）と振り返る[28]最晩年にあっても、哀草果は自らの時局的な変節を本質的には認めていない[29]。

戦中の哀草果と眞壁との関わりとしては、「特高の世話になった人間」であるという理由で哀草果によって「文学報国会の前身となる文化団体」から追放されたという眞壁の回顧(30)がしばしば取り沙汰されるが、眞壁が後に文学報国会山形詩人部会結成に参加し、千歳村農業会の参事（後に常任理事）になっていることを考えても、そうしたエピソードが地域社会におけるヘゲモニー争い以上の意味を持つとは思われない。むしろ、宮沢賢治や黒川能に、哀草果が批判の対象にしていた地方文化としての民俗性を見出し、深く沈潜していくという、一九四五年八月をまたいで続く眞壁の道行きこそが、哀草果との本質的な差異を物語るだろう。哀草果に、「三十歳そこその若年者」が「農民道場めいたことをはじめると、世人がそれを称揚《はや》したてすぐ有名にな」り、「恰も救世主のやうな面をして講演をして歩く」「生意気」を戒め、「かかる事業は、国か県の事業に合流してその成績をあげるべき時代」であるとするエッセイ（「農民道場」『アララギ』一九三九・七）がある。この一文に登場する「若年者」には、明らかに松田甚次郎が含まれると思われるが、眞壁は松田とともに「山形賢治の会」を結成し、一九三九年二月に山形市中央図書館で第一回例会を開くも、同年九月にはそれを解体し、松田とは道を分かつ。

二人のこうした緊張を含んだ関係は、戦後にも続いていくことになるが、『山びこ学校』を巡る評価には、その端的な表れを認めることができる。須藤克三編『山びこ学校から何を学ぶか　その人間教育の一般化のために』（青銅社　一九五一・一二）は、『山びこ学校』に対する批評を中心にしたその関係資料集だが、そこには、哀草果「『山びこ学校』と無着成恭君」、眞壁「『山びこ学校』の文学性(31)」の両者も収録されている。眞壁の評が標題の通りに『山びこ学校』を「文学、ことにリアリズム文学のいちばんだいじな命題」を体現するものとして高く評価するのに対し、哀草果の評は、無着の功績を「文学を育てたのではなく、その根元の人間を育てた」ところに限定し、『山びこ学校』を自覚的な修練を要する「真の文学」と分け隔てた上で、「「山びこ学校」の諸君は郷土環境の自然美に心と眼がひらいていない」と注文をつけ、さらに松田甚次郎を引き合いに出しつつ、流行に流されずに「一人前」になるように無着を諭す。「文学」という観念を巡る二人の対立は明白だが、「本澤川の流れ（二）」が総括を試みていたのが、哀草果の示す修養主義的な文学観への誘導、及びその帰依の対象となる「郷土環境の自然美」の表象に対してだったこともまた、言を俟つまい。

『百姓のノート』の誌面構成方針が、一面において第二芸術論争等を契機にした戦後の伝統短詩型文学批判という普遍的な潮流に倣うものであることは北河[32]の指摘していた通りであるが、以上に論じてきたように、そこにはより具体的な文脈を読み込む必要がある。ここに『百姓のノート』が「切断」しようとしたのは、哀草果によって戦後に持ち越された翼賛体制的な「地方」表象言説であった。

しかし、ここで留意が必要なのは、四〇年代の東北表象言説においても、翼賛体制的な「地方」表象言説と同等かそれ以上に、浪漫主義的な言説が農本主義とも結びつきながら存在感を発揮した、ということである。そのひとつの起点を『日本浪曼派』に発表された眞壁の哀草果論に認めることから本稿は出発してきたのだったが、哀草果との「切断」を経た『百姓のノート』は、しかし、その哀草果と対立を続けてきた眞壁の文学観とも、その後の歩みを共にし得たわけではなかった。次節では、『百姓のノート』の内部において無着に加えられた批判、そして眞壁に生じた「切断」の様相を論じよう。

4 『百姓のノート』の解体と「文学」からの切断

『山びこ学校』後の無着成恭と佐藤藤三郎との間に一定の対立が生じていたことはよく知られている。

教育の問題や、学問のことについて、何の見識もない私は、「創られるべき人間像、あるいは教育目標のようなものが、土地により、職業によって異なるものだ」というように、無着先生は考えているのだろうか。私たちは、知識の量を多くもつことよりも、なぜ、と考え、よく働く人間になればいい、と教えられてきたことを、いま思いおこしてくらべてみると、先生が、いま話してくれるところどころが、あのころとかなりちがってきたように思われるのでした。

「東京の子どもたちは、生産するということを、直接見ることができないんですよ」といって、わざわざ金をかけて山元までやってきて、私たちの働いている姿や、生産の構造の一端を見ていき、それをどう受けとめ、どう学習していくか、そして社会を正しく理解できるようにすることを、常に考えている先生の教育構想はわかるような気もするのですが、いっぽう疑りたい気持も充分にありました。（佐藤藤三郎『25歳になりました』）

これは、無着が明星学園に勤務した後、一九五八年頃のエピソードとして語られるものであるが、ここには、生活記録運動の主体を巡る抗争が、土地をまなざす視線のレベルにおいて激しく戦われている様子を読み取ることができる。中央と地方との地域差を痛感する佐藤は、「私たちの働いている姿や、生産の構造の一端」という生活記録的な東北表象が、中央の視線によって領有されることを肯んじ得ない。

佐藤によれば、こうした主体性をめぐる抗争は、『百姓のノート』が第三号発行の後に行った解体的な規模縮小にも深く関与している。

『百姓のノート』第三号に無着が寄稿した「青年の役割」は、世界民主青年同盟の代表団が山元村を訪問したことを題材にした記録文である。しかし、佐藤によれば、「それは、「百姓のノート」の言葉でいう、「作家的態度」の文章であるかどうかということと、生活記録という勉強の中で、どう取りあつかうことにするかということ」が同人間の議論の対象とされた。その理由は、「もっと落着いて、ひとりびとりが力をつけていかなければならないという考えになっていたときに、「平和と友情の拍手」をそのまま肯定していたから」である。[33]

無論、こうした取り扱いは、無着にとって不本意なものであったに違いない。「人類の歴史」と「東北の百姓」とを直接的に結び合わせることこそが『百姓のノート』の理念であり、そうした「創造」の営みにおいてこそ主体性は新たに獲得されるべきものだったはずである。

結局のところ、無着が見落としていたのは、「郷土環境の自然美」の表象による主体化から逃れ生活記録運動へ向かった『百姓のノート』の同人たちが、その生活記録運動自体の中で「東北の百姓」としての主体性を「既に」獲得していた、という、言ってみれば当たり前のことにほかならない。とりわけ、『山びこ学校』の出版を契機にした強烈なメディア露出を体験した佐藤にとって、その実感は動かしがたい強さを持っていたはずだ。

こうして無着との対立の契機を生んだ『百姓のノート』が迎えた転機を、佐藤は次のように語っている。

生活記録運動は、地域の中で仲間づくりをするのが目標であるとするならば、「百姓のノート」は、同人誌的であり、文学意識をもつ人たちのものであって、これでは生活記録を拡めるために、あまりいい結果をもたらさない、ということになったのです。

そこで、各自が地域にもどって、記録集を作って勉強していくことにしようということになりました。（佐藤藤三郎『25歳になりました』）

「地域の中で仲間づくりをする」ための「地域」の「記録集」を目指すという雑誌の縮小方針(34)が、無着によって主導された創刊以来の「創造」という理念とは全く異質なものであることは明らかだろう。

ここでさらに、「生活記録運動」的ではないものとして「文学意識」という概念が持ち出されていることに留意しよう。第一号に寄せた総評「農民の詩」の中で眞壁が繰り返し主張していたのは、「農民の詩、勤労者の詩という区別も内容の問題であつてジャンルの問題ではない」という、詩という表現ジャンルの一元性であった。しかし、『百姓のノート』の同人たち、少なくとも佐藤にとって、生活記録運動は、その一元性の外部を志向すべきものと位置づけられた[35]。

五〇年代中頃、『百姓のノート』第一号までの眞壁が持った、生活記録運動に関わる文学理念を最も集約的にあらわしているのは、先に触れた『山びこ学校』に対する批評であろう。

描かれた素材としての客観的な現実というものは別にめづらしいものではない。山元村の生活現実は、ほかのどこの村にも見出せるものである。大切なのは、四十三人の生徒があのように考えたいという事実である。これがより以上の現実である。そしてそれを作品として表現したということは、さらに新しい現実である。これが人間の意識を通過した思念の集積は、一つの表現を成就したとたんに、最初の体を離れて社会的な共有に委ねられる。それ自体生きた現実として拡大されてゆく。もしそれが、人間の社会の進歩のために意図されたものである場合は、共通な意識の結合にははたらきかけずにやまない。文学のもつ、このコミュニケイションの機能を「山びこ学校」は内包しながら、すでにひろい世界にこだまを呼びおこしているようである。（眞壁仁「『山びこ学校』の文学性」）

「客観的な現実」にではなく「生徒」の「あのように考えたい」という能動的な意志、その結果としての「表現」行為に「より以上の」「さらに新しい」「現実」を見る、というここに示される「リアリズム」観は、『日本浪曼派』時代に眞壁が強く影響を受けた亀井のそれにほぼ等しい。「地方」表象言説に関する眞壁の価値基準は、四〇年代を通じて変化することなく、ここに至るまで保持されていた。そして、その「現実」が「社会的な共有に委ねられ」ることで「共通な意識の結合にはたらきかけ」るという「コミュニケイションの機能」の強調は、この時代の「生活記録（綴方）」の「国民文学」化モデルに見られる典型的な論理構成だと言える。

佐藤泉は、竹内好が「国民文学論」を提唱する契機となった『山びこ学校』をはじめとする「五〇年代の集団的な文化運動が、結局、「文学」それじたいを定義する定義権を獲得しなかった」ことを指摘している。[36] 眞壁のこうした論理構成に見られるのは、それとはちょうど逆方向の、「文学」として「五〇年代の集団的な文化運動」を定義しようとする力学であり、眞壁はそこに自身の東北表象理念の文学的な実現を賭けていた。

しかし、そうした「文学」による定義に抗おうとした同人が『百姓のノート』には存在した。第二号「編集後記」に「岩波の雑誌「文学」で「生活記録と文学」という課題の論文を募集しています。十月末日〆切。私達の考えを発表してみるに、いゝ機会ではないでしょうか。」と呼びかけた鈴木実は、自ら論文を執筆投稿し、入選論文としての掲載に至る。

> このように、生活記録と文学が、方式上にも、価値上にも異ったものをもつものであるとすれば、いま書かれている、多くの生活記録が、文学とどんな形で結びつくのであろう。それは、生活記録が、文学として評価されることなどによって、簡単になされるのではないであろう。[…中略…]生

活記録と文学は、方式上（具体的には手法上の）ジャンルをもつものであり、それを越えることはできない。しかしながら、生活という同じ母胎をもつ生活記録と文学は、これも生活から一歩も遊離できない「人間」によって、有機的に関連づけられ得るのである。（鈴木実「生活記録と文学――その有機的関連のために――」『文学』一九五六・三）

「文学」からの切断を意図する鈴木の論理構成は、佐藤藤三郎のそれとはやや異なる。生活記録運動を単に文学の外部に位置づけるのではなく、その両者を基礎づける「生活から一歩も遊離できない「人間」」という主体性を措定することで、国民的な文化運動の中に生活記録運動の位置づけを確保することが、ここで鈴木の採用した戦略である。しかし、文学による生活記録運動の包摂を拒絶しようとする点では、『百姓のノート』の主要な同人としての二人の立場は一致している。『文学』同号に掲載されたこの論文に対する選評は、「生活記録の特徴である集団性を見逃しておられる点が不充分」（編集部課題論文係「入選論文の発表に当って」）と指摘しているが、これはからずも鈴木の意図を裏打ちするものとなっている。既に、基地問題に揺れる農村を描いた共同制作「ヘイタイのいる村」の連載を高橋徳義らとともに開始していた（後に『山が泣いてる』理論社　一九六〇・八）鈴木は、「創作や準創作的記録形式は、集団性を放棄しがちなのではなかろうか。そういう点は、どうなんだろう」（「毎日新聞社刊生活記録集『弾道下のくらし』について――ひとつの反省――」『百姓のノート』第四号）という、「創作」理念に対する批判へと、この選評を接続していた。鈴木らが警戒したのは、「コミュニケイションの機能」（眞壁）、すなわち「文学」的な拡張、普遍化の論理によって生活記録運動の主体性を簒奪されることだった。

こうして、テクストの定義権をめぐる抗争は、佐藤泉の想定とはやや異なる形で、しかし実際に戦われた。その結果はどうだったか。眞壁は、編著『弾道下のくらし』（毎日新聞社 一九五六・七）に『百姓のノート』掲載の「生活詩」を収録するにあたって、『百姓のノート』初出誌面に付した技法的な添削をすべて削除したうえで、あとがきにあたる「生活記録と創作」においては次のように述べる。

> 生活記録と文学との関係がさいきん問題にされていますが、作者たちは、生活記録の概念にも、小説文学の概念にもほとんどとらわれず、自然に、必要からこの形をえらんでいるのです。〔…中略…〕ことばを自分のものにし、文学を自分のものにしてゆくという動きにそれはなるとおもいます。これは言語と文学が農民に解放されたということに、他の面からみればなるでしょう。けれども、たとえ文学という形式をとっても、自分につながる古い農村社会の構造にくいいって、そのことで新しい歴史社会をひらこうとする変革と創造の方向であるために、既成の文学とすこし次元を異にしているとおもうのです。それはむしろ生活の一形式といえるでしょう。しかしそれは、すぐれて好ましい文学となることをこばむものではないし、そうなる多くの芽すらもっているでしょう。そのような創造エネルギーが自覚され、生活の領域と経験とを拡大しながら、集団としての成長をとげてゆくことが、生活記録運動のほんとうの仕事であるとおもわれます。（眞壁仁「生活記録と創作」）

「生活記録と文学との関係」を巡る眞壁の論理は、「『山びこ学校』の文学性」のような明快さを欠いている。「言語と文学が農民に解放された」といっても、その「文学」は「既成の文学とすこし次元を異にしてい」て「むしろ生活の一形式」であるが、「すぐれて好ましい文学となることをこばむものではない」と重ねられる留保には、鈴木論文を自説に取り込もうとしたことによる軋みが明らかだろう。そのような蛇行の先に、「文学」とは必ずしも重ならない「生活記録運動のほんとうの仕事」を結論として見出した眞壁は、ここまで保持し続けていた東北表象の理念から「切断」されようとしていた。

5　おわりに

本稿においては、山形県本沢地区の文化運動と眞壁仁との関わりに注目しながら、一九四〇年代に盛行を見せた「地方」表象の言説に、複数の「切断」が加えられていく具体的な様相を記述してきた。それらの舞台となったのは一九五五年に創刊された同人誌『百姓のノート』であった。哀草果に対する無着の批判においては自然美への帰依と修養とを要求する文学主義的言説が、眞壁に対する鈴木の批判においてはテクストの定義権を専有しようとする文学観がそれぞれ対象になるが、そのいずれにおいても、文学の／による定義が問題化されていた。一九五五年に創刊された『百姓のノート』を舞台として展開された東北表象への批判は、一九四五年八月を跨いで連続していた文学観への批判として機能したのである。もちろんこの先には、童話作家としての鈴木の活動、須藤克三による地方文化運動の組織化など、論じられるべき課題が多々積み残されているが、ここでは、この批判を最も深刻に受け止めざるを得なかったひとりとしての眞壁仁について再度触れ、本稿の結びとしたい。

一九四七年に、『日本浪曼派』発表の詩編を含む詩集『青猪の歌』（札幌青磁社　一九四七・一一）を出版した際に、眞壁がそれを自らの第一詩集と呼び、『街の百姓』（北緯五十度社　一九三二・三）を自ら「すてた」と発言したことは広く知られている。それは、詩作としての完成度の問題である以上に、「生活」からは分離した「血みどろのアソビ」としての「芸術」という二元論（『街の百姓』「自序」）を、亀井の「リアリズム」論の影響を受けた『日本浪曼派』時代以降の東北表象理念によって既に自ら乗り越え得た、と戦後の眞壁が考え続けていたことを示唆していよう。事実、彼が『百姓のノート』の生活詩に対して与えた短評には、自らもかつて抱えた二元論を克服するよう促す意図が込められていた。[37]しかし、そうした「文学」による包摂は、東北表象言説を巡る「切断」によって、再考を余儀なくされる。

後年の眞壁は、二度、哀草果について書いているが、[38]そのいずれにおいても、彼は、本稿冒頭に触れた「万葉を継ぐもの　結城哀草果と歌集「すだま」」を執筆した一九三七年以降の哀草果の歩みについて触れようとはしない。

いま読みかえしてみて、少なくとも戦争に否応なくかかわっていく前の哀草果文学にたいする考えはそう変っていないのをかんずる。それは『山麓』がかかえこんでいた課題が、抒情詩としての短歌と、たぶんに記録性を持った随筆とに形式分離することによって、哀草果の生の在りようと、その表現とがともにみたされていったという見方である。いつまでも同じ見方を固執してはいけないと思いながら、その後の哀草果文学にふれるのにはまだ時間をかけなければという気持があって進まない。（眞壁仁「歌集『すだま』のころ」『芸文会議』一九七四・一一）

眞壁のこの足踏みは、彼自身が、「抒情」と「記録性」との一元化という問題を、その生涯にわたってついに解き得なかった、ということを示しているように思われる。

（1）拙稿「故郷をめぐる抗争──『日本浪曼派』における亀井勝一郎」と山形高等学校「校友会雑誌」（『山形大学大学院社会文化システム研究科紀要』第一四号　二〇一七・九）

（2）『日本浪曼派』における眞壁の立場については必ずしも明確ではないが、亀井とのやり取りの中で彼は同人費を納入する意志を示して謝絶にあっており、極めて同人に近い、あるいは同人になる意思を持った寄稿者だった、というのが実情に近いと思われる。

（3）参照及び引用は講談社版『亀井勝一郎全集』（一九七一・一一〜一九七五・二）に拠る。亀井の著作については以下同じ。

（4）亀井勝一郎「地方主義文学と作家の意欲」（『新潮』一九三四・一一）においては、そうした「能動的心理」を強調する「リアリズム」観による「地方主義文学」の評価が述べられる。このことについても前掲拙稿に触れた。

（5）眞壁仁『野の自叙伝』（民衆社　一九八四・六）

(6)河西英通『東北―つくられた異境』(中公新書、二〇〇一・四)、河西英通『続・東北―異境と原境のあいだ』(中公新書　二〇〇七・三)

(7)北河賢三『戦後の出発　文化運動・青年団・未亡人』(青木書店　二〇〇〇・一一)など

(8)各号の発行年月は、第一号が一九五五年六月、第二号が一九五五年九月、第三号が一九五六年三月、第四号が一九五六年八月、第五号が一九五七年三月となっている。

(9)佐藤藤三郎『25歳になりました』(前掲)

(10)ただし、一時的な筆名と思われるものも含まれ、完全な同定は難しい。

(11)北河賢三『戦後史のなかの生活記録運動　東北農村の青年・女性たち』(岩波書店　二〇一四・一〇)

(12)とはいえ、鈴木は無着とは遠戚であり、早大童話会に加入するきっかけを『山びこ学校』への坪田譲治の無着に見せられたことに得てもいる。

(13)ただし、『25歳になりました』(前掲)収録の一九五五年上山青年学級研修会報告「「百姓のノート」について」においては、佐藤は第一号の発行数を一五〇部と述べている。

(14)北河賢三『戦後史のなかの生活記録運動　東北農村の青年・女性たち』(前掲)

(15)佐藤藤三郎『25歳になりました』(前掲)

(16)佐野眞一『遠い「山びこ」―無着成恭と教え子たちの四十年』(文藝春秋　一九九二・九)

(17)たとえば、インタビュー「『山びこ学校』から戦後日本を読む」(岩崎稔他編『戦後日本スタディーズ①…40・50年代』紀伊國屋書店　二〇〇九・九)など。

(18)眞壁仁「熊吉つァん」(『やまがた散歩』一九七二・八、参照及び引用は『ひと・であい　野の文化論　第一巻』民衆社　一九八三・一〇)

(19)眞壁仁『野の自叙伝』(前掲)による。一方で、その参加を「昭和二(一九二七)年ころから、僅か五年間」とするもの(横尾秀一「眞壁仁と父健三郎と」、『眞壁仁研究』第七号　二〇〇七・一)もあり、必ずしも明らかではない。

(20)眞壁仁『野の自叙伝』(前掲)
(21)眞壁仁「遠藤友介おぼえがき」(『遠藤友介追悼号』一九五七・六、参照及び引用は『ひと・であい　野の文化論　第一巻』前掲)
(22)横尾秀一「真壁仁と父健三郎と」(前掲)
(23)新藤謙『野の思想家　眞壁仁』(れんが書房新社　一九八七・八)、新藤謙「真壁仁の転向―いわゆる「左翼思想」との関連で」(『眞壁仁研究』第七号　二〇〇七・一)
(24)結城哀草果「時局二題」(『河北新報』一九四三・五、参照及び引用は『農民道場』中央公論　一九四三・一二)
(25)結城哀草果「郷土の文化遺産」(『文藝春秋』一九四一・八、参照及び引用は『農民道場』前掲)
(26)結城哀草果「封建的個人主義」(『アララギ』一九四二・二、参照及び引用は『農民道場』前掲)
(27)西村直次『結城哀草果　―人間と文学―』(高陽堂書店　一九八〇・六)
(28)ただし、最晩年のこうした回顧的な随筆については、西村直次の作成した文案に哀草果が許可を与える形になっていた可能性が高く、表現の細部にどこまで哀草果の意図が反映されたか、という問題は残る。
(29)ただ、哀草果が自身の唱える「拙修道」という修養理念に与えた解釈の変更(「拙修道」『饗宴』一九四七・七)に、戦中の言説への自省を読み取る余地はある。このことについては、拙稿「やまがた再発見354結城哀草果　下」(『山形新聞』二〇一七・五・七)に既に触れた。
(30)眞壁仁『野の自叙伝』(前掲)
(31)初出『山形教育』(一九五一・七―八)からの転載。
(32)北河賢三『戦後史のなかの生活記録運動　東北農村の青年・女性たち』(前掲)
(33)佐藤藤三郎『25歳になりました』(前掲)
(34)しかし、実際には、第四号にも佐藤の詩は掲載され、発行人として無着の名が記されており、「編集のあとがき」(古内清治)は、『百姓のノート』の編集発行作業が、二号は山元と本沢との分担で、三号は南山形、そして四号は本沢で行われたことに言及している。これらの状況からは、『百姓のノート』の規模縮小が、佐藤の言うような理念的な転回にのみよるのではなく、より自然発生的な流れとして緩やかに進行した側面があったことも指摘できよう。そこに、作業負担の問題、そして、誌上にしばしば言及される青年団運動の負担の問題、町村合併に関わる混乱、などの外在的な要因も影響を及ぼしていただろうことは、想像に難くない。

(35) ここに、他者の視線を媒介にした主体性がその視線を拒絶するというアンビバレンスが生じていることは言うまでもない。後年の佐藤(座談会「真壁仁と教育論」『眞壁仁研究』第六号　二〇〇六・一)は、農村の現実を理解し得なかった存在として眞壁を批判しつつ、同時に自らの作品を詩として評価しなかった眞壁に対するルサンチマンを隠していない。

(36) 佐藤泉『戦後批評のメタヒストリー　近代を記憶する場』(岩波書店　二〇〇五・八)

(37) 眞壁は、『百姓のノート』第一号に寄せた総評「農民の詩」に、次のように短評の趣意を総括している。

私は佐藤藤三郎君らが「山びこ学校」の世界からどう出てゆくか、大きな関心をはらつて見ているが、その後の作品は「雑木林」その他で見て非常に考えさせられている。私が昭和初年の農業恐慌時代に書いた詩集「街の百姓」がもつている欠点とよさをやはり藤三郎の作品も見せているので、思いあたるフシが多いのである。詩をより多く内容として考えた時代だつた。生活リアリズムなんて唱えた気持が強かつた。詩は技術である。という考えの詩人からみれば現実の素材そのままの力みたいなものだつた。私はこの雑誌の作品を読ませてもらい、意に満たない短評を書いたが、これはすべて技術の面からだけの意見かも知れぬ。それはとつくんでいる問題意識とその方向には大方異論なく肯定できたからで、この上うまい詩になれば、詩を書いた作者の意図はさらに大きくはたされると思つたからである。素人の詩であるとか、生活探究の方法であつて詩でなくともいい、とか言つて投げ出す事なく、すべての作物を土壌・気象・肥料・植物の科学で栽培し、育てるように表現の技術なしに、一篇の詩さえ生れないということを、その生産と創造の原理を基本に持つてほしいということを考えるのである。(眞壁仁「農民の詩」)

（38）眞壁仁「歌集『すだま』のころ」（『芸文会議』一九七四・一一、引用及び参照は『ひと・であい　野の文化論第一巻』前掲）、眞壁仁「野の文学者　結城哀草果」（『山形グラフ』一九七七・五、引用及び参照は『百姓の系譜』東北出版企画　一九八三・一〇）

第7章　雑誌『ジャパン・クォータリー』にみる日本文学の「輸出」

――「遥拝隊長」および「陰翳礼讃」の英訳をめぐって

塩野加織

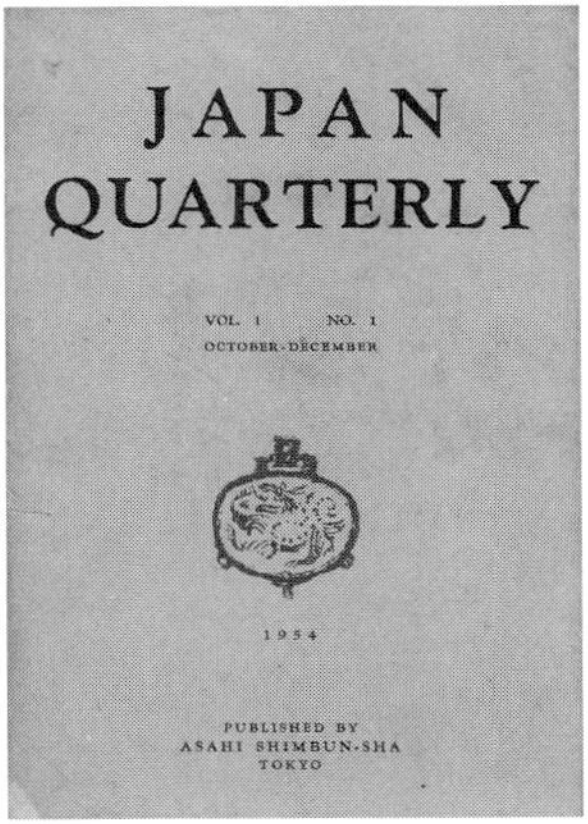

『ジャパン・クォータリー』創刊号表紙（一九五四年一〇月）

はじめに

作家井伏鱒二の戦後の代表作に「遙拝隊長」（『展望』一九五〇年二月）という小説がある。南方戦線での負傷により心身に失調をきたした元軍人・岡崎悠一が、復員後の郷里で引き起こす「発作」を描いた本作は、発表同年に第一回読売文学賞受賞対象作となるなど[1]、当時から高い評価を得た。先行研究でも、戦後における井伏鱒二の一つの到達点を示す作品とされ、敗戦前後の日本社会の欺瞞を痛烈に諷刺する戦争文学作品として位置づけられてきた。

しかしながら、この井伏の「遙拝隊長」が、発表から四年後の一九五四年に創刊された英文季刊誌『ジャパン・クォータリー』に掲載されたことはそれほど知られていない。これは、朝日新聞社が「政治、経済、社会、文化、宗教など各界層にわたる日本の真の姿を海外に伝えよう[2]」という目的で創刊した総合雑誌で、欧米圏を中心とする海外の英語読者向けに、日本国内の政治経済情勢や外交問題を論じる記事を取りそろえる一方で、日本の文化風俗に関する記事も毎回数多く掲載した。そして、同誌が創刊当初から力を入れていたのが、日本文学作品の翻訳と紹介である。「遙拝隊長」は、この『ジャパン・クォータリー』の創刊号に載った最初の小説だったのである。

本論ではこの雑誌に焦点をあて、「遙拝隊長」の英訳が果たす役割を論じていく。その際に注目するのが二人の翻訳者で、一人はグレン・ショー（Glenn W. Shaw）、もう一人はエドワード・サイデンステッカー（Edward G. Seidensticker）である。世代も違えばキャリアも異なる両者が、『ジャパン・クォータリー』に参加することになった経緯は後に詳しく述べるが、両者とも日本文学を海外に普及させることに大きく貢献した人物である。そして、同誌創刊号のなかでは、ショーが井伏鱒二の小説「遙拝隊長」を、サイデンステッカーが谷崎潤一郎の随筆「陰翳礼讃」をそれぞれ訳している。ただし、この二人の英訳は、様々な意味において対照的なものとなった。この論では、翻訳者としてのショーとサイデンステッカーの特質を踏まえながら、一九五〇年代当時の日本文学の英訳作品が、いかなる条件のもとで生まれ、どのように流通していくのか（あるいは流通しないのか）を明らかにする。

1　英文季刊誌『ジャパン・クォータリー』の出発

一九五四年一〇月、朝日新聞社は創立七十五周年を記念して、英文季刊誌『ジャパン・クォータリー』を創刊した。「日本唯一の英文総合雑誌」を謳うこの雑誌は、「各界一流の人々」を執筆者に擁し、「わが国ならびにわが国をめぐるアジアの実情を、公正な立場から海外諸国の知識人に紹介すること」を理念に掲げた[3]。同社はそれ以前にも英文雑誌を刊行したことはあったが[4]、季刊誌という形態で日本の政治経済から思想文化に至るまでの分野を網羅する本格的な総合雑誌としては、事実上これが初めての試みである。

創刊から編集実務を担当していた島田巽によれば、英文季刊誌の発刊はもともと高松宮宣仁の周辺で話が持ち上がったのがきっかけで、高松宮側から朝日新聞社社長村山長挙へ依頼があり、そのとき朝日新聞編集主幹で取締役でもあった笠信太郎を編集責任者として引き受けることになったという[5]。創刊号から八年間編集責任者をつとめた笠信太郎は、経済分野に通じたジャーナリストで、政財界に多くの人脈を持っていた[6]。一九三六年に東京朝日新聞に入社し、戦時中は欧米部特派員としてドイツやスイス等に滞在した笠は、近衛文麿のブレーンと目された昭和研究会の中心人物でもあり、欧州滞在中には日本側の対米和平工作に携わったとも言われるが、そうした彼の人的ネットワークが『ジャパン・クォータリー』にも活かされている[7]。毎号の誌面には、政治経済関係の論考、時事問題の解説、文化風俗に関する評論、文学作品の翻訳・紹介が並ぶ。他にも、新刊を詳しく紹介するブックセクションや、毎年一〇—一二月号には年間の出来事を一覧にした巻末附録が付くなど、読み応えのある構成である。欧米圏の知識人層を主たる読者に設定した本誌は、米国・欧州・アジア諸国で、約五〇カ所の海外取次店を通じて販売された[8]。

実際に当時の『ニューヨーク・タイムズ』は、この新しい雑誌について報じており、「日本で刊行されるこの種の雑誌は初めて」、「広い視野のもと、行き届いた編集がなされている」と好意的に紹介した[9]。注目したいのはこれに続く部分で、英語による日本関係の書物が、アメリカと日本で近ごろ相次いで出版されているのだという。記事では、米国のタトル社とクノップフ社の名を挙げ、なかでもクノップフ社については日本文学作品の英訳を積極的に出版する企業として紹介し、概況を伝えている。この記事は米国の出版界を中心に扱っているため見えにくいが、これを当時の日本国内の動向と重ね合わせてみると、一つの事業が浮かび上がってくる。それは、日本政府とユネスコが共働で推進した、日本文学作品の欧米言語への翻訳出版事業である。先の記事にあったタトル社とクノップフ社による日本関係書籍の出版も、この時期に日本国内で本格化した翻訳事業と密接に関わっていたのである。

『ジャパン・クォータリー』が創刊された一九五四年は、日本文学がかつてない規模で翻訳出版されていく最初の年にあたる[10]。日本は、サンフランシスコ講和条約が結ばれた一九五一年にユネスコに加入するが、当時ユネスコは国際連合の勧告を受けて、世界各地の文学作品を欧米言語に翻訳する事業に乗り出していた。この事業は、各国の相互理解を促す目的で開始され、一九五二年に事業範囲がアジア諸国に及んだ際に、対象として選ばれたのが日本文学だった。この通達を受けて日本には各種委員会が設置され、翻訳すべき作品の選定や、業務を委託する出版社が検討されたのち、向後五年間に英語とフランス語で各一〇巻の翻訳書籍を出版する計画が策定された。そして、一九五四年に、本計画に対する予算がおりる。翻訳や校閲費等の経費は、ユネスコと日本政府が折半して負担したが、流通に際しては各国の出版社がこれを引き受けることになっていた。先の『ニューヨーク・タイムズ』で名前が挙がったタトル社とクノップフ社は、この事業を部分的に請け負う出版社だったのである。

ユネスコの翻訳事業に携わった人々のなかには、『ジャパン・クォータリー』の関係者も含まれていた。たとえば、同誌でアドバイザリー・ボードをつとめ寄稿もしていた坂西志保[11]はユネスコ事業の国内委員であったし、翻訳者についても重複が見られる[12]。こうした人々と翻訳事業の関わりについては今後改めて精査しなければならないが、ここではひとまず、日本文学の海外普及が公的に促進される初動期にこの雑誌もまた誕生しており、文学の英訳にいち早く着手していたことを押さえておきたい。ただし、同じ日本文学の翻訳でも、ユネスコの方は「国際社会」に迎え入れようとする側からの発案だったのに対して、『ジャパン・クォータリー』は日本から海外へ送り出そうとしておりベクトルが異なる。同誌の販促用宣伝文には、日本から発信することを強調するフレーズが度々登場するが[13]、この雑誌が、「実情」や「現状」や「本当の姿」を強調すればするほど、翻訳者の存在が前景化することになる。

2 「精神的な架け橋」としての翻訳者たち

本格的な国際雑誌を目指した『ジャパン・クォータリー』は、編集方針について、「何か特定の政治的意図を持つものでもなければ、むろん旅行者向けのガイドブックを目指しているわけでもない。(…)本誌の目的はただ一つ、日本と世界の他の国々とを結ぶ確かなつながりをつくることである」と記している[14]。ガイドブックのように異国趣味に走るのではなく、それを回避した視点から日本を示すこと。文学作品の英訳はそのための必須のコンテンツだったようで、編集部は多くの外国人翻訳者を採用して文学作品の翻訳を任せ、彼らのことを、日本と海外読者を結ぶ「精神的な架け橋[15]」と呼んだ。

試みに、創刊から一〇年間のバックナンバーを通覧してみると、翻訳した数が突出して多いのがエドワード・サイデンステッカーで、次にジョン・ベスター(John Bester)、ジョン・ネイスン(John Nathan)、アイヴァン・モリス(Ivan Morris)と続く。一見して明らかなように、のちの欧米圏の日本文学研究を牽引していく面々である。彼らが翻訳した日本の文学作品は、世界各地に渡ってそこから新たに重訳されたり欧米の大学の教材として使用されたりするなど、日本文学の海外普及の礎を築くことに貢献した。彼らの多くは、『ジャパン・クォータリー』に参加する時期と、各自のキャリアが形成され始める時期が重なっており、同誌が若き翻訳者たちの腕試しの場でもあったことが窺われる。

ここで翻訳された日本文学作品は、ジャンルも時代も多岐にわたる。ただし、近世以前の文学作品は評論の中の一節で紹介されたり、文化全般を扱った記事の中で解説的に言及されることが多いのに対して、明治以降の文学は独立した「作品」として読者に提供される傾向がある。翻訳された作品の作者名を挙げてみると、二葉亭四迷、夏目漱石、永井荷風、志賀直哉、佐藤春夫、谷崎潤一郎、芥川龍之介、林芙美子、幸田文、川端康成、川口松太郎、丹羽文雄、井伏鱒二、太宰治、井上靖、三島由紀夫、深沢七郎、大江健三郎等である。明治期以降の作家を対象とし、ある程度の拡がりを意識して選ばれている、と一応は言えるだろう。しかしながら、本誌に掲載される順序は、作品の発表年や作家の活躍時期とは何ら関係がない。作品によっては、翻訳者が文学史の流れやその位置づけに即して詳しく紹介することもあるが、解説の有無や記述方法に統一的なルールがあるようには見えない。つまり、この雑誌に掲載された文学作品については、翻訳者の関わり方が決して一様ではなく、作家・作品の取捨選択と訳述方針はその都度異なっている。なかでも、全てが初めての試みであった創刊当初においては、これから詳しく見ていくように、担当する翻訳者にかなり大きな裁量が与えられていたようだ。

『ジャパン・クォータリー』の創刊号には、小説が一篇掲載された。それが井伏鱒二「遙拝隊長」の英訳“A Far-Worshiping Commander”で、翻訳はグレン・ショーが担当している。当時の編集者島田巽によれば、創刊当初から編集部では「政治や経済の問題とともに、学芸の分野の紹介にも力を入れたいと考え」、「その一つとして毎号かならず文学作品を掲載することにしたが（…）それらの英訳をどうするかが難問題であった」という[16]。そこで島田が、「小説などを立派に訳出してくれる適任者」として「真っ先に頭に浮んだ」のが、ショーその人であった。

グレン・ショーは一八八六年にアメリカのコロラド州に生まれ、一九一〇年代から五〇年代まで日本に滞在した米国人で、戦前は英語教師として大阪外国語学校や山口高等商業学校等で教鞭をとった。俳句をこよなく愛し、多くのエッセイを執筆する文筆家でもあったショーは、教員生活の傍ら、日本文学の翻訳に力を注いだ。一九二〇年代から三〇年代にかけて、芥川龍之介や山本有三、倉田百三、菊池寛らの作品を翻訳し出版している。日米開戦が近づく一九四〇年に一旦帰国するが、一九四九年に再び来日し、それ以降は東京のアメリカ大使館で文化外交情報官（文化アタッシェ）として定年まで勤務した。離任した一九五七年には、長年にわたる英語教員の活動や日本文学書の英訳出版等が功績として認められ、勲三等瑞宝章が授与されている[17]。

島田巽が述べたように、創刊準備に際してグレン・ショーの名前がすぐに思い浮かんだというのは、戦前の彼の経歴を見れば合点がいく。在阪時代のショーは、当時の大阪朝日新聞社にも嘱託として在籍しており、前述の英文雑誌『プレゼントデイ・ジャパン』の編集を手伝うほか、『大阪朝日新聞』等にも多数寄稿していた[18]。このために島田は「有力な援軍として」ショーに協力を請うたのである。彼は、

「創刊号にどの作品を選ぶか、だれに英訳をたのむかの相談に、ショウさんは快く乗ってくれるとともに、まず第一回は自分がやろうと乗出してくれた」と記している。[19] さらに、担当する作品については「しばらく考えた上で井伏鱒二さんの「遙拝隊長」はどうだ」と自ら提案したという。これによると、ショーは何らかの意図があって「遙拝隊長」を選んだようなのだが、果たしてそれは何だったのだろうか。これを探っていくためにも、まずは井伏鱒二の「遙拝隊長」という小説について改めて確認しておく必要がある。

3　小説「遙拝隊長」の構造

一九五〇年に発表された「遙拝隊長」は、元陸軍中尉の岡崎悠一が郷里で引き起こす「発作」と、彼に翻弄される村の人々を、三人称の視点で描いた小説である。母子家庭で育った悠一は、母の援助と村の推薦によって陸軍幼年学校、士官学校へと進み、その後マレー戦線に従軍して中尉に任官した。しかし怪我により帰郷してからは、奇妙な「発作」をしばしば起こすようになる。普段は寡黙な悠一だが、「発作」が起きると「いま尚ほ戦争が続いてゐると錯覚して、自分は以前の通り軍人だと思ひ違ひし」、「他人を自分の部下の兵卒だと錯覚」する。[20] 人を見かけると軍隊用語で命令や威嚇をし、時には罵声を浴びせ、不自由な足を引きずって相手を追いかけることもある。物語の中盤で、この悠一の「発作」は、戦地で起きた事故がきっかけだったことが明かになるが、その後も「発作」は続く。最後の場面では、村人の墓参りの最中に再び激しい「発作」を起こす悠一と、彼の号令で遙拝をしつつも陰口をきく村人、そして悠一を宥めて連れ帰る母親の姿がそれぞれ描かれ、物語は終わる。

主人公岡崎悠一は「加害者であると同時に被害者であり、加害者としての悠一をつくりあげたのは母親を含む村人たちであった」[21]と言われるように、この小説は、複合的な諷刺を生み出す点に特徴がある。本作は単に、戦時中に横行した軍国主義者の振る舞いを戯画化しているわけではない。その諷刺の射程は、悠一のような軍国主義の熱烈な信奉者だけではなく、郷里の人々のように彼に翻弄される側の人々にも及ぶことが、本文の複数の記述から読み取れる。たとえば、「発作」以外は終始寡黙な悠一について、村の人々は好き勝手な憶測や差別的な噂話を繰り返す。敗戦前には「悠一の無口は謙譲の美徳の顕はれだ」と好意的に見ていたのに対し、敗戦後になると「あの病気は親ゆづりの梅毒のためだ」との憶説から「親の因果が子に報ふ譬へばなし」に発展し、「刺戟的なせゐか一時は可成り有力な説」にもなった。作中での悠一は、村の人々の好奇な眼差しとその暴力的な言葉に常に晒される存在としても描かれているのである。

これと連関するのが、悠一の「発作」に対する村人たちの捉え方である。それは敗戦の前と後では大きく変化したことが、語りの叙述によって示される。戦時中には、「そのころは悠一の発作も、そんなにまだ目立たなかつた」とあり、たとえ出征兵士を見送る場で「見送人一同を部下の兵隊と見做し」滅私奉公の訓辞を始めても、「することなすこと、或る点では戦争中の軍人と変るところがない」ため、「当時は、誰も悠一の言動を滑稽だと云はなかつた」と説明される。ところが、敗戦が近づいてから

「様子が怪しまれ出し」、敗戦後しばらくして「完全に気違ひの発作症状を見せ」、「今日では、ただふざけてゐるやうに見えるだけで」、彼の様子は村の「平穏無事な日常に破綻を来たす」「異状な言動」と認定される。

　こうした物語の叙述に照らすと、悠一の「発作」ないし「異状」は、突然現れたわけではなく、周囲との対比によって浮上する構造になっており、そこには村の人々の解釈が大きく作用していることが見て取れる。つまりこの小説の力点は、敗戦を境にして劇的な変化が生じたことそれ自体ではなく、戦中から戦後に至る様々な変化がいかに歪みを伴って生じたのかというところに置かれている。悠一の「発作」にまつわる一連の叙述は、村という共同体における正常／異常の画定が常に動きながら変化する様子を可視化させるための装置として機能するのである。

　しかも本作は、一九五〇年という発表当時の政治情勢と鋭く切り結ぶものでもあった。「遙拝隊長」が発表された当時は、アメリカによる対日占領政策の転換期で、東アジアの情勢が急激に緊張感を増す時期にあたる。同年に井伏鱒二は、「遙拝隊長」を含む諸編の作品が高く評価され読売文学賞を受賞したことはすでに述べたが[22]、当時は、「本年において顕著に出てきた世界の状態を特徴づけると、平和か戦争かということでもあろうが、これを潜在的戦争状態とみるのが正しいか、武装平和の状態とみるのが正しいのかは、軽々には断定できない」等と総括される年であった[23]。

　そしてちょうどこの頃、国内で急速に準備されたものに警察予備隊がある。これは一九五〇年六月に朝鮮戦争が勃発したのを契機にＧＨＱの要請によって創設され、五二年に保安隊、五四年に自衛隊となるが、発足当初は全国から隊員志願者を募った。この警察予備隊に関する当時の言説のなかには、「遥拝隊長」で描かれた光景と二重写しのように見えるものがある。たとえば新居格は、「幻覚を避けよ警察予備隊に与える」と題した文章のなかで、警察予備隊に採用された青年が郷里を出発する際に「かつての出征兵士の見送り同様に」「町の人々は駅頭で万歳を叫んで」見送る様子を紹介している。[24] 事実、この警察予備隊には、先の大戦の復員者が多数を占めていたこともあって、[25] かつての軍隊と混同した振る舞いをする者は少なからずいたようだ。さらに、「準戦時」という言葉も頻繁に登場し、現在を戦前回帰ないし新たな戦前状態とみなす認識も生まれていた。

これを踏まえると、小説のなかで「いま尚ほ戦争が続いてゐると錯覚して、自分は以前の通り軍人だと思ひ違ひしてゐる」悠一は、決して過去の遺物と言い切れない。日本国内で再軍備が危惧されていた状況下にあっては、悠一の「異状」が再び目立たなくなるような「日常」への回帰は、一定の実現可能性をもつ事態として想像されたはずである。過去の戦争の傷痕を描くこの小説は、正常と異常、日常と非日常を画定するときに生じる暴力を表象していた。しかも、登場人物の造形が当時の現在進行形の政治的緊張感と地続きに結びつくことによって、敗戦後の現在と戦前戦中の光景が重なり合うのである。

4　翻訳者グレン・ショーの批評眼

ではなぜ、グレン・ショーは『ジャパン・クォータリー』の創刊号にこの小説を選んだのだろうか。

彼自身や関係者による言及はなく、また、ショー本人がとくに井伏鱒二の作品に親しんでいたという事実も確認できない。しかしながら、ショーが「遙拝隊長」の英訳に添えた訳者解説文と、その次の号に寄稿したエッセイを参照してみると、本作を推した彼自身の志向性は、ある程度具体的に捉えることができる。

ショーは「遙拝隊長」の訳者解説のなかで、「日本人作家の多くが書くような、単に西洋の物語をまねて固有名を日本風に変えただけの物語や、事実を曲解した外国かぶれの思想でもない」「芸術的作品」として本作を賞賛する。(26) さらに、主人公の悠一と、その周囲の人々の対照的な描かれ方に注目し、「世界中を驚愕させ激怒させもした日本の軍国主義者像を鮮やかに描き出しており、また一方で、弱さと愛らしさを持ったごく普通の日本人像を魅力的に描いて見せる」点に「普遍性がある」とも述べる。そして文章の最後には、ショー自身の社会批評を織り込みながら、この作品の持つ意義を次のように説明している。「現在は、戦中の抑圧から解き放たれた自由な世界ではあるが、そこに溢れる上等な言説は甚だ疑わしいところがあり」、この小説は一見すると「そうした偽りの平和喧伝の類とみなされるかもしれない」。しかしそれは適切な読み方ではなく、「本作に描かれるのは全体主義の国々でいまなお起きている光景なのだ」と。

ショーはこの小説から、現在の社会に対する批評性を読み取っており、作中のリアリティを高く評価する。ただしその価値は、小説を読めば誰にでも等しく伝わるものではない、と彼は言う。物語の表層をなでるだけの読み方をあえて「誤読」と否定した上で、そうした読み方をしない「私たち」（彼自身の読み方を共有できる人々）を読者と認めるのである。この解説文では、「知識人」と「一般人」が度々対比的に扱われてもおり、ショーはこの小説を、知識人読者こそ玩味できる作品として提示していたことが読み取れる。ここでの「遙拝隊長」は、現在の社会情勢を読み解くための有効なツールとして評価されているのである。

このような小説の捉え方は、ショーが書いた別のエッセイでの主張とも密接に結びつく。『ジャパン・クォータリー』第二号に掲載されたエッセイ “Changed, Changing and Unchanged Japan”(27) は、日本に関する定型的な言説への違和感を綴っており、彼の日本論とも呼べるものである。ここで彼が指摘するのは、日本の社会・風俗・文化を「変化の有無」で論じることの無益さである。「日本は占領によって根本から大きく変わった」とか、「しかしこれこそが古くからある真の日本だ」といった近頃よく聞く二種類の言説は、いずれも事実はほんの一握りで、たいていは誤りだという。ショーは、「日本の事物のなかにある日本的なもののほとんどは、常に変わり続けており、昨日ないしそれ以前までのものと現在とではかなり異なっている」とし、歌舞伎、音楽、書道、日本画、女性の職業や服装等々、数多くの例を挙げながら、「どんなものも常に変化し続けているが、何も変わりはしない。日本は日本のままであり、もしそうでなければ、日本というものはないだろう」と述べる。ここには、日本に向けられるオリエンタリズム的眼差しを強く否定する著者の姿勢が読み取れる。日本を、「しなやかで適応力を持った人々が住む、活力に満ちた国」と形容する彼は、日本および日本人を単一で固定的なものとして捉える傾向に一貫して抗っている。「変化の有無」あるいは「変化の前後」ではなく、「変化し続ける」というその動態に目を凝らすべきだとショーは主張するのである。

既に述べたとおり、「遙拝隊長」という小説は、敗戦前後に生じる変化を微細にそして複合的に描き出す点に大きな特徴があった。一方で、その翻訳者となるグレン・ショーは、日本というものを「変化し続ける」動きのなかでこそ捉えるべきだと主張していた。ショーが「遙拝隊長」に関心を示したのはもはや当然の成り行きと言うべきかもしれない。一集落に共生する人々の戦前から戦後に至るまでの変化と、それがもたらす功罪を描いたこの小説は、日本の多様性と動態に注意を払うショーの日本観と高い親和性を持っていたのである。

ここで再び『ジャパン・クォータリー』創刊号という場に立ち戻って誌面全体を眺めてみると、小説「遙拝隊長」は、「日本の現状」を伝えようとする他ジャンルの記事ともうまく共振しているのがわかる。この雑誌が、日本国内の政治経済情勢、外交問題、文化風俗等を幅広く扱う総合雑誌であることは先に述べたとおりだが、創刊以来長く続いた企画に「東洋の窓から」と題した寄稿欄がある。創刊号のこの欄には、日本を取り巻く現状を伝え、海外読者の理解を促そうとする文章が多く並んでいる。たとえば、日本の農業が直面する課題がデータとともに示されたり（東畑精一「過剰な農業人口」）、戦後の日本国内の人口増加と貧困の関わりが説明される（笠信太郎「バケツのなかのジャガイモ」）ほか、封切り映画の活況に見る戦後文化の新たな潮流や（松岡三郎「「エベレスト」の余波」）、日本に期待されるアジアでの役割とその難しさも指摘される（ラウフ大使「アジアの共感」）。「東洋の窓」が決して一つではないことを表象する好企画で、日本とアジア諸国の動向について様々な論点を提供している。

さらに同号には、いわゆる「逆コース」と呼ばれる反動的な保守化傾向に警鐘を鳴らし、アメリカに対して「幼い日本」への理解を請う記事（前田多門「育ての父たちへ」）や、この年に起きた第五福竜丸事件を暗に非難する文章（松岡洋子「女性のためのコラム」）などもあり、とくにアメリカの読者からは反発を生みそうな話題も含めて提示しようとする編集意図が窺える。アメリカの東アジア政策を批判的に論じたこれらの記事と「遙拝隊長」は、日本が直面する状況を扱いながらもそれが結果的にアメリカの対日政策への批判につながる点において、偶然にも共同戦線を張っているようにさえ見える。ショーの作品選択は、彼自身の日本観に即したものであるのと同時に、この雑誌が重視した「日本の現状」を伝えようとする方針にもみごとに合致していたのである。

しかしながら、ショーが訳したこの小説は、当時の海外読者には支持されなかったようだ。その代わり、同じ創刊号に載った別の日本文学作品が脚光を浴びた。それは、谷崎潤一郎「陰翳礼讃」（初出は『経済往来』一九三三年一二月―三四年一月）の英訳 "In Praise of Shadows : A Prose Elegy by Tanizaki" である。日本の伝統的な美について論じたこのエッセイを選び、翻訳を担当したのは、当時三十代のエドワード・サイデンステッカーだった。[28]

5 「陰翳礼讃」とエドワード・サイデンステッカー

サイデンステッカーは、戦後の日本文学の英訳出版に翻訳者として深く関わった人物で、現在ではドナルド・キーンと双璧と呼ばれるほど、その英訳が世界各地に普及し大きな影響力を持った。のちにノーベル文学賞を受賞する川端康成の作品も、多くがこのサイデンステッカーによって翻訳されている。一九四八年に来日し、その後東京大学で日本文学を学んでいたサイデンステッカーは、ショーの推薦で『ジャパン・クォータリー』に翻訳者兼執筆者として加わることになる。実のところ、この二人の間には、戦中からのつながりがあった。先に述べたとおり、グレン・ショーは一九四〇年から四九年までアメリカへ戻っているが、この帰国中に米国海軍日本語学校の開設準備とその運営の仕事に就いている。そこに入学してきたのがサイデンステッカーで、ショーは彼の入学審査の面接官を担当してもいる。[29]戦中に敵国語の運用者養成機関で出会った二人が、戦後にはその国の文学を欧米に普及させるべく協働するのは皮肉だが、この雑誌が戦中の人的ネットワークによっても支えられていたことを示す好例である。

ともかくこうして、創刊号には二人の翻訳者がそれぞれ選んだ「遙拝隊長」と「陰翳礼讃」の英訳が掲載された。しかし、ショーの“A Far-Worshiping Commander”についてはめぼしい反応が見当たらないのに対して、サイデンステッカーによる“In Praise of Shadows”は、『ジャパン・クォータリー』への掲載がきっかけでさらに広く流通していったことが確認できる。とくにアメリカの有力雑誌や関連団体からは、日本の編集部に転載の申し入れがあった。米国総合雑誌『アトランティック・マンスリー』はその一つで、翌一九五五年一月の日本特集号のなかに実際に収録されている。[30]

“In Praise of Shadows”が当時のアメリカを起点に流通していった背景には、サイデンステッカーによる翻訳方法が大きく作用していたことを見逃してはならない。作者谷崎に関する紹介文を冒頭に付した

"In Praise of Shadows"は、「陰翳礼讃」を部分的に抜粋して訳出したものだった。サイデンステッカーは、文学作品の翻訳では「なめらかな英語」で「すらすら読める文章」に訳すことが必須であり、直訳や逐語訳を強く否定する。[31]「翻訳とは、翻訳の目的に適するものでなければならぬ」と主張する彼は、日本文学が英語圏で理解されるためには、ともかく多くの読者を獲得することが先決だとし、そのためには「必要に応じて原文のある部分を削ったり、修正したりすることも許される」[32]とも語っていた。なにより「陰翳礼讃」の英訳は、この翻訳観を体現するものである。

実際に、彼が訳した"In Praise of Shadows"には、たとえば原文中にあった厠に関する内容や尾籠な記述、西洋人について批判的に記した部分等が訳出されておらず、「美」に関する事物が訳者によって選別されている。これについて論じたグレゴリー・ケズナジャットは、"In Praise of Shadows"が「「美学」、「女」、「骨董品」にしか興味を示さない、抽象化された日本」を表象するとし、それが当時アメリカ国内で普及していた「従順」で「繊細」で「女性的」な日本像と高い親和性を持つことを明らかにしている。[33]当時の読者にとっては馴染みのない日本文学を、許容しうる理解可能な対象としてパッケージ化することに成功したのが、サイデンステッカーの翻訳だったのである。

加えて言えば、"In Praise of Shadows"には、過去の日本に焦点を絞ろうとする訳者自身の志向も見て取れる。本文の解説部分には、「要するに谷崎は、日本の伝統美は陰翳の中に生じており、二十世紀のぎらついた明かりはその美を壊してしまうと主張する」との要約があるが、「日本の伝統美」を現在時から切り離して捉えようとするのは、他でもないサイデンステッカーだった。彼は別のエッセイで、谷崎の「陰翳礼讃」が「丸ごといいとは思えなかった」ものの、最良の部分は「日本の中世の美」を説いた箇所だと述べてもいる。「いわゆる「渋い」、抑制のきいた美感を、これほど説得力をもって見事に解き明かした文章はほかにはない」と絶賛し、たとえ「日本の唯一の美意識とは言えないにしても」、海外読者には「もっとも日本的な美感」として評価されたのだと語るこの翻訳者は、日本の中世に「真正な美」を見出して強く押し出すことに自覚的である。つまり、「日本の伝統美」を過去に遡って見定め、それを中心に「美」を成型していくサイデンステッカーの抄訳は、一九五〇年代当時の日本をその現在時において形象化することを周到に避けたテクストでもあったのだ。[35]

当時の欧米読者から好評を得た“In Praise of Shadows”の特徴をこうして辿ってみると、同じ創刊号にありながら、“A Far-Worshiping Commander”はそれほど注目されなかった要因が見えてくる。というのも、これら二つの文学作品は、きわめて対照的な翻訳者と翻訳方法によって生み出されているからだ。まず、サイデンステッカーは「陰翳礼讃」に登場する日本の中世に注目し賞賛したのに対して、ショーは、「遙拝隊長」が描き出す現在の日本とその批評性を評価していた。前者は「日本の現状」をテクストの後景へと遠ざけるが、後者の場合には逆に前景化させ現代の出来事に接続させせようとする。さらに、“In Praise of Shadows”の方は、サイデンステッカー自身の「美」というフィルターを通して、原文を丁寧に濾過するような抄訳だったことはすでに述べたが、ショーによる“A Far-Worshiping Commander”は、「遙拝隊長」の原文に沿ってかなり逐語的に記した全訳という点に大きな特色がある。たとえば、原文の改行や行空き等の細かな形式が英訳に反映されているほか、文章の構文や一文の長さまでも日本語文に沿うように訳される。日本語の原文に寄り添い、その構造をもなぞろうとする姿勢は、ショー自身が述べていた、日本の実情に即して日本を理解すべきだという主張とたしかに結びついており、その意味では合理的で一貫性がある。しかし、彼がこの方法で日本語の原文に寄り添おうとすればするほど、英文としては冗長にも説明不足にもなり、「なめらかな英語」からはかけ離れていく。民主国家としてまだ歩み始めたばかりの日本に対しては、当時の欧米読者がオリエンタリズム的眼差しで捉える傾向が根強かったことを踏まえれば、この小説のぎこちない英語は、文化的練度の低さに変換され、読むに値しないものとして受け取られる可能性さえある。逐語的な翻訳が施された“A Far-Worshiping Commander”は、「日本の現状」を未熟で遅れたそれとして表象してしまうのである。

『ジャパン・クォータリー』は、一九五〇年代当時の海外読者に向けて「日本の現状」「実情」を伝えるべく刊行された。その創刊号に、「遙拝隊長」という日本の敗戦前後の欺瞞を描く小説を推したショーの選択には、高い批評性を認めることができるだろう。ただしこれはあくまでも作品を選ぶ局面においてであって、実際の訳述方法としてはかなり無防備だと言わなければならない。サイデンステッカーの「陰翳礼讃」訳を参照してみると、この点は一層顕著になる。逐語的な訳し方は、ショーが日本文学の翻訳を始めた一九二〇年代当初から好んで用いたスタイルで、選択的・戦略的というよりは習慣のように行われていたようだが[36]、それは“A Far-Worshiping Commander”の文体として、小説の解釈にも影響を及ぼすのである。

6　翻訳不適格な小説として

しかしだからと言って、ショーが訳した“A Far-Worshiping Commander”を、サイデンステッカーの“In Praise of Shadows”に劣る翻訳として、単純な優劣の枠組みのなかに押し込めてはならない。ショーの訳には、たしかに冗長な記述や不明確な箇所が数多く存在するが、そのぎこちない訳文ゆえに拓かれる視座もまたあるのではないだろうか。論の最後に、この点について検討を加えることにしたい。

小説「遙拝隊長」は、日本の農村地域特有の情景をふんだんに織り込み、本文の各所には方言が登場する。たとえば物語の冒頭は、「こうちがめげる」という方言の解説から始まっており、それが「平穏無事な日常に破綻を来たす」意味だと説明される。この語りの叙述は、このあと登場する主人公・悠一が村の異常／日常を画定する唯一の決定要因であると読ませるための、重要な伏線である。また、物語中盤では笹山童謡という俗謡が登場するが、これは単に登場人物たちの素朴さを演出するのではなく、物語を転換させる一つの装置になっている。ちなみに、「陰翳礼讃」以外にも日本の小説を多数翻訳したサイデンステッカーは、翻訳用の小説を選ぶ際の基準について、「日本独特の風俗やことわざを取り除くことによって、その本の興味がなくなるというのなら、その本は翻訳すべきではない」とし、とくに「敬語や方言を英語で言いあらわそうなどとすべきではない」と述べていたが[37]、「方言」や「独特の風俗」を取り除くと小説として成り立たなくなるのが、この「遙拝隊長」なのである。

サイデンステッカーの基準に照らせば翻訳不適格なこの小説の特徴のなかから、一つ具体例を挙げてみたい。主人公悠一の怪我と発作の原因は、同郷の与十の登場によって初めて明らかになるが、与十がその情報を得たのは、電車に乗り合わせた一人の男性の訛りに気づいたことがきっかけだった。面識のないその男が与十の郷里の訛りを使ってみせたことで互いの距離が近づき、彼が悠一の直属の部下だったことや悠一の抱えていた事情が判明するのだが、この場面には訛りに関する以下のような記述がある。

> 道理で、上田五郎はハツタビラを、地方訛りでハツタビュラと発音した。笹山部落ばかりでなくこの地方の人達は、ハツタビラをハツタビュラと発音する。カタビラはカタビュラ、ハナビラはハナビュラ、トビラはトビュラである。タカヤマはタキャヤマ、オカヤマはオキャヤマと云つてゐる。ただし、ハツタビュラと訛る発音のことがきっかけで、二人の間に話の権勢が現はれて来た。

引用文中のハツタビラ／ハツタビュラ以外は、少なくとも物語の進行とは直接関わらない情報だが、ショーが訳した "A Far-Worshiping Commander" では次のようになっている。

> As a matter of course, Ueda Goro pronounced Hattabira in his local dialect, Hattabyura. The people of all this region and not only those of the hamlet of Sasayama pronounce Hattabira "Hattabyura." Katabira (hemp gown) is Katabyura, hanabira (petal) is hanabyura and tobira (door) is tobyura. They say Tak-

yayama for Takayama and Okyayama for Okayama. The discussion of the dialectical pronunciation of Hattabyura led to a spirited conversation.

ちなみに比較のため、後年出版された別の「遙拝隊長」の英訳(38)を参照してみると、当該部分は「It was no wonder, then, that Sergeant-major Ueda had given "Hattabira" its dialect pronunciation of "Hattabyura." The inhabitants not only of Sasayama but of the whole area pronounced it in that way. Starting with this talk of the pronunciation of "Hattabira," conversation between the two soon began to gain momentum.」となっており、カタビラ、ハナビラ、トビラ、タカヤマ、オカヤマの例示はすべて削除されている。物語の展開を優先するなら、こちらの英訳のようにハッタビラ／ハッタビュラの訳出だけでも十分だと言えるが、ショーの訳文にはすべての語例が逐一訳出されている。語中の発音に-bira／-byura、-ka／-kya の違いが生じる単語を複数並べて訳すショー訳は、この例があることで話の筋が見えにくくなり、さらに当該部分を読む英語読者にとっては、タカヤマとオカヤマが何を指すのかも不明である。むろん、こうした〈不親切〉な訳述自体は、小説全体にわたるショーの翻訳スタイルの当然の結果であって、そこに何らかの意図があるようには見受けられない。

しかしながら、この訛りをめぐる記述は、英語で意味をなさないものをそれ自体としてテクストに存在させることを可能にしている。日本語を解さない英語読者は、提示された各日本語の発音の差異や単語の意味が十分に把握できないからこそ、この記述を、意味不通・理解不能な対象のまま受け取ることになる。しかも物語では、登場人物たちがこれらの訛りを共有したことで悠一の情報が伝達されていた。つまり、ほとんど見分けがつかないような発音（と表記）のきわめて微細な違いであっても、特定の人々にとっては人間関係の距離をたしかに近づける働きがあること、またそうした例は複数あるものの英語では判じにくいことが、テクストには表象されるのである。ここでは他者の存在が可視化されている。これは、ショーがはじめから狙った効果でも戦略的なものでもない。むしろ、翻訳者自身の意図を越えたところに図らずも生じることになった、テクストの一つの可能性と呼ぶべきものである。先行論が指摘したとおり、サイデンステッカーの“In Praise of Shadows”は「読者がよく知らぬ国の文学を翻訳で読む過程で持つかもしれない困惑を最小限に抑え」、「理解するべき対象としての作品を作り出す」[39]翻訳であった。これに対して“A Far-Worshiping Commander”には、日本文学がそうした「理解するべき対象」となるために何を排除しなければならなかったのか問う契機が、含まれているように思われる。例示した方言の訳述箇所は、英語圏の規範や文化的価値から逸脱するものを、逸脱したまま本文に留め置くことで、それらを理解不要とみなす認識の枠組みを照射するのである。

おわりに

『ジャパン・クォータリー』創刊号に掲載された「陰翳礼讃」と「遙拝隊長」の英訳をそれぞれの翻訳者に注目して辿ってみると、そこには位相の異なるいくつもの対照関係が見出せる。前者を訳したサイデンステッカーは、英語読者の嗜好を考慮に入れてテクストを大胆に裁断・成型し、伝統的で純粋な日本の美意識を提示した。その結果、アメリカ側の文化的冷戦戦略にも寄与するかたちで、日本文学が海外に普及するきっかけになった。そして彼自身もまた、このあと翻訳者として多くの日本文学を世に送り出すことになる。一方、後者を訳したショーは、日本の変化と多様性を重視する志向を持っており、原文に寄り添い逐語的に訳したところ、めぼしい評価を得ることはなく、以後翻訳者としては第一線から退いた[40]。サイデンステッカーとショーがそれぞれ訳したテクストには、この時期に日本文学が英語圏で普及するために要請され、あるいは排除された要素を具体的に読み取ることができる。この二つの英訳は、一九五〇年代当時の翻訳行為を相互に照らし合う関係なのである。

一般に日本の文学作品は、一九五〇年代後半以降、サイデンステッカーやドナルド・キーンらによる英語翻訳によって急速に海外の各地へ普及していったと理解される。なかでも近代文学は、川端康成、谷崎潤一郎、三島由紀夫の作品が積極的に翻訳されており、英語圏における日本近代文学の御三家的な位置を与えられた。しかし、そうした評価の背景やそこで翻訳が果たした役割については、いまなお多くの検証を必要としている。また、その対象についても、後世に残る翻訳者や翻訳テクストだけに限定されるべきでないことは言うまでもない。本論で見たユネスコの翻訳事業からわかるように、戦後に活発化する日本文学の海外普及と、日本が占領を経て国際社会に復帰していくプロセスは明らかに連動していた。だとすれば、そこでどのような交渉や矛盾や試行錯誤があったのかを、淘汰されたテクストの側からも、歴史的文脈とともに解きほぐしていく必要があるだろう。

今回はその一つの試みとして、雑誌『ジャパン・クォータリー』に注目し、翻訳者と実際の英訳テクストを中心に分析を行った。同誌での文学の翻訳は、戦後において日本文学の「輸出」が企図された最初期のものであり、そのプロセスを窺い知ることのできる貴重な事例だと言える。英語圏の日本近代文学作品のなかでは、井伏鱒二の「遙拝隊長」という小説は決して目立った存在ではない。しかしこの作品が、『ジャパン・クォータリー』創刊号のなかで「日本の実情」を伝えるべく選ばれた唯一の小説だったことは記憶されて良い。本作は、小説の描写と高い時事性においてショーを惹きつける一方で、サイデンステッカーならば翻訳不適格とみなすだろう日本語の言語的要素を物語構造に組み込んでいた。そしてそれゆえに、この翻訳者が不可視にしてきたものを捉える手立てにもなり得る。「遙拝隊長」は、戦後の日本文学が英語圏でどのような姿かたちを与えられていったのか、そのプロセスの一端を反照的に示すテクストなのである。

(1) 読売文学受賞時は、同年発表の「本日休診」と併せて「遙拝隊長」が対象作品として扱われた。
(2) 朝日新聞百年史編修委員会編『朝日新聞社史　大正・昭和戦前編』(朝日新聞社、一九九一年一〇月)、二一三頁。
(3) 「ジャパン・クォータリー近く発売」(『朝日新聞』一九五四年一〇月一三日朝刊一頁)。
(4) 一九二五年四月には、朝日新聞社の訪欧飛行の関連記念事業の一つとして、『プレゼントデイ・ジャパン』というB４版千ページにわたる大部の年鑑を発行している。

（5）島田巽「ジャパン・クォータリーの生みの親」（『回想　笠信太郎』朝日新聞社、一九六九年七月）、二一五―二一六頁。

（6）『回想　笠信太郎』（朝日新聞社、一九六九年七月）および『笠信太郎全集第六巻　新聞人として・身辺雑記』（朝日新聞社、一九六九年五月）を参照。

（7）創刊時の編集体制は、実際の編集実務を取りしきるエディトリアル・ボードとは別に、アドバイザリー・ボードを設け、文筆家や人文科学系の学者のほか、政治経済分野の実業家やジャーナリスト等が参加した。その顔ぶれは、安倍能成、長谷川如是閑、小泉信三、前田多門、中山伊知郎、蝋山政道、坂西志保、渋沢敬三、高橋誠一郎、矢内原忠雄、湯川秀樹などで、実際に寄稿してもいる。

（8）*Japan Quarterly*, Vol. 2, No. 3, July-Sept. 1955. 巻末広告より。

（9）Harvey Breit, "In and Out of Books", *New York Times*, 28 November 1954, p. 8（訳文は引用者）。以下、英語文献の引用には拙訳を用いる。

（10）以下、ユネスコによる翻訳出版事業については、『ユネスコ資料』一―一〇号（日本ユネスコ国内委員会、一九六〇年六月―六三年一月）、『ユネスコとその事業計画』一―九（ユネスコ国内委員会事務局、出版年不明、一九五三年三月序）等を参照。

（11）坂西志保は米国で学位を取得後、戦前は議会図書館日本部長の職にあり、敗戦後はGHQや外務省の嘱託職員として働いた。文筆活動の傍ら、参議院専門委員や国際ペンクラブ等の公的機関で日米間のパイプ役をつとめている。

（12）エドワード・サイデンステッカー、アイヴァン・モリス（Ivan Morris）、ケネス・ストロング（Kenneth Strong）等。

（13）たとえば、「日本の実情と日本人の意見を海外に伝える窓口として」（『朝日新聞』一九五七年一〇月八日朝刊九頁）、「外国人に日本の文化や現状を知らせる」（同一九五九年一〇月五日朝刊一〇頁）等。

（14）"Foreword", *Japan Quarterly*, Vol. 7, No. 2, July-Sept. 1960.

(15) "Foreword", *Japan Quarterly*, Vol. 2, No. 4, Oct. -Dec. 1960.
(16) 島田巽「雪後庵の傘」(『学鐙』七八巻七号、丸善、一九八一年七月)、二四頁。
(17) グレン・ショーについては未詳の部分も多いが、Caitlin Nelson, "Midway Between the Occident and the Orient: The Glenn. W. Shaw Collection at the Asia Collection, University of Hawaii, Manoa" (*Journal of East Asian Libraries*, No. 139, June 2006.) にはその経歴に関する紹介があり参考になる。なお、彼の叙勲に関しては、外務省資料(「グレン・ショウ氏叙勲について」、外務省情報文化局第一課『外務省公表資料集第三号(自昭和三二年一月至昭和三二年六月)』、一九五七年七月、一五七頁)を参照した。
(18) この時期の文筆活動は、河野至恩「日本文学翻訳者グレン・ショーと「現代日本文学」の認識」(『アジア遊学』一九五号、勉誠出版、二〇一六年三月)に詳しい。
(19) 前掲、島田巽「雪後庵の傘」、二五頁。
(20) 「遙拝隊長」の本文引用には、初刊本(『本日休診』文藝春秋新社、一九五〇年六月)を底本とする『井伏鱒二全集第十四巻』(筑摩書房、一九九八年六月)を用いる。本作は、初刊本収録時に改稿が施されており、『ジャパン・クォータリー』英訳本文と校合すると、グレン・ショーが参照したのは、初刊本の本文であることが確認できる。
(21) 白石喜彦「庶民における意識の不変―「遙拝隊長」論―」(『現代国語研究シリーズ11』一九八一年五月)、四八頁。ほかに、悠一の被害者性と周囲の加害者性を扱った論として相原和邦「『遙拝隊長』の構造と位置」(『近代文学試論』一九七二年九月)、前田貞昭「「遙拝隊長」の周辺―戦時下の井伏を視座として―」(『岐阜大学国語国文学』一九八五年三月)、滝口明祥「ある寡婦の夢みた風景―「遙拝隊長」―」(『国文学研究』二〇〇六年一〇月)等がある。
(22) 『読売新聞』一九五〇年五月二七日朝刊にて発表。
(23) 「一九五〇年を送るに際して」(『毎日新聞』一九五〇年一二月三一日朝刊、二頁)。
(24) 『朝日新聞』一九五〇年九月一〇日朝刊、四頁。新居は「警察予備隊志願に血書が少なくなかった」という旧態依然ぶりに対して、「とんでもない幻覚を描かない」ように釘を刺している。

(25)「警察予備隊受付始まる」(『読売新聞』一九五〇年八月一三日夕刊、二頁)。

(26) Glenn Shaw, "Translator's Note", *Japan Quarterly*, Vol. 1, No. 1, Oct. -Dec. 1954, p. 53.

(27) Glenn W. Shaw, "Changed, Changing and Unchanged Japan", *Japan Quarterly*, Vol. 2, No. 1, Jan. -March 1955, pp. 59–62.

(28) 島田巽はサイデンステッカーに「創刊号のためになにか訳してみたい作品はないかと尋ねてみた」ところ、「こだまのようにはね返ってきた答」が「谷崎潤一郎の「陰翳礼讃」をやってみたい」だったと記している(前掲、島田巽「雪後庵の傘」、二五頁)。

(29) このとき前後してドナルド・キーンも入学している。ドナルド・キーン『私と20世紀のクロニクル』(角地幸男訳、中央公論新社、二〇〇七年七月)および『わたしの日本語修行』(河路由佳訳、白水社、二〇一四年九月)、エドワード・G・サイデンステッカー『流れゆく日々―サイデンステッカー自伝―』(安西徹雄訳、時事通信社、二〇〇四年七月)、和田敦彦『書物の日米関係　リテラシー史に向けて』(新曜社、二〇〇七年二月)等を参照。

(30) "A Gateway to Japan", *Perspective of Japan: An Atlantic Supplement*, Jan. 1955. なお、島田巽によれば、『ジャパン・クォータリー』創刊号全体のなかでもこの「陰翳礼讃」に関する反響が最も大きかったという(前掲「雪後庵の傘」)。

(31) たとえば彼は次のように述べている。「翻訳家は、逐語訳を重んじる人々でさえ、事実上は日本語の受身の意味を英語では能動に変えている。だから、逐語訳でさえ日本語に対して根本的な冒瀆を行っているわけである。しかも、その逐語訳が、よむに堪えぬほどつまらない英語ならば、もはや何をかいわんや、である」(エドワード・サイデンステッカー「日本文学の英訳」、『ソフィア』一九五六年一二月、一二四頁および三一頁)。

(32) E・G・サイデンステッカー「日本その日その日　英語には翻訳出来ぬもの」(『読売新聞』一九五四年三

月二二日朝刊、八頁)。

(33) グレゴリー・ケズナジャット「アメリカにおける『陰翳礼讃』と『蓼喰ふ蟲』の紹介—谷崎潤一郎の英訳と「日本文学」の評価基準—」(『同志社国文』二〇一五年三月)、一一〇—一一一頁。また、榊原理智は、"In Praise of Shadows" を再掲した『アトランティック・マンスリー』日本特集号のなかに冷戦期アメリカの文化戦略の影響を指摘し、文学作品が脱政治化・審美化されることで政治利用可能な武器となっていくことを論じている(榊原理智「翻訳のポリティクスと『陰翳礼讃』—谷崎の現在地」(『谷崎潤一郎読本』翰林書房、二〇一六年一二月)および同「1950年代日本近代文学の英語翻訳」(チュラーロンコーン大学文学部東洋言語学科日本語講座『タイ国日本研究国際シンポジウム2014論文報告書』、二〇一五年三月)。

(34) 前掲、E. G. Seidensticker, "In Praise of Shadows", p. 46.

(35) 前掲、サイデンステッカー『流れゆく日々』、一九二頁。

(36) 倉田百三『出家とその弟子』の翻訳(*The Priest and His Disciples : A Play*, Tokyo : Hokuseido Press, 1922.)や、山本有三の戯曲作品の翻訳(*Three Plays by Yamamoto Yūzō*, Tokyo : Hokuseido Press, 1935.)など。ショーは同書の序文のなかで、作者の言葉を忠実に訳すことに専念したと述べるだけで、それ以外の言及はない。一方で、彼は翻訳について「自分の道楽」(「近代日本文学に対する感想」、『演劇新潮』、一九二四年一一月、五一頁)、「私はたゞ本当に好きだから翻訳してゐる」(「ひとときの話」、『婦人之友』、一九二八年一一月、一九三頁)と述べるなど、作品を発掘し英訳することへの興味関心を度々口にしている。

(37) 前掲、「日本その日その日」。

(38) Masuji Ibuse, *Lieutenant Lookeast and Other Stories*, Tokyo : Kodansha International, 1971. ショーの訳から一七年後に、本文もタイトルも一新してこれを翻訳したのは、後に『ジャパン・クォータリー』に参加することになるジョン・ベスターである。ここでは紙幅の関係上詳しく述べないが、ベスターの訳は、ショーのそれよりも明らかになめらかで読みやすいだけでなく、英語圏において井伏鱒二の文学を体系的に示そうとしており興味深い。これについては稿を改めて論じることにしたい。

(39) 前掲、榊原論（二〇一六）、二二六頁。
(40) 彼は、一九五七年に定年退職し帰国したのを機に同誌からも離れ、六一年に逝去した。

※本稿は、ＪＳＰＳ科研費（課題番号25770094）助成による研究成果の一部である。

編者・執筆者紹介（執筆順）

坪井秀人（つぼい・ひでと） 編者、序言
国際日本文化研究センター教授。日本近代文学・文化史。『声の祝祭―日本近代詩と戦争』名古屋大学出版会、一九九七年。『感覚の近代―声・身体・表象』名古屋大学出版会、二〇〇六年。『性が語る―二〇世紀日本文学の性と身体』名古屋大学出版会、二〇一二年。

マイク・モラスキー（Michael S. Molasky） 第1章
早稲田大学国際教養学部教授。戦後日本文化史、日本・沖縄戦後文学およびジャズ音楽の受容史。『戦後日本のジャズ文化―映画・文学・アングラ』青土社、二〇〇五年。『占領の記憶／記憶の占領―戦後沖縄・日本とアメリカ』青土社、二〇〇六年。『闇市』（編著）皓星社、二〇一五年。

斉藤綾子（さいとう・あやこ） 第2章
明治学院大学文学部教授。映画研究・ジェンダー批評。『映画女優　若尾文子』（共編著）みすず書房、二〇〇三年。『男たちの絆、アジア映画―ホモソーシャルな欲望』（共編著）平凡社、二〇〇四年。『映画と身体／性』（編著）森話社、二〇〇六年。『人種神話を解体する―可視性と不可視性のはざまで』（共編）東京大学出版会、二〇一六年。

天野知幸（あまの・ちさ） 第3章
京都教育大学教育学部准教授。日本近現代文学。『占領期雑誌資料大系　文学編Ⅳ』（共著）岩波書店、二〇一〇年。『イメージとしての戦後』（共著）青弓社、二〇一〇年。

李承俊（い・すんじゅん） 第4章
名古屋大学大学院人文学研究科博士後期課程。日本近現代文学、疎開体験をめぐる文化史研究。「「津軽人」太宰治の疎開―「十五年間」、「やんぬる哉」を中心に」『跨境　日本語文学研究』二号、二〇一五年。「「昭和の楠公父子」になるために―学童集団疎開、七生報国、『先祖の話』」『社会文学』四四号、二〇一六年。

長志珠絵（おさ・しずえ） 第5章
神戸大学国際文化学研究科教授。日本近現代史・文化研究・ジェンダー史。『近代日本と国語ナショナリズム』吉川弘文館、一九九八年。『占領期・占領空間と戦争の記憶』有志舎、二〇一三年。『歴史を読み替える―ジェンダーから見た日本史』（共編著）大月書店、二〇一五年。

森岡卓司（もりおか・たかし） 第6章
山形大学人文社会科学部准教授。日本近代文学。『近代の夢と知性　文学・思想の昭和10年前後』（共編著）翰林書房、二〇〇〇年。『東北近代文学事典』（共編著）勉誠出版、二〇一三年。「文学を引き裂く―吉本隆明の芥川龍之介論」『季刊 iichiko』一一八号、二〇一三年四月。

塩野加織（しおの・かおり）第7章
早稲田大学助教。日本近代文学。「翻訳からの出発、あるいは翻訳への出発——井伏鱒二訳『父の罪』論」『日本近代文学』八五号、二〇一一年一一月。「井伏鱒二の文壇進出再考——『三田文学』版「鯉」および「たま虫を見る」を視座として」『国文学研究』二〇一六年三月。

戦後日本を読みかえる　第1巻
敗戦と占領

二〇一八年六月三〇日　初版発行

編　者　坪井秀人
発行者　片岡敦
印刷
製本　亜細亜印刷株式会社

606-8204 京都市左京区田中下柳町八番地
発行所　株式会社 臨川書店
電話（〇七五）七二一―七一一一
郵便振替　〇一〇七〇―二―八〇〇
落丁本・乱丁本はお取替えいたします
定価はカバーに表示してあります

ISBN 978-4-653-04391-1　C0336　© 坪井秀人 2018
〔ISBN 978-4-653-04390-4　C0336　セット〕